EUL
VERLAG

Emissionen im Museum: Ein Gütezeichen für emissionsarme Ausstellungsmaterialien und Vitrinen als mögliches Instrument zur Schadstoffbegrenzung

Inaugural-Dissertation
in der Fakultät Geistes- und Kulturwissenschaften
der Otto-Friedrich-Universität Bamberg

vorgelegt von

Anne-Elise-Katherin Spiegel (geb. Grosche)

aus

Münster

Bamberg, den 5. Juni 2011

Erstgutachter: Universitätsprofessor Dr. Rainer Drewello

Zweitgutachterin: Universitätsprofessorin Dr. Margarete Wagner-Braun

Tag der mündlichen Prüfung: 27.07.2011

Dr. Elise Spiegel

Emissionen im Museum

Ein Gütezeichen für emissionsarme Ausstellungsmaterialien und Vitrinen als mögliches Instrument zur Schadstoffbegrenzung

Bibliografische Information der Deutschen Nationalbibliothek

Die Deutsche Nationalbibliothek verzeichnet diese Publikation in der Deutschen Nationalbibliografie; detaillierte bibliografische Daten sind im Internet über <http://dnb.d-nb.de> abrufbar.

Dissertation, Otto-Friedrich-Universität Bamberg, 2011, unter dem vollständigen Namen: Spiegel, Anne-Elise-Katherin

ISBN 978-3-8441-0194-2
1. Auflage Oktober 2012

JOSEF EUL VERLAG GmbH
Brandsberg 6
53797 Lohmar
Tel.: 0 22 05 / 90 10 6-6
Fax: 0 22 05 / 90 10 6-88
E-Mail: info@eul-verlag.de
http://www.eul-verlag.de

Bei der Herstellung unserer Bücher möchten wir die Umwelt schonen. Dieses Buch ist daher auf säurefreiem, 100% chlorfrei gebleichtem, alterungsbeständigem Papier nach DIN 6738 gedruckt.

„Principiis obsta: sero medicina paratur, Cum mala per longas invaluere moras.“

[Ovid: Remedia Amoris, V 91 f.]

„Widersteh' im Beginn. Zu spät bereitet man Mittel, Wann das Übel erst stark wurde durch langen Verzug.“

[Übersetzt nach Lindemann 1861]

Vorwort

Die vorliegende Arbeit setzt sich mit der Frage auseinander, ob ein Gütezeichen für emissionsarme Ausstellungsmaterialien und Vitrinen ein geeignetes Instrument zur Schadstoffbegrenzung im musealen Umfeld darstellt. Auslöser für die wissenschaftliche Auseinandersetzung mit diesem Thema sind die in der Praxis des Ausstellungs- und Museumswesens immer wiederkehrenden Probleme mit industriell gefertigten Bau- und Ausstellungsmaterialen, die zu irreversiblen Schäden an Kunst- und Kulturgut führen können. Während sich im Humanbereich über die letzten Jahre emissionsbegrenzende Gütezeichen wie der „Blaue Engel“ oder „TÜV schadstoffgeprüft“ für unterschiedlichste Materialgruppen wie Textilien, Lacke oder Holzwerkstoffe etablieren konnten, haben sich im musealen Sektor derartige praxisnahe Instrumente zur Reduzierung von Fremd- und Schadstoffen im Sinne präventiver Konservierungsstrategien bislang nicht durchsetzen können.

Die vorliegende Abhandlung behandelt das aufgezeigte Problem, indem die Thematik sowohl aus konservierungswissenschaftlicher als auch aus wirtschaftlicher Sicht beleuchtet und kritisch diskutiert wird. Die dargelegten Ergebnisse basieren auf drei Primäranalysen und einer Sekundäranalyse, welche im Rahmen der Arbeit durchgeführt wurden. Während sich die ersten beiden Umfragen an deutsche Museen richteten, wurden in der dritten Studie ausgewählte Vitrinenbauer befragt.

Die Basis der Arbeit bildet die empirische Analyse der aktuellen Schadstoffsituation in deutschen Museen, wobei der aktuelle Handlungsbedarf ermittelt wird. Darauf aufbauend wird die Umsetzbarkeit eines emissionsbegrenzenden Gütezeichens als praktikables Instrument zur Vermeidung von Einzelprüfungen am Beispiel von Vitrinen aus konservierungswissenschaftlicher Sicht analysiert und beurteilt. Bei der abschließenden Beurteilung eines derartigen Gütezeichens aus wirtschaftlicher Sicht stehen die Klärung der generellen Akzeptanz von Gütezeichen bei Museen und Produzenten sowie die Abschätzung der wirtschaftlichen Tragfähigkeit eines solchen Vorhabens im Vordergrund.

Diese Arbeit wäre ohne vielfältige Unterstützung in dieser Form nicht möglich gewesen. An erster Stelle möchte ich meinem Doktorvater Prof. Dr. Rainer Drewello danken, der mich stets unterstützt hat. Sein umfangreiches Wissen und seine langjährige Erfahrung mit schadstoffinduzierten Problemen im musealen Bereich waren eine große Hilfestellung bei der Vereinigung von Theorie und Praxis.

Frau Prof. Margarete Wagner-Braun danke ich für die gute und sehr fruchtbare Betreuung, sowie die konstruktive Kritik aus wirtschaftlicher Sicht. Ohne die fächerübergreifende Kooperation der Wirtschafts- und Restaurierungswissenschaften wäre die Arbeit in dieser Gestalt nicht realisierbar gewesen.

Für die finanzielle Unterstützung danke ich der Deutschen Bundesstiftung Umwelt (DBU), die meine Arbeit im Rahmen des Stipendienprogramms gefördert hat.

Auf meinem Weg zur Promotion haben mich zahlreiche Menschen begleitet. Besonders danken möchte ich Frau Prof. Friederike Waentig, die mich nicht nur während meines Studiums an der Fachhochschule Köln gefördert hat, sondern mir auch in meiner Promotionszeit die Möglichkeit gegeben hat, Forschung und Lehre zu verbinden. Meinen Lehrstuhlkollegen in Köln und Bamberg danke ich für den nachhaltigen fachlichen Austausch und die schönen Stunden am Lehrstuhl. Besonderer Dank gilt Frau Sonja Krug, Frau Johanna Lang und Frau Stephanie Grossmann, die als Kolleginnen und Freundinnen meine Arbeit auf unterschiedlichste Art beeinflusst und unterstützt haben. Für ebenfalls sehr intensiven fachlichen Austausch danke ich Dr. Wolfgang Heger (Umweltbundesamt) und Dr. Richard Schmidt (Zertifizierungsstelle, BAM).

Die Erhebung der empirischen Daten, die die Grundlage meiner Arbeit bilden, wäre ohne den Beitrag engagierter Museumsmitarbeiter und Vitrinenbauer nicht möglich gewesen. Für die konstruktive Diskussion bei der Konzeption der museumsbezogenen Umfragen möchte ich an dieser Stelle besonders der Leiterin der Restaurierungswerkstätten am Bayerischen Nationalmuseum München, Frau Ute Hack, und ihrem Mitarbeiter für Präventive Konservierung, Herrn Markus Herdin, sowie dem ehemaligen Leiter der Restaurierungswerkstätten am Germanischen Nationalmuseum Nürnberg Herrn Dr. Arnulf von Ulmann danken. Darüber hinaus danke ich den Vitrinenbauern, die mir als Interviewpartner nicht nur Rede und Antwort gestanden haben, sondern mir auch interessante Einblicke in wirtschaftliche und produktionstechnische Aspekte des Vitrinenbaus ermöglicht haben. Für die umfangreiche Unterstützung bei der statistischen Auswertung der Daten danke ich Dr. Maik Stüttgen.

Ein besonderer Dank gilt meiner Familie. Allen voran meinen Eltern Brigitta und Günter Grosche sowie meiner Schwiegermutter Irene Spiegel, deren bedingungslose und allgegenwärtige Hilfe es mir auch ermöglicht haben, Kind und Promotion zu vereinen. Meinem Bruder Sebastian danke ich vor allem für die schnelle Lösung aller computertechnischen Probleme und meinem Bruder Florian für die ausgleichende Tiefenentspannung beim Wellenreiten. Seiner Freundin Rahel Ristau danke ich für das Korrekturlesen. Meinem Onkel Christan Lappe danke ich für die vielen interessanten und bewusstseinserweiternden Diskussionen über Kunst- und Kulturgut im Allgemeinen und zur Dingbedeutsamkeit im Speziellen.

Aus tiefstem Herzen danke ich meinem Mann Dr. Andreas Spiegel, der mich während der Arbeit nicht nur mental unterstützt hat, sondern sich auch immer wieder aufs neue und mit großer Freude fachlichen Diskussionen hingegeben hat.

München, Juni 2012

Elise Spiegel

Inhaltsverzeichnis

EINFÜHRUNG ... 1

(1) Ausgangssituation ... 1

(2) Problemstellung & Ziel der Arbeit ... 16

(3) Stand der Forschung ... 18

(4) Begriffsbestimmung ... 23

(5) Zum weiteren Vorgehen ... 30

1 THEORETISCHER TEIL: GRUNDLAGEN DER ARBEIT ... 33

1.1 Methodische Grundlagen: Empirische Analyse ... 33

1.1.1. Befragungstechniken ... 34

1.1.2. Eingesetzte statistische Auswertungsverfahren ... 35

1.1.3. Zugrunde liegende Stichproben ... 40

1.1.4. Sekundäranalyse ... 52

1.2 Theoretische Grundlagen: Gütezeichen ... 53

1.2.1. Aufgabe und Zweck von Gütezeichen ... 53

1.2.2. Umwelt- und Qualitätsstandards ... 55

1.2.3. Referenz- und Richtwerte ... 57

1.2.4. Prüfverfahren ... 67

1.3 Theoretische Grundlagen: Märkte und Marktstrategien ... 73

1.3.1. Wettbewerbsanalyse nach Porter ... 76

1.3.2. Konsolidierungsgrad eines Marktes ... 80

1.3.3. Skaleneffekte: "economies of scale" ... 84

1.3.4. Ökonomische Gütertheorie ... 85

1.3.5. Differenzierungsstrategien ... 87

2 ANALYTISCHER TEIL: ERGEBNISSE DER ARBEIT ... 91

2.1 Schadstoffsituation im Museum ... 91

2.1.1. Schadstoffe im Museum ... 92

2.1.2. Maßnahmen zur Minimierung von Schadstoffen ... 99

2.1.3. Bedeutung von Standard- und Routineverfahren ... 102

2.1.4. Schlussfolgerungen aus Kapitel 2.1 ... 104

2.2 Umsetzbarkeit eines Gütezeichens aus konservierungswissenschaftlicher Sicht 106

2.2.1. Gütezeichen aus dem Humanbereich 106

2.2.2. Grenzwerte für Schadstoffe in Museen 119

2.2.3. Schlussfolgerungen aus Kapitel 2.2 126

2.3 Umsetzbarkeit eines Gütezeichens aus wirtschaftlicher Sicht 129

2.3.1. Marktumfeld der Vitrinenbauer 129

2.3.2. Strategien der Vitrinenbauer 145

2.3.3. Attraktivität eines Gütezeichens für Vitrinenbauer 148

2.3.4. Schlussfolgerungen aus Kapitel 2.3 154

3 FAZIT UND AUSBLICK 159

3.1 Ergebnisse der Arbeit 159

3.2 Zukünftiger Forschungsbedarf 164

Literaturverzeichnis 165

Anhang 175

Anhang A: Fragebogen der Studie I

„Emissonen im Museum" 177

Anhang B: Fragebogen der Studie II

„Marktvolumen für Vitrinen und Ausstellungsmaterialien" 187

Anhang C: Fragebogen der Studie III

„Marktsituation und Umsätze ausgewählter Vitrinenbauer" 191

Anhang D: Interviewpartner für Experteninterviews 197

Abbildungsverzeichnis

Abb. 1: Principal-Agent Beziehung im musealen Vitrinenmarkt ... 6

Abb. 2: Vitrinen mit emittierender Stoffbespannung (links) und Wachsbatik mit weißen Ausblühungen (rechts) (Quelle: Labor des Germanischen Nationalmuseums, Nürnberg; Untersuchungsbericht Umweltmessprogramm (Museums-Monitoring)(20.05.1999)) ... 14

Abb. 3: Verfärbungen und Fremdbeläge auf einem Samowar; induziert durch Formaldehyd, Essigsäure, Ameisensäure, sowie Schwefelwasserstoff und Mikroben (Quelle: Labor des Germanischen Nationalmuseums, Nürnberg; Untersuchungsbericht: Umweltmessprogramm (Museums-Monitoring) (20.05.1999) ... 14

Abb. 4: Ausblühungen eines Flammschutzmittels (Borsäure) durch kurzzeitige Temperaturschwankungen in der Vitrine (Quelle: Drewello et al. 2002, S. 3711) ... 15

Abb. 5: Kristallisierte Alkaliformiate und -acetate auf einer Edelsteinimitation (Glas); hervorgerufen durch Ameisensäure und Essigsäure aus Vitrinenmaterialien (Quelle: Labor Drewello und Weißmann, Untersuchungsbericht AN 1549 (15.05.2004)) ... 15

Abb. 6: Die Fünf-Punkte-Zusammenfassung im Boxplot ... 37

Abb. 7: Öffentliche Zuwendungen in Euro je Museum mit öffentlicher Trägerschaft nach Ländern ... 44

Abb. 8: Verteilung der Größenklassen in der Grundgesamtheit gegenüber der verringerten Grundgesamtheit ... 47

Abb. 9: Verteilung der Museumsarten in der Grundgesamtheit und der Stichprobe ... 49

Abb. 10: Verteilung der Größenklassen in der verringerten Grundgesamtheit gegenüber der Stichprobe ... 51

Abb. 11: Verortung eines GZs für emissionsarme, museumstaugliche Materialien und Vitrinen ... 54

Abb. 12: Überblick über verschiedene Formen von Normen und deren Grundlage ... 56

Abb. 13: Werte zur Beurteilung von Schadstoffkonzentrationen ... 58

Abb. 14: Organigramm zur Vorgehensweise bei der NIK-Wert Ableitung (vgl. hierzu AgBB 2005, S. 13) ... 63

Abb. 15: Schematische Darstellung einer Emissionsprüfkammer (Vgl. DIN EN ISO 16000-9, S. 19) ... 68

Abb. 16: Reaktion von Formaldehyd mit Acetylaceton und Ammoniumacetat zu Diacetyldihydrolutidin (vgl. VDI 3484, S. 5) ... 72

Abb. 17: Probenahmeeinrichtung nach VDI 3484 Blatt 2 (vgl. VDI 3484, S. 8) ... 73

Abb. 18: Die fünf die Branchenrentabilität bestimmenden Wettbewerbskräfte (Quelle: Porter 2000, S. 29) ... 80

Abb. 19: Endgames-Kurve (Quelle: vgl. Deans et al. 2002, S. 16) ... 83

Abb. 20: Qualitätsunkenntnis und Gütertypen (Quelle: Fritsch et al. 1996, S. 213) 85
Abb. 21: Durchführung von Schadstoffmessungen und Art der Messungen 93
Abb. 22: Häufigkeit und Art der Maßnahmen zur Beseitigung von Schäden bzw. Kontaminationen 94
Abb. 23: Verteilung von Schadstoffverbindungen unter Angabe der verschiedenen Expositionsmedien 96
Abb. 24: Häufigkeit der verwendeten Methoden bei der Prüfung von Ausstellungsmaterialien 100
Abb. 25: Einrichtungen, die ihre Ausstellungsmaterialien gezielt nach bestimmten chemischen Verbindungen untersuchen oder untersuchen lassen 102
Abb. 26: Durchführung und Akzeptanz von Standard- bzw. Routineuntersuchungen zur Prüfung von Ausstellungsmaterialien 103
Abb. 27: Boxplot zum Vergleich von Nettoausgaben für Ausstellungsmaterialien (i) und Vitrinen (ii), sowie für die Gesamtausgaben (iii) in den unterschiedlichen Größenklassen 132
Abb. 28: Vergleich der durchschnittlichen Nettoausgaben für Ausstellungsmaterialien und Vitrinen, sowie der Gesamtausgaben zur Präsentation von Objekten 137
Abb. 29: Die fünf bestimmenden Wettbewerbskräfte der Vitrinenbranche im Hinblick auf die Branchenstabilität (Quelle: vgl. Porter 2000, S. 29) 138
Abb. 30: Marktanteile ausgewählter Vitrinenbauer (A-J) am Marktvolumen für Vitrinen in Deutschland 141
Abb. 31: Prozentuale Häufigkeitsverteilung der von Museen beschäftigten Vitrinenbauer der letzten drei Jahre (2007-2009) 142
Abb. 32: Einschätzung des Vitrinenmarktes durch die befragten Vitrinenbauer 144
Abb. 33: Entscheidungskriterien der Museen beim Vitrinenkauf nach Einschätzung der befragten Vitrinenbauer 144
Abb. 34: Mit Vitrinen generierte Umsatzanteile der befragten Vitrinenbauer (A-J) im Vergleich zum jeweiligen Gesamtumsatz 146
Abb. 35: Akzeptanzprognose für ein GZ für schadstoffarme, museumstaugliche Materialien 149
Abb. 36: Einschätzungen der Vitrinenbauer bezüglich eines GZs für schadstoffarme, museumstaugliche Vitrinen 151
Abb. 37: Akzeptanzprognose der Vitrinenbauer für ein GZ für schadstoffarme, museumstaugliche Vitrinen 151
Abb. 38: Boxplot zum Vergleich maximal tragbarer Kosten für ein Gütezeichen für museumstaugliche Materialien/Vitrinen 153

Tabellenverzeichnis

Tab. 1: *Als Hauptschädiger definierte Schadstoffe, untergliedert nach Hauptquellen (vgl. [i]Tétreault 2003, S.26, 31; [ii]Grzywacz 2006, S. 109f.)* ... 28

Tab. 2: *Bekannte schadstoffinduzierte Schäden durch Hauptschädiger (Quelle: Bear/ Blanks (1985), Brimblecombe (1990), Pietsch (1994), zitiert nach Schieweck (2009), S. 9; mit eigenen Ergänzungen*)* ... 29

Tab. 3: *Bedeutung von Irrtumswahrscheinlichkeiten im Hinblick auf die Signifikanz* ... 38

Tab. 4: *Gruppierungen der Besuchszahlen der Museen in der Bundesrepublik Deutschland (Quelle: IfM 2008, S. 16)* ... 41

Tab. 5: *Museumskategorie unter Angabe der Sammlungsgebiete (vgl. IfM 2007, S. 18)* ... 42

Tab. 6: *Öffentliche Zuwendungen für Museen in öffentlicher Trägerschaft im Jahr 2007 nach Ländern in Euro (Quelle: [i]Statistisches Bundesamt (2010), S. 47, [ii]IfM (2008), S.29)* ... 44

Tab. 7: *Zusammensetzung der Grundgesamtheit und der Stichprobe nach Art der Museumskategorie unter Angabe der Sammlungsgebiete (vgl. IfM 2007, S. 18)* ... 46

Tab. 8: *Liste der identifizierten und befragten Vitrinenbauer* ... 48

Tab. 9: *Verteilung der Größenklassen in der Grundgesamtheit, verringerten Grundgesamtheit und der Stichprobe* ... 51

Tab. 10: *Richtwerte I und II für die Konzentration bestimmter Stoffe in der Innenraumluft (Quelle: UBA 2007a)* ... 61

Tab. 11: *Empfehlung zur Anwendung der TVOC-Werte (Quelle: UBA 2007a)* ... 66

Tab. 12: *Klassifikation organischer Innenraumschadstoffe nach ihrer Flüchtigkeit mit Beispielen für Probenahmemedien. (Quelle: vgl. WHO 1989, S. 4 durch Beispiele für Probenahmemedien ergänzt)* ... 70

Tab. 13: *Rangliste untersuchter Schadstoffverbindungen untergliedert nach Expositionsmedien* ... 97

Tab. 14: *Ausgewählte GZ unterschiedlicher Materialgruppen mit Relevanz für den musealen Sektor* ... 108

Tab. 15: *Prüfmethoden und Verbindungen, die bei der Emissionsprüfung der ausgewählten Materialgruppen untersucht wurden* ... 112

Tab. 16: *Kategorisierung von Vitrinen nach ihrer Luftwechselrate (Quelle: vgl. Raphael/Davis 1999, S. 3.1)* ... 115

Tab. 17: *Klimabedingungen bei der Emissionsprüfung im Humanbereich im Vergleich zu Klimaparametern in Museen und Vitrinen* ... 116

Tab. 18: *Richt-/Grenzwerte für die Luftqualität im musealen Umfeld nach Tétreault (Tétreault 2003, S. 33) und Grzywacz (Grzywacz 2006, S. 109f.)* ... 120

Tab. 19: Vergleich von Anforderungen bzw. Grundvoraussetzungen bei der Schadstoffexposition von Menschen und Kunst- und Kulturgut im Hinblick auf Richtwertkonzepte 123
Tab. 20: Nettoausgaben für Materialien 133
Tab. 21: Nettoausgaben für Vitrinen 133
Tab. 22: Nettoausgaben Gesamt 133
Tab. 23: Kennzahlen zur Berechnung des jahresdurchschnittlichen Marktvolumens für Ausstellungsmaterialien (i) und Vitrinen (ii), sowie für die Gesamtausgaben (iii) deutscher Museen 134
Tab. 24: Ergebnisse des Mann-Whitney-U-Tests zur Verteilung der Nettoausgaben für Ausstellungsmaterialien 137
Tab. 25: Phasen eines Konsolidierungsprozesses 139
Tab. 26: Kennzahlen zur Berechnung des Gesamtumsatzes der befragten Vitrinenbauer (international/national) 139
Tab. 27: Top 3 Marktführer der Vitrinenbauer bezogen auf den nationalen Umsatz (Deutschland) der Unternehmen 140
Tab. 28: Top 3 Marktführer der Vitrinenbauer bezogen auf den internationalen Umsatz der Unternehmen 140
Tab. 29: Top 3 Marktführer der Vitrinenbauer bezogen auf den Gesamtumsatz der Unternehmens 140
Tab. 30: Maximal tragbare Kosten für ein Gütezeichen für museumstaugliche Materialien/Vitrinen 152
Tab. 31: Datentabelle zum Boxplot Maximal tragbare Kosten für ein Gütezeichen für museumstaugliche Materialien/Vitrinen 154

Abkürzungsverzeichnis

ACGIH	American Conference of Governmental Industrial Hygienists
Ad-hoc-AG	Ad-hoc-Arbeitsgruppe Innenraumrichtwerte der Innenraumlufthygiene-Kommission des Umweltbundesamtes
AgBB	Ausschuss zur gesundheitlichen Bewertung von Bauprodukten
AGÖF	Arbeitsgemeinschaft Ökologischer Forschungsinstitute e.V.
AGLMB	Arbeitsgemeinschaft der Leitenden Medizinalbeamten und -beamtinnen der Länder
AGW	Arbeitsplatzgrenzwert
AIHA	American Industrial Hygiene Association
AL	engl. Action Limits Handlungsgrenze
AOLG	Arbeitsgemeinschaft der Obersten Landesgesundheitsbehörden
ASHREA	American Society of Heating, Refigeration and Airconditioning Engineers
CCI	Canadian Conservation Institut
CL	Conservation Limit
DNPH	2,4-Dinitrophenylhydrazin
GC	Gaschromatograph
GCI	Getty Conservation Institut
GefStoffV	Gefahrstoffverordnung
GZ	Gütezeichen
GW	Grenzwert
HPLC	Hochdruckflüssig-Chromatographie
hv	Licht
IAQ	engl. Indoor Air Quality Innenraumluftqualität
IRK	Innenraumlufthygiene-Kommission
k.A.	Keine Angaben
L	Produktbeladungsfaktor (m^3/qm)
LOAED	engl. Lowest Observed Adverse Effect Dose Geringste Dosis eines Stoffes, bei der eine Schädigung beobachtet wurde.
LOAEL	engl. Lowest Observed Adverse Effect Level

	Geringste Menge eines Stoffes, bei der eine Schädigung beobachtet wurde.
MAK	Maximale Arbeitsplatz Konzentration
n	Luftaustauschrate
NIK	Niedrigste interessante Konzentration
nm	Nanometer
NOEL	engl. No Observed Effect Level Dosis, bei der keine Schädigung beobachtet wurde.
POM	Particulate Organic Matter
ppb	engl. parts per billion Anzahl von Molekülen in einer Milliarde (die amerikan. „Billion" entspricht der dtsch. „Milliarde"!) (1:10^9) Luftmolekülen
ppm	engl. parts per million Anzahl von Molekülen in einer Million (1:10^6) Luftmolekülen
ppt	engl. parts per trillion Anzahl von Molekülen in einer Billion (die amerikan. „Trillion" entspricht der dtsch. „Billionen"!) (1:10^{12}) Luftmolekülen
PUR	Polyurethan
RAL	Deutsche Institut für Gütesicherung und Kennzeichnung e.V.
REM	Rasterelektronenmikroskop
rF	relative Luftfeuchtigkeit
RW	Richtwert
SPL	engl. Suggested Pollution Limits Empfohlene Schadstoffgrenze
SVOC	engl. Semi Volatile Organic Compounds Schwerflüchtige organische Verbindungen
T	Temperatur
TVOC	engl. Total Volatile Organic Compounds Summe flüchtiger organischer Verbindungen
PM	engl. Patriculate Mater Partikel in der Luft (Feinstaubpartikel)
PK	Präventive Konservierung
WELL	Workplace Environmental Exposure Limit

EINFÜHRUNG

(1) Ausgangssituation

In den letzten Jahren gerieten vermehrt Skandale um „vergiftete“ Produkte wie Lebensmittel, Kleidung und Spielzeug ins Blickfeld der Öffentlichkeit. Nach Medienberichten musste der amerikanische Spielwarenkonzern Mattel im Jahr 2007 zweimal innerhalb von zwei Wochen knapp 20 Millionen in China produzierter Spielwaren (z.B. Puppen und Spielzeugautos) u.a. wegen überhöhter Bleigehalte zurückrufen. Auch der amerikanische Spielwarenhändler Toys“R“Us nahm im gleichen Jahr Baby-Lätzchen aus China aufgrund überhöhter Schadstoff-konzentrationen aus den Regalen.[1]

Schadstoffe in Spielzeugen und Textilien stellen vor allem für Babys und Kleinkinder ein erhöhtes Risiko dar. Sie können über Gase und luftgetragene Partikel oder durch direkten Kontakt über Haut und Schleimhäute vom Körper aufgenommen werden und zu gesundheitlichen Schäden führen. Die Sorge über das Schädigungspotenzial ist hoch und so wird nach dem Rückruf von schadstoffbelastetem Spielzeug aus China die Forderung nach schärferen Kontrollen lauter. Verbraucherschützer kritisieren ein mangelndes Problembewusstsein bei der Bundesregierung und der EU-Kommission und fordern eine intensivere Prüfung und Kontrolle von Produkten.[2]

Eine ähnliche Problematik zeigt sich im Museumsumfeld. Während die Gefährdung von Kunst- und Kulturgut in Ausstellungen, Sammlungen und Depots durch Umgebungseinflüsse ein bekanntes Problem ist, rücken nun auch Schädigungen durch Schadstoffe in den Fokus. Dabei spielen nicht nur Parameter wie Licht (hv), Temperatur (T), relative Luftfeuchte (rF) eine Rolle: Auch die Zusammensetzung von Bau- und Ausstellungsmaterialien zur Präsentation, Lagerung und Aufbewahrung von Objekten im Museum kann Gefahren sowohl für Menschen wie auch für das Kulturgut in sich bergen. Kurz- und mittelfristig freigesetzte Schadstoffe können irreversible Schadens-

1 Vgl. Haas 2007, S. 28 f.
2 Vgl. Haas 2007, S. 28.

prozesse in Gang setzen, die – wie auch im Fall des Spielzeugs – durch präventive Maßnahmen hätten verhindert werden können.[3]

Neben den in der Umwelt vorkommenden anorganischen Schadstoffen (SO_2, NO_x, O_3), die über Klimaanlagen und Gebäudeöffnungen in die Häuser eingetragen werden, zählen vor allem die klassischen Innenraumschadstoffe, wie organische Säuren (Essigsäure und Ameisensäure) oder Aldehyde (Formaldehyd und Acetaldehyd), aber auch Flammschutzmittel und Weichmacher aus Ausstellungsmaterialien zu den als kritisch eingestuften sogenannten „flüchtigen organischen Verbindungen“ (engl. Volatile Organic Compound, VOC).

VOCs sind häufig in Holzverbundwerkstoffen, Lacküberzügen und Textilien enthalten. Daneben können die zur Konservierung und zum Substanzerhalt in den letzten Jahrzehnten eingesetzten Materialien wie Klebstoffe, Biozide, Insektizide oder die Oberfläche veredelnde und vermeintlich schützende Substanzen, Schadstoffe freisetzen, nämlich dann, wenn sie durch Klimawechsel aktiviert werden.

Die vorliegende Arbeit konzentriert sich auf die Untersuchung der Schadstoffrisiken, die von Vitrinen und musealen Lagerungssystemen ausgehen[4], da diese unter ungünstigen Bedingungen ein erhöhtes Gefahrenpotenzial für Objekte darstellen können. Durch die Lagerungshaltung werden – mehr oder weniger kleine, – in sich abgeschlossene Räume gebildet, die Schutz vor unerwünschten Einflüssen bieten sollen. Ziel ist das Schaffen einer möglichst optimalen Umgebung, deren mikroklimatische Parameter (hv, T, rF) auf die Bedürfnisse des jeweiligen Objekts und seiner Materialklasse (z.B. Holz, Glas, Metall, Stein) abgestimmt sind. Stark verringerte Luftwechsel in geringen Raumvolumina bei großem Oberflächen-Volumen-Verhältnis führen jedoch auch zu einer Anreicherung von Verbindungen, die in abgeschlossenen Systemen

3 Vgl. Padfield et al. 1982; Tétreault 1994, Tétreault 2003; Drewello et al. 2002; Hatchfield 2002.

4 Hierzu zählen u.a. Boxen, Schachteln, Transportkisten etc., in denen es durch stark verringerte Luftwechselraten zu einer Anreicherung freigesetzter Verbindungen kommt.

freigesetzt werden. Somit können Schadstoffe aus Ausstellungsmaterialien oder den Objekten selbst zur Schädigung führen.[5]

Die Schadstoffproblematik in Vitrinen hat sich mit dem steigenden Anspruch der Museen an einen optimalen Kunstgüterschutz, dem sich wandelnden Spektrum an Bau- und Ausstellungsmaterialien und mit der technischen Weiterentwicklung im Vitrinenbau verlagert. Museen setzen heute bevorzugt dampfdichte Vitrinen ein, um ihre Exponate vor den Umgebungseinflüssen (Staub, Außenluftschadstoffe, rF/T-Schwankungen) zu schützen. Diese Entwicklung geht mit einem Wandel der Materialien und der Konstruktion einher. Als Konstruktionsmaterial wurden die traditionellen Holz- und Holzverbundwerkstoffe weitestgehend durch inerte Metalle (Stahl, Aluminium) ersetzt, die jedoch durch die meist mit lösemittelhaltigen Materialien veredelten Oberflächen ein hohes Emissionspotenzial aufweisen können. Potenzielle Emittenten beim Vitrinenbau sind darüber hinaus vor allem Dichtungen und Klebstoffe,[6] aber auch nicht inerte Ausstellungsmaterialien, die zu Dekorations- und Montagezwecken im Inneren der Vitrine verwendet werden.

Vitrinen haben sich damit von einfachen, aber stark belüfteten „Schaukästen" zu hoch technisierten, nahezu diffusionsdichten Systemen mit stark reduzierter Luftwechselrate (0,1 – 0,3d) entwickelt. Eine Reduzierung des Luftwechsels führt jedoch gleichzeitig zur verstärkten Anreicherung emittierender Stoffe im Vitrineninnenraum. Als potenzielle Emissionsquellen zahlreicher Schadstoffe können ungeeignete Bau- und Ausstellungsmaterialien damit zu erheblichen Schäden an Kunst- und Kulturgut führen. Im ungünstigsten Fall entsteht so an Stelle des geplanten präventiven Schutzraumes eine „Schnellalterungskammer" für Kunst- und Kulturgut.

Ob der Kontakt über Gase und luftgetragene Partikel oder durch unmittelbare Berührung mit dem Objekt hergestellt wird: die zur Schädigung führenden Reaktionsmechanismen sind vielfältig. Schadensbilder wie Ausblühungen, Farbveränderungen,

---

5 Vgl. u.a. Padfield et al. 1982; Brimblecombe 1990; Grzywacz/Tennent 1994; Grzywacz 2006; Tétreault 1994, Tétreault 2003; Camuffo et al. 2000; Hatchfield 2002; Schieweck/Salthammer 2006.

6 Schieweck 2009, S. 143.

Festigkeitsverlust bis hin zum Objektzerfall sind die Folge des komplexen Zusammentreffens chemischer und physikalischer Wirkungsmechanismen (vgl. Abb. 1-4).

Der präventive Schutz von Kunst- und Kulturgut vor unerwünschten Schadstoffen kann langfristig nur über eine Minimierung der Fremdstofflast erfolgen. In der Konsequenz bedeutet dies, dass die gezielte Auswahl und Verwendung von Materialien mit unbedenklichen Inhaltsstoffen im Mittelpunkt des konservatorischen Interesses stehen muss.

Als problematisch erweist sich hierbei die unzureichende Deklaration der Produkte hinsichtlich ihrer Zusammensetzung. Durch die zunehmende Globalisierung und die damit einhergehende Verlagerung von Produktionsteilen bzw. ganzer Produktionen ins Ausland sind die Wertschöpfungsketten unübersichtlich und letztendlich intransparent geworden. Die Auskünfte der Hersteller bzw. Zwischenhändler über die verwendeten Materialien und ihre Inhaltsstoffe beschränken sich häufig nur auf das gesetzlich vorgeschriebene Mindestmaß.[7] Selbst Materialinformationen, wie sie in Produktdatenblättern und Prüfberichten zu finden sind, geben oft nur unzureichende Informationen. Wenn überhaupt, werden die Mengen enthaltener Stoffe lediglich in sehr groben Konzentrationen angegeben; Zusatzstoffe oder Hilfsstoffe des Herstellungsprozesses bleiben gar unerwähnt. Die genaue Zusammensetzung bleibt somit unklar und die Interpretation ist letztlich dem Endverbraucher überlassen.

Diese unzureichende Deklaration der Inhaltsstoffe führt zu großer Unsicherheit bei Restauratoren und Kuratoren. Mangelnde Angaben zu den Materialien und Zusatzstoffen sowie fehlende Richt- bzw. Grenzwerte führen immer wieder zur unbewussten Verwendung hochgradig schadstoffhaltiger Substanzen.[8]

Ein besonderes Problem stellt die Bewertung der Eignung von Industrieprodukten bei der Neukonzeption von Ausstellungsräumen und Vitrinen dar. Geeignete Bau- und Ausstellungsmaterialien zu identifizieren und hinsichtlich ihrer Auswirkungen auf das Raumklima und sensible Objektoberflächen zu beurteilen, erscheint nach heutigem

---

7 Vgl. Drewello 2005.
8 Vgl. von Ulmann 2005.

Stand nahezu unmöglich. Jede Materialwahl erweist sich für die Verantwortlichen als eine singuläre und kostenintensive Aufgabe.[9]

Die beschriebene Problematik, geeignete Ausstellungsmaterialien für den Bau von Vitrinen oder die Verwendung in Museen nur unter Unsicherheit und mit hohem Kostenaufwand auswählen zu können, wird in der Ökonomie als Marktunvollkommenheit beschrieben,[10] welche zu sogenannten Agency-Kosten führt.[11]

Das vorliegende ökonomische Problem ist eine Informationsasymmetrie zwischen den Auftraggebern – den Museen – und den Auftragnehmern, den Vitrinenbauern, da die Museen keine bzw. unzureichende Informationen über etwaige von den Vitrinenbauern verbaute Materialien und deren Inhaltsstoffe erhalten.

Ein genauer Blick auf die Konstellation der handelnden Akteure (vgl. Abb. 1) zeigt sogar eine doppelte Informationsasymmetrie, da die Informationsasymmetrie außerdem zwischen den Vitrinenbauern (Auftraggeber) und den Zulieferern für Materialien (Auftragnehmer) besteht. Letztere Informationsasymmetrie bezieht sich auf den Umstand, dass auch die Vitrinenbauer keine bzw. nur begrenzte Informationen über die Inhaltsstoffe der angelieferten Materialien erhalten. Damit sind sie auf die Angaben ihrer Zulieferer angewiesen und können die Qualität (Emissionsarmut) der von ihnen verarbeiteten Bau- und Ausstellungsmaterialien ohne entsprechende Materialprüfung (vgl. 1.2.4) nicht abschließend beurteilen.

Die Rollen des Principal (Auftraggeber) und Agent (Auftragnehmer) können sich situationsbezogen ändern, damit kann ein und dieselbe Person sowohl Principal als auch Agent sein. Die Principal-Agent Beziehungen der im Fokus der vorliegenden Arbeit stehenden Akteure (Lieferanten, Vitrinenbauer und Museen) lässt sich wie folgt darstellen:

---

9 Vgl. Drewello 2005.

10 Vgl. u.a. Jensen/Meckling 1976, Pratt/Zeckhauser 1985, Spremann 1988, 1989, 1990 zit. nach Picot/Dietl/Frank 1999 S. 85.

11 Vgl. Jensen/Meckling 1976 zit. nach Picot/Dietl/Frank 1999 S. 86.

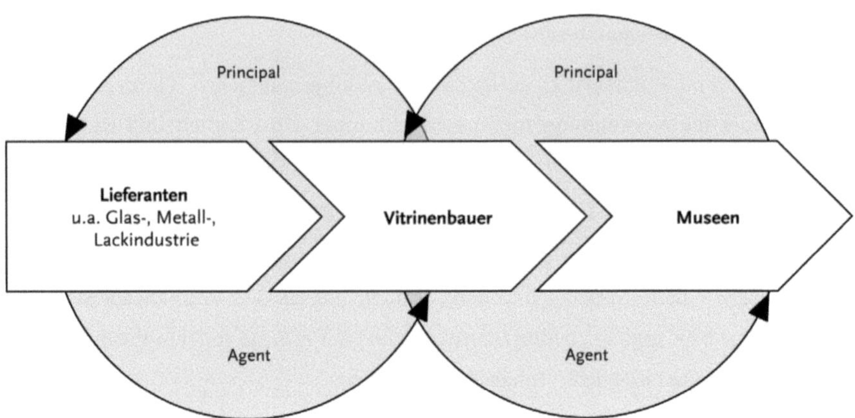

Abb. 1: Principal-Agent Beziehung im musealen Vitrinenmarkt

Dabei wird angenommen, dass Principal und Agent asymmetrisch informiert sind; das Auflösen der Informationsasymmetrien ist mit Kosten, sogenannten Agency-Kosten, verbunden. Da diese mitunter prohibitiv hoch sind, eröffnen sich in derlei Auftraggeber-Auftragnehmer-Beziehungen Verhaltensspielräume für nicht vollständig kontrollierte Auftragnehmer, die diese im Fall von ungleichen Interessen zwischen Auftragnehmer und Auftraggeber zu ihrem eigenen Vorteil und zum Schaden des Auftraggebers ausnützen können bzw. werden.

Je nach Ausprägung der asymmetrischen Informationsverteilung kann zwischen sogenannten Hidden Characteristics, Hidden Action bzw. Hidden Information und Hidden Intention unterschieden werden.[12]

Hidden Characteristics liegen vor, wenn der Auftraggeber etwaige unveränderliche Eigenschaften des Auftragnehmers oder seiner Leistung vor Vertragsabschluss nicht kennt. In diesem Fall besteht die Gefahr einer Adverse Selection, nämlich dass "schlechte" Auftragnehmer ihre unterdurchschnittlichen Leistungen verheimlichen und

---

12 Vgl. Picot/Dietl/Frank 1999 S. 88 f.

sich "gute" Auftragnehmer vom Markt zurückziehen, da die Auftraggeber eine überdurchschnittliche Leistung nicht honorieren werden.

Hidden Action bzw. Hidden Information beschreiben Informationsasymmetrien, die ex post auftreten. Als Hidden Action wird eine Situation beschrieben, in der der Auftraggeber die Handlungen des Auftragnehmers nicht beobachten kann. Hidden Information beschreibt eine Situation, in welcher der Auftraggeber zwar die Handlungen des Auftragnehmers beobachten, nicht aber beurteilen kann. Die Gefahr, dass der Auftragnehmer den durch Hidden Action bzw. Hidden Information entstehenden Informationsnachteil des Auftraggebers zu seinen Gunsten ausnutzt, wird als Moral Hazard bezeichnet.

Kann der Auftraggeber opportunistisches Verhalten eines Auftragnehmers erkennen, nicht aber verhindern, so wird von Hidden Intention gesprochen. Gründe liegen im fehlenden Sanktionspotenzial des Auftraggebers. Nutzt der Auftragnehmer diese Situation aus, so spricht man von Hold Up.[13]

Der Versuch der Einschränkung derartigen Verhaltens mittels zusätzlicher Überwachungs- und Kontrollmechanismen des Auftraggebers oder Informationsangeboten durch den Auftragnehmer führt zu erhöhten Kosten. Hierzu zählen neben den Kontrollkosten des Auftraggebers und den Signalisierungskosten des Auftragnehmers auch die Kosten, die durch die Informationsasymmetrie entstehen und nicht aufgelöst werden können. Diese werden als Wohlfahrtsverlust bezeichnet.[14]

Erklärungs- und Gestaltungsbeiträge für die skizzierte Problematik bietet die sogenannte Principal-Agent-Theorie. Entsprechend der zugrundeliegenden Art der Informationsasymmetrie, also Hidden Characteristics, Hidden Action bzw. Hidden Information oder Hidden Intention, leitet die Principal-Agent-Theorie Gestaltungsmöglichkeiten ab, um die negativen Verhaltensweisen Adverse Selection, Moral Hazard oder Hold Up bei möglichst geringen Agency-Kosten zu verringern.[15]

---

13 Vgl. Goldberg 1980 zit. nach Picot/Dietl/Frank 1999 S. 89.
14 Vgl. Jensen/Mecklin 1976 zit. nach Picot/Dietl/Frank 1999 S. 87.
15 Vgl. Dietl 1993 zit. nach Picot/Dietl/Frank 1999 S. 90.

Die mit Hidden Characteristics verbundene Gefahr kann durch die Reduzierung der bestehenden Informationsasymmetrie vor Vertragsabschluss abgebaut werden, dass sich qualitätsorientierte Vitrinenbauer vom Markt zurückziehen (Adverse Selection), kann durch die Reduzierung der bestehenden Informationsasymmetrie vor Vertragsabschluss abgebaut werden. Als mögliche Gestaltungsoptionen stehen hierfür das sogenannte Signalling, Screening und/oder Self Selection zur Verfügung.

Mit Hilfe des Signalling können sich qualitätsorientiere Vitrinenbauer von solchen mit unerwünschter Leistungsqualität differenzieren, indem sie durch Referenzen, Zertifikate oder Gütesiegel die eigene Leistungsqualität vermitteln. Die Referenzen, Zertifikate oder Gütesiegel gelten dem Auftragnehmer damit als Signal, dass der Auftragnehmer die gewünschten Leistungsmerkmale besitzt.

Das Pendant zum Signalling des Auftragnehmers ist das Screening des Auftraggebers. Als Screening werden Aktivitäten verstanden, durch welche der Auftraggeber versucht, genauere Informationen über die für ihn relevanten Qualitätsmerkmale des Auftragnehmers zu erhalten. Mögliche Screening-Aktivitäten wären beispielsweise Betriebsbesichtigungen oder das probeweise Nutzen von Vitrinen.

Neben dem Signalling oder Screening ist auch das Verfahren der Self Selection geeignet, einen Markt, in welchem unterschiedliche Qualitätsmerkmale ex ante nicht sichtbar sind, aufzuspalten. Das tatsächliche Risiko lässt sich dabei zum Teil durch differenzierte Vertragsangebote herausfinden. So könnten beispielsweise die Vitrinenbauer durch eine entsprechende Vertragsgestaltung an den Schäden bzw. den Kosten zur Schadensbeseitigung beteiligt werden.

Eine ähnliche Alternative sind Ausgestaltungsmechanismen, die eine Angleichung der Interessen des Auftragnehmers und des Auftraggebers mittels geeigneter Institutionen ermöglichen. Der potenzielle Auftragnehmer soll dabei ein Eigeninteresse daran entwickeln, nur vom Auftraggeber erwünschte Leistungen anzubieten. So könnte etwa eine öffentliche Plattform, in welcher rückwirkend die Qualität bezogener Vitrinen aller Anbieter von den Auftraggebern beurteilt wird, helfen, die Interessen unter den Parteien anzugleichen. Weitere Alternativen liegen in Garantieversprechen des Auftragnehmers oder im Rückgaberecht des Auftraggebers.

Die bei Hidden Action und Hidden Information gegebene Gefahr des Moral Hazard hängt vom Verhaltensspielraum des Auftragnehmers und den Kontrollmöglichkeiten oder -kosten des Auftraggebers ab. Die Gefahr steigt naturgemäß mit sich vergrößerndem Verhaltensspielraum und/oder sich verringernden Kontrollmöglichkeiten. Institutionell verankerte Anreiz- und/oder Sanktionsmechanismen bieten eine Möglichkeit, die Gefahr von Moral Hazard einzuschränken. Da der Auftraggeber aufgrund der fehlenden Beobachtbarkeit von Leistungsmängeln keine direkte Belohnung oder Bestrafung vornehmen kann, müssen sich die Anreiz- und/oder Sanktionsmechanismen am Handlungsergebnis orientieren. So könnten beispielsweise die Auftragnehmer vertraglich zu Strafen gezwungen werden, wenn sich ex post Schadstoffe in Vitrinen oder Ausstellungsmaterialien feststellen lassen.

Bei der Ausgestaltung der Anreiz- und/oder Sanktionssysteme muss neben der Moral Hazard-Gefahr auch Aspekte der Risikoaufteilung zwischen Auftraggeber und Auftragnehmer berücksichtigt werden. In Fällen, in denen das Handlungsergebnis auch von exogenen Faktoren abhängt, kommt es zu einer Risikoüberwälzung vom Auftraggeber auf den Agenten. Ein Beispiel hierfür ist die vorhandene doppelte Informationsasymmetrie, welche sich durch die Unkenntnis der zugelieferten Ausgangsmaterialien begründet. Die Risikoüberwälzung muss bei einem risikoaversen Auftragnehmer durch eine entsprechende Risikoprämie erkauft werden.

Neben der Interessenangleichung durch Anreize und Sanktionen kann alternativ versucht werden, die dem Moral Hazard zugrundeliegende Informationsasymmetrie durch Monitoring-Aktivitäten zu reduzieren. So könnten beispielsweise Kontrollorgane eingesetzt werden, welche in Stichproben Emissionsmessungen durchführen.

Die Gefahr des Hold Up bei Hidden Intention basiert in der Regel auf einer einseitigen Abhängigkeitsbeziehung. Eine Vermeidung von Hold Up gelingt, wenn das einseitige in ein wechselseitiges Abhängigkeitsverhältnis transformiert wird. Dies kann gelingen, indem der Auftraggeber eine Art Pfand vom Auftragnehmer verlangt. Das Pfand dient dem Auftraggeber indem aus diesem ein Sanktionspotenzial erwächst und somit Ausbeutungsversuche des Auftragnehmers vereitelt werden können. Durch das Pfand kommt es zu einer Interessensangleichung zwischen Auftraggeber und Auftragnehmer.

Eine weitere Möglichkeit zum Umgang mit Hold Up-Problemen liegt in der institutionellen Integration. Ansatzpunkte hierfür bieten langfristige Verträge, Kapitalbeteiligungen oder die vollständige Übernahme eines Anbieters oder den Aufbau von Eigenfertigungskapazitäten.

Eine Analyse vor dem Hintergrund der Principal-Agent-Theorie legt nahe, dass es sich bei der vorliegenden Situation nicht um Hidden Intention handelt, da Museen in keinem Abhängigkeitsverhältnis zu einzelnen Vitrinenbauern stehen und – sollten zu bemängelnde Qualitätsmerkmale beobachtbar sein – die Zusammenarbeit aufgekündigt werden kann.

Folglich beschränkt sich die Problematik und die damit zu diskutierenden Gestaltungsoptionen auf Hidden Characteristics und/oder Hidden Action bzw. Hidden Intention.

In der Tat erscheint es plausibel, dass qualitätsorientierte Vitrinenbauer am Markt benachteiligt werden, da diese den Museen die Vorteilhaftigkeit der eigenen Produkte im Bezug auf die hier diskutierte Emissionsarmut nur schwer vermitteln können. Dies führt – wie teilweise zu beobachten – dazu, dass qualitätsorientierte Anbieter an Ausschreibungen nicht mehr teilnehmen, das Ergebnis ist eine sogenannte Adverse-Selection.[16]

Aber auch Hidden Action und Hidden Information sind im vorliegenden Fall plausibel, da Museen bzw. deren Konservierungswissenschaftler i.d.R. keine Mittel haben, um die Leistungen der Vitrinen- und Ausstellungsbauer valide zu bewerten. Somit ist es nicht unwahrscheinlich, dass Auftragnehmer bewusst günstige und damit weniger geeignete Materialien einsetzen, um kostengünstiger als qualitätsorientierte Vitrinenbauer anbieten zu können. In solchen Fällen wäre von Moral Hazard auszugehen.

Mögliche Gestaltungsoptionen zur Handhabung der aufgezeigten Problematik sind somit Signalling, Screeing und Interessenangleichung sowie institutionelle, am Handlungsergebnis ausgerichtete Anreiz- bzw. im vorliegenden Fall wahrscheinlicher Sanktionsmechanismen und Monitoring.

---

[16] Vgl. Akerlof 1970.

Zur Beurteilung der hier genannten Gestaltungsoptionen ist natürlich die Besonderheit des Museums- und Vitrinenmarktes zu berücksichtigen. Ohne Anspruch auf Vollständigkeit zu erheben sollen an dieser Stelle sieben Punkte hervorgehoben werden:

- Bei den ausgestellten Exponaten handelt es sich i.d.R. um Unikate, ein entstandener Schaden kann somit nicht finanziell ausgeglichen werden.
- Die Bekanntmachung entstandener Schäden an unwiederbringlichem Kunst- und Kulturgut beinhaltet eine politische Komponente. Insbesondere, da es sich bei den Museen i.d.R. um öffentliche Institutionen handelt. In der Vergangenheit war zu beobachten, dass entstandene Schäden gerne „unter der Decke“ gehalten werden und nur selten an die Öffentlichkeit gelangen.
- Die Beweisführung hinsichtlich entstandener Schäden ist äußerst schwierig und kann kaum vor Gericht erbracht werden. Dieses hängt insbesondere mit den Exponaten zusammen, die i.d.R. seit Jahrhunderten oder teilweise Jahrtausenden unterschiedlichsten Umwelteinflüssen (Schadstoffe, hv, T, rF etc.) ausgesetzt sind und somit individuelle Objektzustände aufweist. Ein eindeutiger Kausalzusammenhang zwischen Vitrine sowie Ausstellungsmaterial bzw. Schadstoffen und der Schädigung des Exponats lässt sich i.d.R. nicht oder nur schwer erbringen.
- Erschwert werden die Beweisführung wie auch Kontrollen oder Messungen durch fehlende Daten, Richtlinien und nicht zuletzt Grenzwerte zur Beurteilung museumstauglicher Werkstoffe im Sinne präventiver Konservierungsstrategien. Dies bedeutet, dass eine Auswahl geeigneter Materialien auch bei „vollkommener Information“ schwierig ist, da in weiten Teilen die Bewertungsgrundlagen zur Beurteilung von Materialien bei vollständiger Information fehlen.
- Schäden entstehen u.U. erst über einen langen Zeitraum und mit Zeitverzug, sodass eine „Erprobung“ von Vitrinen und Ausstellungsmaterialien unter realen Bedingungen insbesondere deshalb nicht möglich sind, da Ausstellungen einem enormen Zeitdruck unterliegen.

- Etwaige Haftungssummen ersetzen nicht den wahren Wert der Objekte, da es sich bei den Exponaten um einzigartige und unwiederbringliche Artefakte handelt, deren Verlust weit über den finanziellen Schaden hinaus. Ein reines Rückgaberecht mangelhafter Vitrinen oder Ausstellungsmaterialien, sowie ein finanzieller Ausgleich werden dem verursachten Schaden nicht gerecht.
- Eine Haftungsübernahme durch die Auftragnehmer ist kaum möglich, da es sich bei diesen tendenziell um kleine Handwerksbetriebe, maximal aber mittelständische Betriebe mit stark begrenzten finanziellen Ressourcen handelt (vgl. 2.3.1).

Zusammenfassend lässt sich festhalten, dass sich das skizzierte Problem der doppelten Informationsasymmetrie nicht ohne weiteres mit den aus der Principal-Agent-Theorie abgeleiteten Gestaltungsoptionen bewältigen lässt.

Bemerkenswerterweise tauchte in den letzten Jahren in der Scientific Community der Konservierungswissenschaftler immer wieder die Idee eines Gütezeichens zur Zertifizierung von Vitrinen und Ausstellungsmaterialien als Gestaltungsoption auf.

Ein Gütezeichen könnte im Fall von Hidden Characteristics im Sinne des Signallings wirken und Adverse Selection vermeiden helfen. Gleichzeitig könnten entsprechende Kontrollen im Sinne des Monitorings auf Basis noch zu entwickelnder Grenzwerte das Problem des Moral Hazard unter der Annahme von Hidden Action und/oder Hidden Information verringern.

Da vor dem Hintergrund der skizzierten Situation eine wettbewerbliche Ausnahmesituation angenommen werden kann, wäre ein solch starker Eingriff aus Sicht der Scientific Community vertretbar. Zudem würde eine Systematisierung von Grenzwerten auf lange Sicht nicht nur helfen, die Agency-Kosten und den Aufwand für Einzeluntersuchungen einzusparen, sondern auch durch eine Form der Qualitätssicherung einen Beitrag zum Erhalt des einzigartigen Kunst- und Kulturguts in musealen Einrichtungen leisten.

Das Ausmaß der letztendlich durch die Verwendung von ungeeigneten Materialien induzierten Schäden ist aus praktischen und statistischen Gründen nicht abzuschätzen.

Zahlreiche Publikationen zur Schadstoffproblematik in Museen der letzten Jahre weisen zumindest auf ein gestiegenes Bewusstsein der Verantwortlichen in den Museen hin.[17] Falsch oder unzureichend ausgezeichnete Materialien finden aus Mangel an Alternativen (Budgetknappheit, Zeitdruck, etc.) jedoch weiterhin Verwendung und erweisen sich teilweise als Emissionsquellen ungeahnten Ausmaßes. Ein Beispiel aus dem Germanischen Nationalmuseum in Nürnberg verdeutlicht die Situation: Eine für eine Ausstellung verwendete blaugrüne Stoffbespannung sollte laut Herstellerangabe ein reines, unbehandeltes Baumwollgewebe sein. Anhand von Untersuchungen, die nach ersten Schäden folgten, wurde jedoch festgestellt, dass es sich um ein Mischgewebe aus Polyester und Baumwolle (Verhältnis 2:1) handelte, das mit Weichmachern und Antioxidantien versetzt worden war. Die Folgen waren Korrosionsschäden an Wachsbatiken, die sich als weiße „Ausblühungen“ auf den Ausstellungsobjekten manifestierten. Bei den Korrosionsprodukten handelte es sich um Bestandteile der Objekte selbst; mobilisierte Farbstoffe und eine Reihe von Reaktionsprodukten. Zudem hatten sich die aus dem Stoff emittierten Weichmacher und Antioxidantien als Kondensat auf dem Vitrinenglas abgesetzt.[18]

Das geschilderte Beispiel ist kein Einzelfall: Auf diesem oder ähnlichem Weg kommt es in zahlreichen musealen Einrichtungen immer wieder zu irreversiblen Schäden (vgl. Abb. 1-4), die sich durch den Einsatz unbedenklicher Materialien vermeiden ließen.

17 Vgl. u.a. Drewello 2005; von Ulmann 2005; Hack 2005; Schieweck/Tunga 2006.
18 von Ulmann 2005, S.72.

Abb. 2: Vitrinen mit emittierender Stoffbespannung (links) und Wachsbatik mit weißen Ausblühungen (rechts) (Quelle: Labor des Germanischen Nationalmuseums, Nürnberg; Untersuchungsbericht Umweltmessprogramm (Museums-Monitoring) (20.05.1999))

Abb. 3: Verfärbungen und Fremdbeläge auf einem Samowar; induziert durch Formaldehyd, Essigsäure, Ameisensäure, sowie Schwefelwasserstoff und Mikroben (Quelle: Labor des Germanischen Nationalmuseums, Nürnberg; Untersuchungsbericht: Umweltmessprogramm (Museums-Monitoring) (20.05.1999)

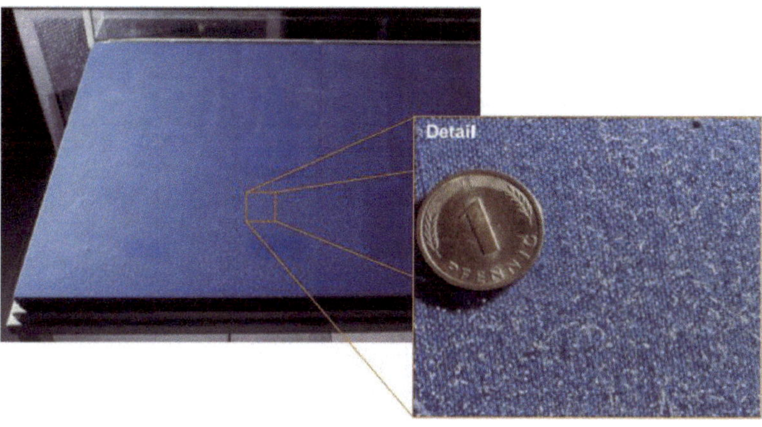

Abb. 4: *Ausblühungen eines Flammschutzmittels (Borsäure) durch kurzzeitige Temperaturschwankungen in der Vitrine (Quelle: Drewello et al. 2002, S. 3711)*

Abb. 5: *Kristallisierte Alkaliformiate und -acetate auf einer Edelsteinimitation (Glas); hervorgerufen durch Ameisensäure und Essigsäure aus Vitrinenmaterialien (Quelle: Labor Drewello und Weißmann, Untersuchungsbericht AN 1549 (15.05.2004))*

(2) Problemstellung & Ziel der Arbeit

Die Situation lässt sich wie folgt zusammenfassen:

- Vor dem Hintergrund auftretender Schäden an Kunst- und Kulturgut rückt vermehrt das Gefahrenpotenzial durch eingetragene Schadstoffe in den Fokus von Restauratoren.
- Der Schadstoffeintrag basiert häufig auf Bau- und Ausstellungsmaterialien (für Vitrinen).
- Als problematisch erweist sich die unzureichende Deklaration der Produkte hinsichtlich ihrer Zusammensetzung. Durch die zunehmende Globalisierung und die damit einhergehende Verlagerung von Produktionsteilen bzw. ganzer Produktionen ins Ausland sind die Wertschöpfungsketten unübersichtlich und letztendlich intransparent geworden. Die genaue Zusammensetzung bleibt somit unklar.
- Verschärft wird die Situation durch den Einsatz von Vitrinen, die sich aufgrund steigender Ansprüche der Museen an einen optimalen Kulturgüterschutz und einem damit verbundenen technischen Fortschritt von „Schaukästen" mit hoher Luftwechselrate zu nahezu diffusionsdichten Systemen mit stark reduzierter Luftwechselrate entwickeln. Im ungünstigsten Fall entsteht so an Stelle des geplanten präventiven Schutzraumes eine „Schnellalterungskammer" für Kunst- und Kulturgut.
- Ökonomisch betrachtet handelt es sich um eine Marktunvollkommenheit aufgrund einer doppelten Informationsasymmetrie, welche zu erhöhten Kosten führt, um Adverse Selection und/oder Moral Hazard zu vermeiden. Die von der Principal-Agent-Theorie abgeleiteten Gestaltungsoptionen zur Auflösung der Informationsasymmetrie sind jedoch aufgrund spezifischer Besonderheiten des Museums- und Vitrinenmarktes stark eingeschränkt.
- In den letzten Jahren wurde in der Scientific Community der Konservierungswissenschaften als Idee zur Handhabung der Problematik die Entwicklung eines Gütezeichens diskutiert.

Aus Sicht der praktisch angewandten und lösungsorientierten Konservierungswissenschaften lassen sich aus der dargelegten Situation drei Grundprobleme ableiten:

(1) Es ist unklar, ob und inwieweit sich die handelnden Akteure in den Museen der skizzierten Schadstoffproblematik bewusst sind, wie diese mit der Problematik umgehen (sollten) und ob genereller Handlungsbedarf zur Sondierung von Materialen besteht bzw. Instrumente zur Schadstoffbegrenzung entwickelt werden sollten.

(2) Es fehlen derzeit Daten, Richtlinien und nicht zuletzt Grenzwerte zur Beurteilung museumstauglicher Werkstoffe im Sinne präventiver Konservierungsstrategien.

(3) Die Identifizierung geeigneter Bau- und Ausstellungsmaterialien sowie eine Bewertung hinsichtlich ihrer Auswirkungen auf das Raumklima und sensible Objektoberflächen erscheinen nach heutigem Stand nahezu unmöglich. Jede Materialwahl erweist sich für die Verantwortlichen als eine singuläre und kostenintensive Aufgabe.

Die vorliegende Arbeit verfolgt somit drei mit der Problemstellung korrespondierende Ziele:

(1) Analyse der aktuellen Schadstoffsituation im Museum und damit Schaffung von Transparenz bezüglich der aufgezeigten Problematik,

(2) Beurteilung der Umsetzbarkeit eines Gütezeichens als praktikables Instrument zur Vermeidung von Einzelprüfungen in Museen am Beispiel von Vitrinen aus konservierungswissenschaftlicher Sicht durch Aufbereitung des Status quo hinsichtlich bereits durchgeführter Analysen, abgeleiteter Richtlinien und Grenzwerte zur Beurteilung museumstauglicher Werkstoffe unter Einbeziehung der Erkenntnisse aus verwandten Forschungszweigen des Humanbereichs,

(3) Beurteilung der Umsetzbarkeit eines derartigen GZs aus „betriebswirtschaftlicher“ Sicht der Auftraggeber und -nehmer, d.h Klärung der gene-

rellen Akzeptanz von GZ bei Museen und Produzenten sowie Abschätzung der wirtschaftlichen Tragfähigkeit eines solchen Vorhabens.

(3) Stand der Forschung

Die erste Publikation zur schädlichen Auswirkung ungeeigneter Ausstellungsmaterialien auf Kunst- und Kulturgut findet sich Ende des 19. Jahrhunderts bei Byne.[19] Er beschreibt die Zersetzung von Muscheln durch Emissionen aus hölzernen Ausstellungsmaterialien, die daher auch *Bynes Krankheit* genannt wird. Der Reaktionsmechanismus, bei dem organische Säuren zur Zersetzung von calciumhaltigen[20] Objekten führen, wurde erst Jahrzehnte später enthüllt.

Auch der Wunsch nach einer Standardisierung und Einführung von Richt- und Grenzwerten zur Schadstoffminimierung in Museen ist nicht neu. Gerry Thomson[21] (National Gallery, London) legte 1965 erste Standards für Umgebungsparameter wie Licht, Temperatur, Feuchte und Schadstoffe fest; er gilt damit als Pionier auf diesem Gebiet. Die Auswirkungen der Einflüsse auf Kunst- und Kulturgut beschreibt Thomson[22] in seinem Buch 'The Museum Environment', das bis heute zu den Standardwerken der Fachliteratur in diesem Bereich gehört. Während Thomson sich mit Schadstoffen beschäftigte, die nicht unmittelbar auf Schadstoffquellen in Ausstellungsmaterialien zurückzuführen sind, formuliert Padfield[23] Ende der 1960er Jahre erste Anforderungen für die Konstruktion von Vitrinen und die Verwendung von Ausstellungsmaterialien.

Schadensbilder wie ein schnelles Anlaufen bzw. Korrodieren von Silbermünzen durch ungeeignete Vitrinenmaterialien (Gummi, verschiedene Hölzer, Farbstoffe in Textilien)

---

19 Byne 1899.

20 In der vorliegenden Arbeit wird für die schreibweise aller chemischen Fachbegirffe auf die Vorschläge der deutschen IUPAC-Nomenklaturkommission zurückgegriffen (vgl. hierzu Römpp 1995).

21 Thomson 1965.

22 Thomson 1986.

23 Padfield 1968, S. 119-126.

werden von Oddy[24] beschrieben und analysiert. Die Untersuchungen führen zu einem einfachen Nachweisverfahren für korrosive Verbindungen, dem sogenannten 'Oddy-Test'[25].

Daraufhin folgten eine Vielzahl von Einzeluntersuchungen zu unterschiedlichsten Schadstoffen: Nach Miles[26] haben vor allem niedermolekulare Verbindungen wie Säuren, Aldehyde und Zersetzungsprodukte des Lignins aus Holz und Holzwerkstoffen ein korrosives Potenzial. Sie warnt vor der Verwendung säurehaltiger Hölzer und empfiehlt Schutzüberzüge als Schadstoffbarriere für Holzwerkstoffe. Nockert und Wadsten[27] berichten von Schäden an Textilien durch das Ausdünsten von Formaldehyd aus Pappkartons. Eine Aufstellung von Ausstellungsmaterialien und ihrem schädigenden Einfluss auf Metallobjekte (Blei, Silber) geben Blackshaw und Daniels[28].

Um den Eintrag von Schadstoffen durch Ausstellungsmaterialien zu verhindern, wurden Ende der 1980er Jahre verschiedene Listen geprüfter Stoffe veröffentlicht: So führen beispielsweise Blackshaw und Daniels[29] Produkte und Hersteller von geeigneten Ausstellungsmaterialien auf. Auch Padfield et al.[30] geben eine Liste „sicherer" wie auch „unsicherer" Materialien an. Nach Tétreault[31] kann es jedoch kein Schwarz- oder Weißbuch für Ausstellungsmaterialien geben. Zwischen „sicheren" und „unsicheren" Materialien gibt es nach seiner Auffassung eine Grauzone. Diese begründet sich aus einem unterschiedlichen Qualitätsanspruch für die verschiedenen Nutzungsmöglich-

24 Oddy 1973, S. 27–28; Oddy 1975, S. 235-237.

25 Das Testprinzip beruht auf der Exposition einer Probe des zu untersuchenden Materials zusammen mit einem Metallcoupon (Kupfer, Silber oder Blei) in einem Reaktionsgefäß mit einer relativen Luftfeuchtigkeit von nahezu 100%. Anschließend wird die Veränderung der Oberfläche des Coupons bei Temperaturen bis zu 60° C beobachtet. Mit Hilfe einer Referenzprobe wird anhand der Oberflächenveränderung das korrosive Potenzial ermittelt (Oddy 1973, S. 27–28; Raffael 2006; Green/Thickett 1995). Die Weiterentwicklung des Tests durch Green und Thickett (Green, Thicket 1993; 1995) führte zu einer Standardisierung. Trotz dieser Entwicklung ist die Reproduzierbarkeit der Ergebnisse umstritten (Hatchfield 2002, S. 48).

26 Miles 1986, S. 114.

27 Nockert/Wadsten 1978, S. 38-41.

28 Blackshaw/Daniels 1978a, S. 8-9.

29 Blackshaw/Daniels 1978b, S. 8-9; 1979, S. 19.

30 Padfield et al. 1982, S. 24-27.

31 Tétreault 1994, S. 79.

keiten. Für Dauerausstellungen oder Depotsituationen sollten im Allgemeinen höhere Qualitätsanforderungen gelten als für temporäre Ausstellungen. Die Entscheidungsmatrix zur Wahl der richtigen Materialien wird damit um den Faktor Zeit erweitert. Tètrault bezieht sich auf festgelegte Erhaltungszeiträume (*Conservation Limit (CL)*).

Grundsätzliche Rahmenbedingungen für die Prävention von Museumssammlungen wurden vom Canadian Conservation Institute (CCI) entwickelt und 1994 von Mechalski[32] zusammengefasst. In einer Matrix sind neun ‚Schadensursachen' (u.a. Luftschadstoffe) fünf ‚Kontrollstufen' gegenübergestellt: Vermeiden, Blockieren, Erkennen, Reagieren und Behandeln.[33] Aufbauend folgten verschiedene Richtlinien zur Schadstoffkontrolle in musealen Einrichtungen: Seit 1999 gibt die American Society of Heating, Refigeration and Airconditioning Engineers (ASHRAE) in ihrem Anwenderhandbuch ein Kapitel zu Luftqualität für Museen, Büchereien und Archiven heraus.[34] Blades et al.[35] geben im Jahr 2000 einen Überblick zu Schadstoffen in Innenräumen und Vitrinen und schildern Möglichkeiten für deren Überwachung und Kontrolle. Aufgezeigt werden fünf verschiedene Strategien zur Minimierung von Schadstoffen im Museum: passive Kontrolle mit natürlicher Lüftung, transportable oder vorübergehende Filtrationseinheiten, lokale Filtration im Ausstellungsraum, intelligente Lüftungskontrolle, sowie der Einsatz einer Klimaanlage mit Kohlefilter. Hatchfield[36] gibt einen umfangreichen Einblick zu Schadstoffen im Museum. Sie beschreibt dabei Quellen und Schadensmechanismen und geht ebenso auf die Verminderung von Schadstoffen durch gezielte Auswahl und Einsatz von Materialien ein, als auch auf Möglichkeiten zum Schadstoffabbau. Tétreault[37] nimmt Michalskis[38] Konzept in der Gliederung seines Buches „Airborn pollution in Museums, Galleries and Archives: Risk Assesment, Control Strategies, and Preservationmanagement" wieder auf und unterteilt

[32] Michalski, 1994.

[33] Im Originaltext spricht Michalski (Michalski, 1994, S. 8) von ‚deterioration agents' und ‚stages of control', die er in 'avoid, block, detect, respond, treat' untergliedert.

[34] Vgl. ASHRAE 1999, ASHRAE 2003.

[35] Blades et al. 2000.

[36] Hatchfield 2002, S. 55-66.

[37] Tétreault 2003.

[38] Michalski, 1994.

die verschiedenen Möglichkeiten der Schadstoffkontrolle in fünf Gruppen: Vermeiden, Blockieren, Mindern, Filtern sowie Binden. Er gibt eine umfassende Übersicht zu den jeweiligen Kontrollstrategien und erweitert die theoretischen Grundlagen mit zahlreichen Hinweisen für die praktische Umsetzung.[39] Darüber hinaus entwickelt er ein Modell, bei dem die Auswirkung eines Luftschadstoffes anhand von Dosen (*Lowest Observed Adverse Effect Dose (LOAED)*) beschrieben wird (weitere Ausführungen zum Dosis-Konzept in Abschnitt 2.2.2.). Das Modell mündet in einem ersten umfangreichen Richtwertkonzept für den musealen Bereich, das im Jahr 2003 vom CCI herausgegeben wurde. Damit definiert Tétreault[40] als Erster eine Liste von Schadstoffen, die eine Gefährdung für Kunst- und Kulturgut darstellen, und bezeichnet diese als Hauptschädiger („Key pollutants“). Die angegebenen Schwellenwerte wurden aus Ergebnissen verschiedener internationaler Studien abgeleitet und durch eigene Untersuchungen ergänzt[41].

Ein weiteres Richtwertkonzept wurde vom Getty Conservation Institut (GCI) entwickelt. Hier wird zwischen einem Richtwert bei dem Handlungsbedarf besteht (*Action Limits (AL)*), und einem Richtwert, der als Empfehlungswert (*Suggested Pollution Limits (SPL)*) zu verstehen ist, unterschieden. Auch diese Richtwerttabelle basiert auf Ergebnissen einzelner Studien.[42]

Experimentell ermittelte Schwellenwerte sind jedoch nur bedingt auf Situationen vor Ort übertragbar, da sie sich auf einen speziellen Versuchsaufbau stützen. Kritisch zu bewerten ist auch, dass die vorgestellten Richtwertkonzepte sich auf Einzelkomponenten bzw. einfache Substanzgemische beschränken; sekundäre Reaktionsprodukte werden nicht berücksichtigt.

---

39 Vgl. Tétreault 2003, S. 35-63.

40 Tétreault 2003.

41 Tètreault 2003a; 2003b, S. 106-128.

42 Darüber hinaus werden als Quelle für die Richtwerte die Webseiten des CCIs (www.cci-icc.gc.ca) und die Seite der Indoor Air Quality (IAQ) in Museums and Archives (www.iaq.dk) angegeben.

Es sollte nicht unerwähnt bleiben, dass 2009 ein Norm-Entwurf DIN EN ISO 15999[43] mit Empfehlungen für Schauvitrinen, die zur Ausstellung und Erhaltung des kulturellen Erbes verwendet werden, veröffentlicht wurde, der sich mit Leitlinien für die Handhabung von Umweltbedingungen beschäftigt.[44] Der Norm-Entwurf legt allgemeine Bedingungen von Werkstoffen fest, um eine VOC-Anreicherung zu verhindern. Demnach müssen die verwendeten Werkstoffe stabil sein und dürfen keine Reaktion mit Ausstellungsobjekten hervorrufen. Es gibt jedoch weder Angaben zu Hauptschädigern noch zu Richt- oder Grenzwerten.

Die Vielzahl an Publikationen zeigt, dass die Schadstoffvermeidung in musealen Einrichtungen ein gewichtiges Problem darstellt. Bedeutsam ist, dass trotz zahlreicher Untersuchungen bislang keine verbindliche Regelung bezüglich anzuwendender Qualitätskriterien der Innenraumluft im Museumsumfeld existiert. Eine Erklärung hierfür liegt zum einen in der Vielfalt der Variablen und der sich daraus ergebenden Komplexität und zum anderen an unzureichenden und nicht vergleichbaren quantitativen Daten, die das Ausmaß von Schadstoffen auf Museumsobjekte belegen.[45] So dient letztendlich häufig genug das Sammlungsgut selbst als „Schadstoffindikator". Verfärbungen, Verformungen und Ausblühungen werden als Hinweis auf eine Schadstoffbelastung gewertet, woraufhin Untersuchungen eingeleitet werden, um die Richtwertüberschreitung mit analytischen Verfahren zu bestätigen. Es lässt sich somit konstatieren, dass die drei definierten Forschungsfragen bisher unzureichend erforscht sind und damit das Forschungsvorhaben als relevant zu bewerten ist, insbesondere deshalb, da die verschiedenen „losen Enden" zum ersten Mal zusammengeführt werden und die Arbeit damit als Grundlage für weitere zielgerichtete Forschung zum aufgezeigten Problem gelten kann. Darüber hinaus ist es die erste Arbeit, die sich explizit mit dem Instrument eines GZs im Museumsumfeld befasst und hierzu eine Primärerhebung in Museen und bei Vitrinenbauern zugrunde legt.

---

43 E ISO 15999:2009.

44 Vgl. prEN 15999:2009.

45 Vgl. u.A. Brimblecombe 1988, S. 6.

(4) Begriffsbestimmung

Vor dem Hintergrund, dass nicht nur Restauratoren, Konservatoren und Conservation Scientists, sondern auch weitere Zielgruppen wie beispielsweise Kuratoren, Kunsthistoriker und Verwaltungsangestellte in Museen oder Mitarbeiter von Vitrinenbauern angesprochen werden sollen, werden zunächst die wichtigsten Begriffe mit einer kurzen Definition präzisiert:

Vitrine

Bei einer Vitrine handelt es sich um einen geschlossenen Behälter mit beliebigen Abmessungen, der dazu dienen soll, Gegenstände unter sicheren und geschützten Bedingungen zu erhalten und auszustellen.[46]

Wesentliche Bestandteile einer Vitrine sind nach E DIN EN ISO 15999[47]:

- der Ausstellungsraum, in dem die Gegenstände (Objekte) lagern,
- die Installationsfächer/Technikabteile,
- Auflagen,
- das Unterteil zur Sicherung der Stabilität.

Von besonderem Interesse für die vorliegende Arbeit ist der Ausstellungsraum, in dem die Objekte lagern sowie deren Komponenten Bau- und Ausstellungsmaterialien die als potenzielle Emissionsquellen in Frage kommen.

Qualität

Der Begriff der Qualität ist aus dem Lateinischen (lat. qualitas = Beschaffenheit) abgeleitet. Demnach bezeichnet die Qualität die Beschaffenheit eines materiellen oder immateriellen Guts. Genauer beschreibt die Qualität eines Produktes die Gesamtheit der

---

46 Vgl. E ISO 15999:2009, S. 6.
47 Vgl. E ISO 15999:2009, S. 7.

betrachteten Relationen zwischen den ermittelten und den zugehörigen vorgegebenen Merkmalswerten der Qualitätsmerkmale.[48]

Die offizielle Definition für Qualität nach Norm DIN EN ISO 9000[49] lautet: *„Grad, in dem ein Satz inhärenter[50] Merkmale Anforderungen erfüllt."*[51] Die Qualitätsmerkmale können sich dabei grundsätzlich auf die Anforderungen eines Produkts, Prozesses oder Systems beziehen.[52] In der vorliegenden Arbeit wird der Qualitätsbegriff insbesondere im Zusammenhang mit der Qualität von Vitrinen beleuchtet. Die Qualität gibt damit Auskunft darüber, in welchem Maß eine Vitrine den geforderten Qualitätsmerkmalen, wie die hier im Fokus stehende Emissionsarmut entspricht.

Gütezeichen (GZ)

Als GZ werden Wort- und/oder Bildzeichen zur Kennzeichnung und Garantie einer bestimmten Qualität (s.o.) von Waren oder Leistungen verstanden. Eine gesetzliche Regelung existiert für die überwiegende Anzahl von GZ nicht,[53] sie können aber nach ihrer Anerkennung als Kollektivmarke[54] in das vom Patentamt geführte Markenregister eingetragen werden. GZ dürfen nur für Warenarten und Leistungskategorien geschaffen werden und nicht für Einzelerzeugnisse.[55]

---

48 Geiger/Kotte 2005, S. 67.

49 ISO 9000:2005.

50 Der Begriff "inhärent" beschreibt dabei nach DIN EN ISO 9000 (ISO 9000:2005, S.18) im Gegensatz zu zugeordneten Merkmalen eine ‚Einheit innewohnender', ständiger Merkmale. Dies bezieht sich auf objektiv messbare Merkmale wie z.B. Gewicht, Längenmaße oder Materialspezifikationen.

51 ISO 9000:2005, S.18.

52 Vgl. ISO 9000:2005, S. 26.

53 Ausnahmen bilden Zeichen im Sinne der gesetzlich vorgegebenen technischen Sicherheit, wie beispielsweise das GS-Zeichen (Geprüfte Sicherheit). Wenn von dem Produkt nachweislich keine Gefahr ausgeht, spricht man von der Gewährleistung der technischen Sicherheit. Wenn dieses Produkt bei der Anwendung gleichwohl seine Parameter (Eigenschaften) beibehält, kann man ebenfalls von der Güte des Produktes sprechen (Freundliche mündliche Mitteilung, Frau Bendix (Zertifizierungsstelle, Bundesanstalt für Materialforschung (BAM), Berlin) vom 11.08.2010)

54 Kollektivmarke: Bezeichnet die für einen rechtsfähigen gewerblichen Verband (auch Dach- und Spitzenverband) eingetragene Marke.

55 RAL 2005, S. 5–6.

Grenzwerte

Grenzwerte gelten als quantitative Umweltstandards, die zur Erreichung von Umweltqualitätszielen dienen. Im Interesse eines solchen Ziels wird die Grenze mit Hilfe eines Grenzwerts festgelegt, der jener Mindestanforderung entspricht, die erfüllt sein muss um dieses Ziel zu erreichen.[56] Grenzwerte werden rechtsverbindlich festgelegt und müssen verbindlich eingehalten werden. Dabei spielt die Zumutbarkeit des Risikos eine entscheidende Rolle. Grenzwerte werden mit dem Ziel festgelegt, schädliche Auswirkungen auf die menschliche Gesundheit oder auf andere Schutzgüter (z. B. Vegetation oder Materialien) zu vermeiden. Diese Grenzwerte gelten nur in Verbindung mit den in diesem Zusammenhang zugrunde gelegten Messvorschriften.[57]

Präventive Konservierung

Der Begriff Prävention leitet sich von dem Lateinischen praevenire [frz. prévention < spätlat. praeventio = das Zuvorkommen] ab und hat seinen Ursprung in den Rechtswissenschaften und der Medizin.

In den Rechtswissenschaften versteht man unter Prävention die Vorbeugung gegen künftige Delikte.[58] Unterschieden wird grundsätzlich zwischen General- und Spezialprävention zur Abschreckung künftiger Verbrecher durch Strafmaßnahmen. Bei der Generalprävention sollen potenzielle Täter durch Androhung von Strafe und Vollstreckung abgeschreckt werden, selbst eine strafbare Handlung zu begehen.

Die Spezialprävention richtet sich an Wiederholungs-, Trieb- oder im besonderen Maße gefährliche Täter, die trotz Generalprävention keine Einsicht zeigen, und somit zum Schutz der Allgemeinheit in Sicherheitsgewahrsam genommen werden.[59]

In der Medizin hat Georges Caplan[60] Mitte der 1960er Jahren eine dreistufige Untergliederung der Prävention vorgeschlagen. Die primäre Prävention fasst demnach alle

---

56 Streffer et al. 2000, S. XVIII.

57 Freundliche schriftliche Mitteilung von Dr. Wolfgang Heger, Umweltbundesamt (UBA), Berlin) vom 7.04.2011.

58 Vgl. Gräber-Seißling et al. 2007, S. 358.

59 Vgl. Juramagazin 2009.

Maßnahmen zur Minimierung allgemeiner Gesundheitsgefährdungen, die sekundäre Prävention bezeichnet die Früherkennung und Behandlung von Krankheiten und die tertiäre Prävention befasst sich mit der Minimierung und Chronifizierung von Folgeschäden und Rückfällen.

Wie die primäre Prävention beschreibt auch die Präventive Konservierung (PK) Maßnahmen zur Minimierung der Gefährdung (von Kunst und Kulturgut). Der Schwerpunkt der PK liegt im Bereich der vorbeugenden Maßnahmen, die das Auftreten von Schäden an Objekten vermeiden bzw. reduzieren sollen.

Nach Koller[61] sind bereits seit der klassischen Antike genaue Regeln für Qualität und Sicherheit von Kunst und Kulturgut im Sinne präventiver Konservierungsstrategien überliefert. Verbunden mit einem Konzept, dass dem heutigen sehr nahe steht, verwendet der Restaurierungstheoretiker und Gründungsdirektor des *Instituto Centrale per il Restauro* (ICR) in Rom, Cesare Brandi die italienischen Begriffe "Prevenzione" und "Restauro preventivo" bereits in den späten 1940er Jahren.[62] Die Durchsetzung des Begriffs Präventive Konservierung in den musealen Bereich findet jedoch erst in den 1990er Jahren statt.[63]

Bislang gibt es für den Kulturgüterschutz keine einheitliche Definition der Präventiven Konservierung. Die Fachgruppe Präventive Konservierung des Verbands der Restauratoren (VDR) gibt folgende Begriffsbestimmung:

„Die Präventive Konservierung umfasst alle Maßnahmen zur Verbesserung der Umgebungsbedingungen mit dem Ziel der Vermeidung von Schäden an Kunstwerken, Ausstattung und Gebäuden ohne direkten Eingriff am Objekt. Die Präventive Konservierung dient primär der langfristigen Erhaltung von Kunstwerken und zielt darauf, Schäden bereits im Vorfeld zu vermeiden bzw. das Schadensrisiko zu verringern."(VDR 2006)

Darüber hinaus existieren weitere Definitionen verschiedener nationaler und internationaler Fachverbände:

60 Caplan 1964.
61 Koller 1994.
62 Freundliche schriftliche Mitteilung von Prof. Schädler-Saub, Hochschule für angewandte Wissenschaft und Kunst (HAWK), Hildesheim/Holzminden/Göttingen vom 27.05.2011.
63 Schädler-Saub 2006, S. 15.

„Preventive Conservation consists of indirect action to retard deterioration and prevent damage by creating conditions optimal for the preservation of cultural heritage as far as it is compatible with its social use. Preventive conservation also encompasses correct handling, transport, use, storage and display.“ (E.C.C.O. 2002)

In der vorliegenden Arbeit wird die Präventive Konservierung als eine Gesamtheit von Maßnahmen, mit dem Ziel der Verlangsamung des Objektzerfalls verstanden. Bei den in diesem Sinne notwendigen Kontrollmechanismen liegt der Schwerpunkt der Untersuchungen im Bereich der Schadstoffvermeidung.

Schadstoff/Fremdstoff

Grundsätzlich ist kein Stoff von seinem Ursprung her ein Schadstoff, vielmehr ist die negativ konnotierte Eigenschaft des Begriffs abhängig davon ob, wie und wo er eine unerwünschte Wirkung entfalten kann. Ein Stoff wird erst dann als Schadstoff bezeichnet, wenn er eine nachteilige, bei Lebewesen toxische Wirkung ausübt bzw. ausüben kann. Dabei geht es nicht nur um die Menge eines Stoffes, sondern auch um die einem Stoff immanente, gefährliche Wirkung (Toxizität) sowie die Stoffkonzentration (Dosis) und Wirkdauer oder Expositionszeit.[64]

Fremdstoffe hingegen sind Substanzen, die einem Stoff bzw. Produkt ohne menschliches Zutun nicht ausgesetzt sein würden. Sie sind also fremd, aber nicht zwangsläufig auch schädlich für die Umgebung.

Hauptschädiger (key pollutants): Aktuelle Klassifikation von Schadstoffen

Wenngleich es eine Vielzahl von Verbindungen gibt, die ein Schädigungspotenzial für Kunst- und Kulturgut beinhalten, so existiert in der Fachliteratur ein grundsätzlicher Konsens bezüglich der *Hauptschädiger*, der sogenannten *key pollutants*, die eine schädigende oder korrosionsbeschleunigende Wirkung auf Materialien haben.

Die Hauptschädiger werden nach ihrer Herkunft in Außen- und Innenraumschadstoffe untergliedert (vgl. Tab. 1): Ozon, Schwefeloxid, Salpetersäure, sowie Stickstoffoxid

---

64 Hutzinger 1991, S. 259.

haben ihre Quelle i.d.R. außerhalb des Museums, während Schwefelwasserstoff und andere reduzierte Schwefelgase sowohl von außen eingetragen, als auch im Innenraum generiert werden können.

Organische Säuren (Essigsäure und Ameisensäure) wie auch Aldehyde (Formaldehyd und Acetaldehyd) sind hingegen klassische Innenraumschadstoffe.

Tètreault[65] zählt darüber hinaus auch Wasserdampf zu den Hauptschädigern, da nicht angemessene (i.d.R. zu hohe) relative Feuchte schadstoffbedingte Reaktionsmechanismen beschleunigen kann. Darüber hinaus zählen auch Feinstaubpartikel ($PM_{2.5}$) zu den Hauptschädigern. In der vorliegenden Arbeit werden jedoch nur gasförmige Schadstoffe betrachtet.[66]

Tab. 1: Als Hauptschädiger definierte Schadstoffe, untergliedert nach Hauptquellen (vgl. [i]Tétreault 2003, S.26, 31; [ii]Grzywacz 2006, S. 109 f.)

Von Außen eingetragene Schadstoffe	Im Innenraum generierte Schadstoffe
Anorganische Verb	**Anorganische Verb**
▪ Ozon[i ii]	▪ Schwefelwasserstoff[i ii]
▪ Schwefeldioxid[i ii]	
▪ Stickstoffdioxid[i ii]	
▪ Salpetersäure[ii]	**Org. Säuren**
	▪ Essigsäure[i ii]
	▪ Ameisensäure[ii]
	Aldehyde
	▪ Formaldehyd[ii]
	▪ Acetaldehyd[ii]
	Summe der VOCs[i ii]
	▪ TVOC
Wasserdampf[i]	**Feinpartikel ($PM_{2.5}$)[i ii]**

Die durch Hauptschädiger induzierten Schäden an Kunst- und Kulturgut können vielfältig sein. Eine Übersicht bekannter Schäden gibt die folgende Tabelle:

65 Tétreault 2003, S.26, 31.

66 Wasserdampf und Feinpartikel sind bei der Zertifizierung von Bau- und Ausstellungsmaterialien irrelevant und werden daher nicht berücksichtigt.

Tab. 2: Bekannte schadstoffinduzierte Schäden durch Hauptschädiger (Quelle: Bear/ Blanks (1985), Brimblecombe (1990), Pietsch (1994), zitiert nach Schieweck (2009), S. 9; mit eigenen Ergänzungen)*

Schadstoffe	Summen-formel	Materialien	Schäden
Acetaldehyd	CH_3CHO	siehe Formaldehyd	
Ameisensäure	HCOOH	Metall, kalkhaltige Materialien, Papier, Textil	Korrosion
Essigsäure	CH_3COOH	proteinhaltige Materialien	Korrosion
Fein Partikel* ($PM_{2.5}$) in µg/m³		alle Materialien	mikrobieller Befall (org Partikel) mechanische Schäden (anorg. Partikel)
Formaldehyd	HCHO	Papier, Pigmente (Metalloxide) Papier, Pergament, Leder, Wolle, Seide,	Verfärbungen, Ausbleichen Zerfall
Ozon	O_3	Textil, Papier, Gummi Metall fotografische Materialien	Versprödung Korrosion Schädigung
Salpetersäure	HNO_3	Metall kalkhaltige Materialien proteinhaltige Materialien	Korrosion Zersetzung Hydrolyse
Schwefeldioxid	SO_2	Metall Farbmittel, fotografische Materialien, Leder Papier, Textil anorg. Materialien wie Glas, Stein, Gips	Anlaufen Zerfall Versprödung Verfärbung
Schwefel-wasserstoff	H_2S	Metall fotografische Materialien Bleipigmente Farben	Anlaufen Zerstörung Verschwärzung Ausbleichen
Stickstoffdioxid	NO_2	Gummi fotografische Materialien, Metall, Plastik	Versprödung Zerstörung
TVOC * (µg/m³)		s.o.	abhängig von der Zusammensetzung
Wasserdampf* zu hohe relative Feuchte zu niedrige relative Feuchte	H_2O	 anorg. Materialien org. Materialien org. Materialien	 Beschleunigung schadstoff-bedingter Reaktionen mikrobieller Befall Kompressionsschwund

(5) Zum weiteren Vorgehen

Die vorliegende Arbeit ist in zwei Hauptkapitel gegliedert: Das erste Hauptkapitel ist der THEORETISCHE TEIL, in welchem sowohl die methodischen als auch die theoretischen Grundlagen der Untersuchungen ausgeführt sind (1). Das zweite Hauptkapitel ist der ANALYTISCHE TEIL, in welchem die Ergebnisse der Arbeit vorgestellt werden (2).

Im theoretischen Teil der Arbeit werden Grundlagen zu Grenzwerten und Prüfverfahren dargestellt. Darüber hinaus werden Analysemodelle der Wirtschaftswissenschaften herangezogen, welche die Grundlage zur Beurteilung der wirtschaftlichen Tragfähigkeit eines Gütezeichens bilden. Der theoretische Teil unterteilt sich somit in drei Kapitel: Methodische Grundlagen zu empirischen Analysen (1.1), theoretische Grundlagen zu GZ (1.2) und theoretische Grundlagen zu Märkten und Strategien (1.3).

Die *methodischen Grundlagen* beziehen sich zum einen auf die durchgeführten Primärerhebungen – insgesamt wurden drei empirische Studien durchgeführt – und zum anderen auf die Sekundäranalyse, welche angewendet wurde, um einen Überblick über bereits durchgeführte Studien im Hinblick auf Grenzwerte und GZ zu schaffen.

Das Kapitel mit Bezug zu den *empirischen Analysen* unterteilt sich in vier Unterkapitel: 1.1.1. beschäftigt sich mit den angewendeten Befragungstechniken, 1.1.2. befasst sich mit den eingesetzten statistischen Verfahren und in 1.1.3. wird auf die Zusammensetzung und Repräsentativität der Stichproben eingegangen. In 1.1.4. werden die Grundlagen zu *Sekundäranalysen* wiedergegeben.

Die *theoretischen Grundlagen* der Arbeit konzentrieren sich auf das zu diskutierende „Instrument“ zur Vermeidung des Schadstoffeintrags in Museen durch Ausstellungsmaterialien und Vitrinen: Das GZ. In Unterkapitel 1.2 werden *allgemeine Grundlagen zu Gütezeichen* erläutert – es gliedert sich in vier weitere Unterkapitel: Zunächst werden Aufgabe und Zweck von GZ dargestellt (1.2.1.), anschließend wird auf Grundlagen von GZ in Form von Umwelt- und Qualitätsstandards eingegangen (1.2.2.), um darauf aufbauend zu skizzieren, wie Referenz- und Richtwerte im Humanbereich genutzt werden (1.2.3.). Abgeschlossen wird das Kapitel mit einer Darstellung, wie flüchtige organische Verbindungen im Rahmen einer Zertifizierung zu bestimmen sind (1.2.4).

In 1.3 werden die *zugrunde gelegten wirtschaftlichen Analysemodelle* erläutert: Dazu mussten zur Analyse der wirtschaftlichen Tragfähigkeit eines Gütezeichens für Vitrinen der Vitrinenmarkt und mögliche Strategien der Vitrinenbauer zu untersucht werden. Die methodische Grundlage ist die Wettbewerbsanalyse nach Porter (1.3.1.) das Endgame-Modell zum Konsolidierungsgrad eines Marktes (1.3.2.), Skaleneffekte Economies of Scale[67] (1.3.3.), Ökonomische Gütertheorie (1.3.4.) und Differenzierungsstrategien (1.3.5.).

Das zweite Hauptkapitel (2) fasst die Ergebnisse aus drei Bereichen korrespondierend mit der dargelegten Problemdefinition und der Zielsetzung der Arbeit zusammen. Schwerpunkte der Auswertung sind: die Schadstoffsituation im Museum (2.1), die Umsetzbarkeit eines GZs aus konservierungswissenschaftlicher Sicht (2.2) und die Umsetzbarkeit eines GZs aus wirtschaftlicher Sicht (2.3).

Kapitel 3.1 gibt in vier Unterkapiteln einen Überblick über die *Schadstoffsituation in Museen*. Zunächst wird in 2.1.1. die allgemeine Schadstoffsituation in Museen wiedergeben; die Erkenntnisse beziehen sich dabei auf eine umfassende empirische Studie (Studie I). Darauf aufbauend wird in 2.1.2. dargelegt, welche Maßnahmen zur Minimierung von Schadstoffen derzeit in den Museen Verwendung finden. In 2.1.3. werden darauf aufbauend Ergebnisse zu angewendeten Standards bei Qualitätsprüfungen dargestellt. Auch die Ergebnisse der Unterkapitel 2.1.2. und 2.1.3. basieren auf empirischen Erhebungen der Studie I. Zusammengefasst und interpretiert werden die Resultate der Erhebungen in 2.1.4.

Kapitel 2.2 analysiert die *Umsetzung eines GZ aus* konservierungswissenschaftlicher *Sicht*. Hierzu werden in 2.2.1. Erkenntnisse aus dem Humanbereich herangezogen. Es folgen in Unterkapitel 2.2.2. bereits veröffentliche Ergebnisse zu Richt- und Grenzwerten, die den Museumsbereich betreffend analysiert werden. In 2.2.3 werden die Ergeb-

---

67 Bei den "Economies of Scale" dem Modell der Skaleneffekte. Unter Skaleneffekten versteht man Vorteile, die durch Größenunterschiede der Unternehmen hervorgerufen werden.

nisse in einem Fazit zusammengeführt. Im Mittelpunkt der Betrachtung steht dabei die Frage, ob und wenn ja, wie die gesammelten Erkenntnisse aus dem Humanbereich bzw. aus bereits bestehenden Grundlagen für das Vorhaben zur Entwicklung eines GZs für den musealen Bereich herangezogen werden könnten.

In Kapitel 2.3 wird die Perspektive gewechselt: Während zunächst konservierungs- und restaurierungswissenschaftliche Fragestellungen im Mittelpunkt der Überlegungen standen, wird der Blick nun auf die *Umsetzbarkeit des GZ aus wirtschaftlicher Perspektive* gerichtet. Den Schwerpunkt der Analyse zur wirtschaftlichen Tragfähigkeit eines GZs bilden theoretische Überlegungen: Abhängig von der Marktsituation und möglicher Strategieoptionen wird abgeleitet, welche Vor- und Nachteile mit der Einführung eines GZs verbunden sein könnten. Ergänzt werden diese Analysen durch Erkenntnisse aus den empirischen Studien. Im Fokus der Analyse stehen dabei exemplarisch die Hersteller von Vitrinen als ein überschaubares aber exemplarisches Parameterfeld der betroffenen Disziplinen. Das Kapitel gliedert sich in vier Unterkapitel: Marktumfeld der Vitrinenbauer (2.3.1.), Strategien der Vitrinenbauer (2.3.2), Attraktivität eines GZ für Vitrinenbauer (2.3.3.), Fazit und Zusammenfassung der Ergebnisse (2.3.4.).

Den Abschluss der Arbeit bilden ein zusammenfassendes Fazit und der Ausblick zu künftigen Perspektiven (3). Hierbei werden zunächst die Ergebnisse in einer Gesamtschau zusammengefasst (3.1). Im Anschluss daran werden weiterführende Erkenntnisse wiedergegeben, die einen indirekten Bezug zu den Fragestellungen der Arbeit haben, jedoch zu einem besseren Gesamtverständnis im Hinblick auf die Beantwortung der definierten Probleme beitragen. Basis hierfür sind die Gespräche mit Vitrinenbauern im Rahmen der Studie III (3.2). Abgeschlossen wird die Arbeit mit einem Ausblick, welcher auf den zukünftigen Forschungsbedarf im Hinblick auf die Problemstellung eingeht (3.3.).

1 THEORETISCHER TEIL: GRUNDLAGEN DER ARBEIT

1.1 Methodische Grundlagen: Empirische Analyse

Im Rahmen der vorliegenden Arbeit wurden insgesamt drei verschiedene empirischen Erhebungen in Form von Umfragen durchgeführt. Während sich die ersten beiden Umfragen an deutsche Museen richteten, wurden in der dritten Studie Vitrinenbauer in Deutschland betrachtet (vgl. Anhang A-C):

Museen

- Studie I: Emissionen im Museum - Die aktuelle Situation und der Umgang mit Schadstoffen.
- Studie II: Marktvolumen für Vitrinen und Ausstellungsmaterialien.

Vitrinenbauer

- Studie III: Marktsituation und Umsätze ausgewählter Vitrinenbauer.

Die drei empirischen Studien bilden die Basis für einen Großteil der im analytischen Teil vorgestellten Ergebnisse:

Die Ergebnisse der Studie I fließen in Kapitel 2.1 – Status quo Museen – ein und geben Aufschluss über die dortige Schadstoffsituation in Museen. Diese Studie bezieht sich somit auf die als Problem definierte fehlende Transparenz.

Die Ergebnisse der Studien II und III wiederum fließen in Kapitel 2.3 – Status Quo Vitrinenmarkt – ein. Die erhobenen Daten bilden die Grundlage für weitergehende Analysen zur Bewertung der wirtschaftlichen Tragfähigkeit eines GZs für Museen. Die Daten stellen insofern ein Novum dar, als dass es bislang keinerlei empirische Daten zum Vitrinenmarkt in Deutschland gibt.

In den folgenden Abschnitten (1.1.1.-3.) sind die bei empirischen Studien obligatorischen methodischen Grundlagen zusammengefasst.

1.1.1. Befragungstechniken

Zur allgemeinen Datenerfassung stehen grundsätzlich verschiedene Befragungstechniken zur Verfügung. In der vorliegenden Arbeit wurden Online-, Brief- und *„Face-to-Face"*-Befragungen durchgeführt.

Für die ersten beiden Studien (Studie I und II) wurde auf die Online-Befragung zurückgegriffen. Dabei handelt es sich um eine Technik, die in der empirischen Marktforschung verstärkt eingesetzt wird und sich als Erhebungsinstrument etabliert hat. Sie erschien besonders geeignet, da sie viele Vorteile der schriftlichen und mündlichen Befragungen vereint.

Vorteile der Online-Umfrage sind u.a.:

- Online-Umfragen sind mit geringerem zeitlichem Aufwand verbunden und kostengünstiger als *„Face-to-Face"* Befragungen.
- Die online erhobenen Daten sind auf dem Server sofort verfügbar. Es lassen sich jederzeit anschauliche Zwischenberichte mit den wichtigsten Ergebnissen erzeugen.
- Der soziale Einfluss auf die Beantwortung von Fragen durch den Interviewer entfällt.
- Erfassungsfehler entfallen, da keine manuelle Auswertung wie beispielsweise bei Papier-Fragebögen erfolgt.
- Die Probanden sind innerhalb eines gewissen Rahmens zeitlich ungebunden und können frei entscheiden, wann sie das Interview durchführen.
- Durch eine vorgegebene Fragenführung ist ein logisch konsistenter Fragebogendurchlauf sichergestellt.
- Die standardisiert erhobenen Daten sind langfristig vergleichbar.
- Eine benutzerspezifische Frageführung ist möglich.

Ausschlaggebend für die Entscheidung der gewählten Methodik war – neben der günstigen Kosten- und Zeitrelation – auch die zeitliche Unabhängigkeit der Probanden, die eine hohe Rücklaufquote und bessere Qualität der Angaben gewährleisten sollte. Da in der ersten Studie verschiedene Schwierigkeiten mit der webgestützten Umfrage auftraten,[68] wurde mit der Einladung zur zweiten Online-Umfrage zusätzlich ein Brieffragebogen versendet.

Die dritte Studie (Studie III) wurde vor Ort als „*Face-to-Face*"-Befragungen durchgeführt. Entscheidend für die Wahl dieser Befragungstechnik war, dass im Interview sensible firmeninterne Informationen abgefragt wurden. Darüber hinaus ermöglichte das persönliche Interview die Einbeziehung mehrerer Personen – dies erlaubte die gleichzeitige Abdeckung unterschiedlicher Fachbereiche wie beispielsweise Marketing, Produktion etc.

1.1.2. Eingesetzte statistische Auswertungsverfahren

Zur Auswertung der Studien wurden Häufigkeitsverteilungen und Hypothesentests angewendet.

Bei den Häufigkeitsverteilungen kommen ausschließlich univariate Methoden zum Einsatz: Sie dienen zur Erkundung der Schadstoffsituation und Schadensbilder, sowie des Umgangs mit Fremdstoffen.

Grundsätzlich lassen sich die Daten tabellarisch (Häufigkeitstabellen) und graphisch aufarbeiten und in der eigentlichen Datenanalyse weiter durch charakteristische Maßzahlen auswerten. Zur Vereinfachung der Auswertungen wurden einige Variablen durch Mittelung zu sogenannten Gruppenvariablen[69] zusammengefasst.

---

[68] Als problematisch erwies sich u.a., dass es einigen Institutionen aufgrund hausinterner Servereinstellungen nicht möglich war, auf die webbasierte Umfrage zuzugreifen. Darüber hinaus haben verschiedene Teilnehmer die Online-Umfrage ausgedruckt und handschriftlich ausgefüllt, was dazu geführt hat, das gefilterte Fragen nicht berücksichtigt wurden.

[69] Um absolute Häufigkeiten von verschiedenen Unterkategorien, z.B. Schadensbildern zu erfassen, wurde die Analyse mit gruppierten Daten durchgeführt. Hierzu wurden die Variablen Ausblühungen (1), Farbveränderungen (2), Zerfall (3) und Festigkeitsverlust (4) zu einer Gruppenvariablen ‚Schadensbilder' zusammengefasst, indem die Werte aufaddiert und im Anschluss das arithmetische Mittel gebildet wurde.

Absolute Häufigkeiten geben Aufschluss darüber, wie viele Fälle des vorliegenden Datensatzes ein bestimmtes Merkmal aufweisen; relative Häufigkeiten geben den Anteil dieser Fälle an der Grundgesamtheit oder Stichprobe an und werden in Prozent ausgedrückt.

Die Form der graphischen Darstellung ist abhängig vom Skalenniveau des betrachteten Merkmals. Da in der vorliegenden Studie hauptsächlich nominal skalierte Merkmale vorliegen, werden Kreis-, Säulen- und Balkendiagramme verwendet.[70]

Zur Charakterisierung einer Verteilung oder zum Vergleich mehrerer Häufigkeitsverteilungen werden neben tabellarischen oder graphischen Darstellungen auch statistische Maßzahlen eingesetzt. Diese Maßzahlen dienen zur Beschreibung der Gesamtheit der Beobachtungswerte und stellen deren spezifischen Eigenschaften heraus. Der Vorteil in der Verwendung von Maßzahlen liegt in der Möglichkeit einer prägnanten Kurzbeschreibung und einer besseren und schnelleren Vergleichbarkeit mehrerer Häufigkeitsverteilungen.[71]

Die im Folgenden verwendeten statistischen Maßzahlen dienen zum einen der Angabe der zentralen Tendenz einer Verteilung (arithmetisches Mittel, Median[72]), zum anderen der Angabe der Breite bzw. Streuung der Variablen (2. und 3. Quartil des Medians).[73]

Zur übersichtlichen graphischen Darstellung der numerischen Daten werden *Boxplots* verwendet. Der Boxplot ermöglicht eine Fünf-Punkte-Zusammenfassung, bei dem neben dem Median auch die zwei Quartile und die Extremwerte dargestellt werden. Darüber hinaus werden überhöhte Werte („Ausreißer") und Extremwerte[74] abgebildet.

---

70 Vgl. Schulze 1990, S. 18; Fahrmeier et al. 2007, S. 32.

71 Grundsätzlich unterscheidet man zur Charakterisierung von empirischen Häufigkeitsverteilungen vier Gruppen von Maßzahlen: Mittelwert, Streuungsmaß, Formmaß und Konzentrationsmaß. Die Wahl der Maßzahl ist sowohl abhängig von der Fragestellung als auch vom Skalenniveau des betrachteten Merkmals (vgl. Schulze 1990, S. 31 ff.).

72 Der Median ist der Wert, von dem alle anderen Werte im Durchschnitt am wenigsten abweichen. Er gilt als zentrales Maß zum Vergleich von Gruppenvariablen.

73 Vgl. Schulze 1990, S. 31 ff.

74 Ausreißer sind zwischen dem 1,5-fachen und dem dreifachen Interquartilsabstand und Extremwerte sind mehr als dem dreifachen Interquartilsabstand vom Median entfernt. Der

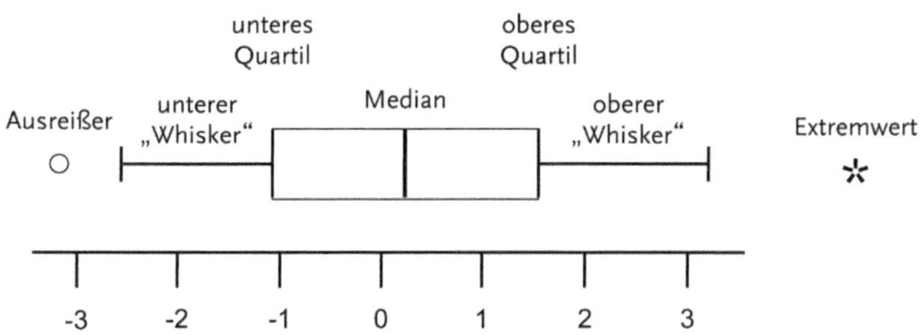

Abb. 6: Die Fünf-Punkte-Zusammenfassung im Boxplot

Hypothesentests erlauben die Überprüfung von Vermutungen oder Annahmen über die Grundgesamtheit mit Hilfe von Stichproben. Die Tests liefern eine formale Entscheidungshilfe, bei der anhand des *Signifikanzniveaus* α und auf der Grundlage einer Stichprobe darüber entschieden wird, ob die Nullhypothese H_0 oder die Alternativhypothesen $H_{1\text{-}n}$ für die Grundgesamtheit zutrifft.

Das Grundprinzip aller Testverfahren basiert auf der Stichprobentheorie. Es wird eine Nullhypothese aufgestellt, die genau dann verworfen wird, wenn sich ein Ergebnis einstellt, das bei Gültigkeit der Nullhypothese unwahrscheinlich ist. Mit statistischen Methoden wird hierzu geprüft, ob die vorliegende Stichprobe die Hypothese stützt oder nicht.

Mit dem Signifikanzniveau α wird festgelegt, bei welcher *Irrtumswahrscheinlichkeit p* man sich entschließt, die Nullhypothese zu verwerfen, um die Alternativhypothese anzunehmen. Die Irrtumswahrscheinlichkeit berücksichtigt die Wahrscheinlichkeit eines Irrtums beim Verwerfen der Nullhypothese und Annahme der Alternativhypothese. Sie wird als Fehler 1. Art bezeichnet (Alpha-Fehler). Daneben gibt es auch einen Fehler 2. Art (Beta-Fehler), welcher entsteht, wenn die Nullhypothese beibehalten wird, obwohl in der Grundgesamtheit in Wirklichkeit die Alternativhypothese gegolten hätte. Der Fehler 2. Art wird jedoch nicht kontrolliert.

Interquartilsabstand ergibt sich dabei aus dem Abstand zwischen dem unteren und dem oberen Quartil.

Mit der Festlegung des Signifikanzniveaus α auf einen vorgegebenen Wert wird die maximale Wahrscheinlichkeit für den Fehler 1. Art vorgegeben, die als Irrtumswahrscheinlichkeit angegeben wird. Man hat damit die Gewissheit, dass der Signifikanztest nur mit der Wahrscheinlichkeit α zu dieser Behauptung führt, obwohl sie falsch ist.[75]

Betrachtet man verschiedene empirische Untersuchungen, zeigt sich, dass unterschiedliche Signifikanzniveaus gewählt werden können. In der wissenschaftlichen Literatur werden sie mit Irrtumswahrscheinlichkeit von 1% bis 5% angegeben.[76] Die Analysen legen in den meisten Fällen ein Signifikanzniveau von $\alpha \leq 0{,}05$ zugrunde. Die vorliegende Studie orientiert sich an diesem weit verbreiteten Wert.

Bei der Interpretation der Studie werden Signifikanzen anhand der berechneten Irrtumswahrscheinlichkeit unterschieden in nicht signifikant, signifikant, sehr signifikant und höchst signifikant. Einen Überblick zu den verwendeten Begrifflichkeiten gibt die folgende Tabelle:

Tab. 3: Bedeutung von Irrtumswahrscheinlichkeiten im Hinblick auf die Signifikanz

Irrtumswahrscheinlichkeit		**Bedeutung**	**Symbolisierung**
Größe	**Prozentual**		
$p > 0{,}05$	>5%	nicht signifikant	ns
$p \leq 0{,}05$	≤ 5%	signifikant	*
$p \leq 0{,}01$	≤ 1%	sehr signifikant	**
$p \leq 0{,}001$	≤ 0,1%	hoch signifikant	***

Da im Rahmen der vorliegenden Studie mehrere unabhängige Tests durchgeführt werden, ist mit einer Kumulierung der Alpha-Fehlerwahrscheinlichkeit zu rechnen.[77]

Das Vorgehen bei den Signifikanztests gliedert sich in folgende Schritte:

---

75 Vgl. Fahrmeir et al. 2007, S. 415ff.

76 Vgl. u.a. Brinkmann 1991, S. 71.

77 Die Alpha-Fehlerwahrscheinlichkeit entsteht aufgrund des Multiplikationstheorems. Demnach erhöht sich die Fehlerwahrscheinlichkeit mit steigender Zahl unabhängiger Tests. Die Alpha-Fehlerwahrscheinlichkeit berechnet sich wie folgt: $1\text{-}(1\text{-}\alpha)^k$, wobei k für die Zahl der Hypothesen steht (vgl. Fahrmeir et al. 2007, S. 415ff.).

- Aufstellen der Nullhypothese, bei der angenommen wird, dass beide Stichproben aus der gleichen Grundgesamtheit stammen.
- Wahl der geeigneten Testmethoden (*Chi-Quadrat-Unabhängigkeitstest*, Kolmogorov-Smirnov-Test, Mann-Whitney-U-Test, *Kruskal-Wallis H-Test*).
- Durchführung des Tests.

Mit Hilfe des *Chi-Quadrat-Unabhängigkeitstest* (χ^2-Test) lassen sich die Verteilungseigenschaften einer statistischen Grundgesamtheit untersuchen. Es wird überprüft ob zwei Variablen in der Grundgesamtheit unabhängig voneinander sind. Wobei die Nullhypothese postuliert, dass die beiden Variablen unabhängig sind.[78]

Voraussetzung für die Anwendung χ^2-Test:[79]

- Die untersuchten Merkmale sind nominal oder ordinal skaliert
- Maximal 20% der Daten weisen eine erwartete Häufigkeit ≥ 5 auf, wobei keine der Zellen eine erwartete Häufigkeit ≤ 1 aufweisen darf.

Vergleichbar mit dem χ^2-Test wird auch mit dem *Kolmogorov-Smirnov-Test* geprüft, ob die Verteilung einer Stichprobenvariablen mit einer theoretischen Verteilung übereinstimmt. Im Unterschied zum χ^2-Test kann der Kolmogorov-Smirnov-Test auch für kleine Stichproben angewendet werden, bei denen nicht gewährleistet ist, dass 20% der Daten eine erwartete Häufigkeit von mindestens 5 aufweisen. Der Kolmogorov-Smirnov-Test lässt sich jedoch nur für stetige Variablen[80] anwenden.

Mit dem *Mann-Whitney U-Test* lassen sich Unterschiede hinsichtlich der zentralen Tendenz zweier Verteilungen feststellen. Hierbei wird geprüft, ob eine Variable in zwei unabhängigen Stichproben aus einer gleichen Grundgesamtheit stammt. Damit stellt der Mann-Whitney U-Test die Alternative zum parametrischen t-Test für den Vergleich von zwei Mittelwerten von Verteilungen dar. Zugrunde gelegt werden hierbei jedoch nicht die Messwerte der Variablen, sondern Rangplätze.

---

78 Vgl. Janssen 2007, S. 561f.

79 Vgl. Janssen 2007, S. 565.

80 Eine Variable wird als stetig bezeichnet, wenn sie innerhalb eines Intervalls der reellen Zahlen jeden beliebigen Wert annehmen kann (Währung, Größe, Gewicht etc.).

Voraussetzung für die Anwendung des Mann-Whitney U-Test:

- Es liegt keine metrische Skala vor und/oder die getestete Variable ist nicht normal verteilt.
- Die getestete Variable ist mindestens ordinalskaliert.

Der Mann-Whitney U-Test basiert auf einer gemeinsamen Rangreihe der Werte beider Stichproben. Verglichen werden die einzelnen Werte der beiden zu untersuchenden Stichproben A und B, wobei die Nullhypothese besagt, dass es keinen Unterschied zwischen den Verteilungen gibt (A=B). Es gilt ein Signifikanzniveau von $\alpha \leq 0{,}05$. Die Nullhypothese des Tests postuliert, dass zwischen den mittleren Rängen kein Unterschied besteht.[81]

Der *Kruskal-Wallis H-Test* ist weitestgehend äquivalent zum Mann-Whitney U-Test; mit dem Unterschied, dass er für den Vergleich von mehr als zwei Stichproben (Gruppen oder Messreihen) angewendet werden kann.[82]

Die Nullhypothese des Tests postuliert auch hier, dass zwischen den mittleren Rängen kein Unterschied besteht. Es gilt ein Signifikanzniveau von $\alpha \leq 0{,}05$.

1.1.3. Zugrunde liegende Stichproben

Für die Aussagekraft und den Erfolg einer empirischen Erhebung sind die Zusammensetzung der Stichprobe, sowie ihre Repräsentativität von Bedeutung. Im Folgenden wird dargelegt, wie sich die **Grundgesamtheit bei Museen und Vitrinenbauern** zusammensetzt und auf welche Art und Weise die Stichproben bei den Studien I, II und III ausgewählt wurden.

Die Grundgesamtheit aller Museen, Museumseinrichtungen bzw. Museumskomplexe bestand zum Zeitpunkt der ersten Untersuchung aus 6.175 und bei der zweiten Untersuchung aus 6.197 Institutionen (vgl. Tab. 5).[83] Um eine möglichst valide Stichproben-

---

81 Vgl. Janssen 2007, S. 571f.

82 Vgl. Janssen 2007, S. 579f.

83 Zur Erhebung wurden jeweils die aktuellsten, verfügbaren Datensätze herangezogen. Grundlage der ersten Studie (Laufzeit: 25. Juni bis 15. August 2008) bilden die Daten für das

auswahl zu ermöglichen, wurden die identifizierten Museen anhand unterschiedlicher Merkmale differenziert.

Das wichtigste Merkmal zur Differenzierung war die *Größe bzw. Größenklasse der Museen*, da davon auszugehen ist, dass die Größe eines Museums einen entscheidenden Einfluss auf zur Verfügung stehende Budgets und damit auf qualifiziertes Personal, Methodenwissen und den Ausstellungscharakter hat. Die Größe eines Museums korreliert mit der Besucherzahl des jeweiligen Museums.[84] Unterschieden wurden 10 Größenklassen von Besucherzahlengruppierungen (vgl. Tab. 4).

Tab. 4: Gruppierungen der Besuchszahlen der Museen in der Bundesrepublik Deutschland (Quelle: IfM 2008, S. 16)

Größenklasse	**Anzahl der Museen**	
	2006	**2007**
bis 5.000	2621	2588
5.001-10.000	603	586
10.001-15.000	324	330
15.001-20.000	227	236
20.001-25.000	181	160
25.001-50.000	357	355
50.001-100.000	218	236
100.001-500.000	198	202
500.001- 1. Mio	16	15
Über 1 Mio	2	4
k.A.	1428	1485
Gesamt	**6175**	**6197**

Jahr 2006 (IfM 2007); für die zweite Studie (Laufzeit: 2. Juni bis zum 20. Juli 2009) wurden die Daten aus dem Jahr 2007 (IfM 2008) herangezogen.

84 Vgl. IfM 2007, S. 16.

Tab. 5: Museumskategorie unter Angabe der Sammlungsgebiete (vgl. IfM 2007, S. 18)

	Museumsart	***Sammlungsgebiete***
1	*Museen mit volks- und heimatkundlichem oder regionalgeschichtlichem Sammlungsschwerpunkt*	Volkskunde, Heimatkunde, Bauernhäuser, Mühlen, Landwirtschaft, Orts- und Regionalgeschichte
2	*Kunstmuseen*	Kunst und Architektur, Kunsthandwerk, Keramik, Kirchenschätze und kirchliche Kunst, Film, Fotografie
3	*Schloss- und Burgmuseen*	Schlösser und Burgen mit Inventar, Klöster mit Inventar, historische Bibliotheken
4	*Naturkundliche Museen*	Zoologie, Botanik, Veterinärmedizin, Naturgeschichte, Geowissenschaften, Paläontologie, Naturkunde
5	*Naturwissenschaftliche und technische Museen*	Technik, Verkehr, Bergbau, Hüttenwesen, Chemie, Physik, Astronomie, Technikgeschichte, Humanmedizin, Pharmazie, Industriegeschichte, andere zugehörige Wissenschaften
6	*Historische und archäologische Museen*	Historie (nicht traditionelle Ortsgeschichte), Gedenkstätten (nur mit Ausstellungsgut), Personalia (Historie), Archäologie, Ur- und Frühgeschichte, Militaria
7	*Sammelmuseen mit komplexen Beständen*	Mehrere Sammlungsschwerpunkte aus den Bereichen 1-6 und 8
8	*Kulturgeschichtliche Spezialmuseen*	Kulturgeschichte, Religions- und Kirchengeschichte, Völkerkunde, Musik- und Literaturgeschichte, Musikinstrumente, Brauereiwesen und Weinbau, Feuerwehr, Kindermuseen, Spielzeug, Spezialgebiete
9	*Mehrere Museen (Museumskomplexe)*	Mehrere Museen mit unterschiedlichen Sammlungsschwerpunkten im gleichen Gebäude.

Ein weiteres wichtiges Merkmal der Differenzierung ist die *Museumsart*. Zur Kategorisierung diente ein Vorschlag des Instituts für Museumsforschung,[85] der sich an einer Klassifikation der UNESCO orientiert und internationale Vergleiche erlaubt.[86] Die Gliederung der Museen wurde nach Hauptsammlungsgebieten und Sammlungsschwerpunkten vorgenommen. Unterschieden werden neun Museumsarten (vgl. *Tab. 5*).

Da sich mehr als die Hälfte aller deutschen Museen in öffentlicher Trägerschaft befinden und somit durch Bund, Länder und Gemeinden finanziert werden, ist das *Bundesland* als drittes Differenzierungsmerkmal zu benennen. Der Großteil der öffentlichen Ausgaben wird durch die Gemeinden und Länder getragen.[87] Damit ist das Bundesland für mehr als die Hälfte aller Museen ein wichtiges Kriterium im Hinblick auf die zur Verfügung stehenden Mittel. Die folgende Grafik[88] (vgl. Abb. 7) zeigt, dass die öffentlichen Zuwendungen in den Stadtstaaten Hamburg und Bremen, sowie Berlin signifikant höher sind als in allen anderen Bundesländern. Darüber hinaus erhalten das Saarland und NRW überdurchschnittlich hohe Zuwendungen.

Zusammenfassend lässt sich festhalten, dass die Grundgesamtheit der Museen deutschlandweit aus ca. 6.200 Museen besteht, welche für die Stichprobenauswahl hinsichtlich der Merkmale Größe, Museumsart und Bundesland differenziert zu betrachten sind.

---

85 Vgl. IfM 2007, S. 18.

86 Die Verwendung der UNESCO-Klassifikation ist aufgrund der spezifischen Museumsstruktur der Bundesrepublik Deutschland nicht möglich. So werden z.B. Ethnologische, Anthropologische und Regionale Museen im Gegensatz zur UNESCO-Klassifikation in einer Gruppe (Museen mit volkskundlichem und heimatkundlichem Sammlungsschwerpunkt) zusammengeführt. Darüber hinaus gelten nach der Definition des Instituts für Museumsforschung im Gegensatz zur UNESCO zoologische und botanische Gärten, sowie kommerzielle Privatgalerien nicht als museale Einrichtungen und werden somit auch nicht erfasst (vgl. IfM 2007, S. 18).

87 Bund, Länder und Gemeinden stellten im Jahr 2007 1,6 Milliarden Euro für Museen, Sammlungen und Ausstellungen zur Verfügung. Mit 47,9% wurde ca. die Hälfte dieser Ausgaben durch die Gemeinden getragen. Der Anteil der Länder belief sich auf 34,1% und der Anteil des Bundes auf 18,0% (vgl. Statistisches Bundesamt 2010, S. 54).

88 Die Grafik basiert auf der Annahme, dass sich die öffentlichen Zuwendungen innerhalb der BDL zu gleichen Teilen an die Museen in öffentlicher Trägerschaft verteilen. Die dargestellten Werte (vgl. *Tab. 6*) sind Mittelwerte.

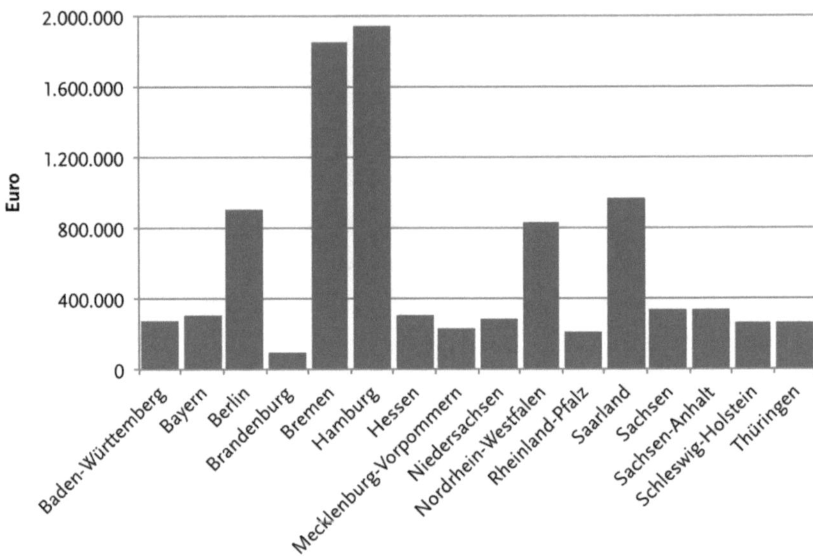

Abb. 7: *Öffentliche Zuwendungen in Euro je Museum mit öffentlicher Trägerschaft nach Ländern*

Tab. 6: *Öffentliche Zuwendungen für Museen in öffentlicher Trägerschaft im Jahr 2007 nach Ländern in Euro (Quelle: [i]Statistisches Bundesamt (2010), S. 47, [ii]IfM (2008), S.29)*

Land	**öffentliche Zuwendungen Museen, Sammlungen, Ausstellungen**[i]	**Anzahl Museen mit öffentlichem Träger**[ii]	**Ø öffentliche Zuwendungen je Museum**
Baden-Württemberg	158.900.000	579	274.439
Bayern	196.300.000	636	308.648
Berlin	89.900.000	99	908.081
Brandenburg	17.500.000	190	92.105
Bremen	14.800.000	8	1.850.000
Hamburg	52.500.000	27	1.944.444
Hessen	61.500.000	199	309.045
Mecklenburg-Vorpommern	27.900.000	123	226.829
Niedersachsen	69.100.000	239	289.121
Nordrhein-Westfalen	305.800.000	367	833.243
Rheinland-Pfalz	43.000.000	203	211.823

Land	öffentliche Zuwendungen Museen, Sammlungen, Ausstellungen[i]	Anzahl Museen mit öffentlichem Träger[ii]	Ø öffentliche Zuwendungen je Museum
Saarland	31.000.000	32	968.750
Sachsen	97.700.000	286	341.608
Sachsen-Anhalt	53.700.000	158	339.873
Schleswig-Holstein	28.900.000	111	260.360
Thüringen	44.200.000	170	260.000
Länder gesamt	1.292.700.000	3.427	
Ø Ausgaben pro Museum			**377.210**

Die Grundgesamtheit der Vitrinenbauer ist ungleich schwerer zu bestimmen, als die der Museen. Die Recherchen ergaben, dass keine Angaben zur Anzahl professioneller Vitrinenbauer vorliegen. Als Gründe sind hier zu nennen, dass es zum einen keinen koordinierenden Verband zur Durchsetzung etwaiger Interessen gibt, zum anderen wird der Markt von unterschiedlichsten Akteuren bedient: Als Beispiele seien an diese Stelle Schreinereien, Glasereien und Messebauer genannt.

Zur **Auswahl der Stichproben** wurden im vorliegenden Fall Samplingverfahren gewählt, die nicht der globalen Zufallsauswahl folgen, sondern die bereits aufgezeigte Heterogenität der Grundgesamtheit durch eine Schichtung in Bezug auf die theoretisch relevanten Merkmale sicherstellen.

Studie I bezieht sich auf die Schadstoffsituation in musealen Einrichtungen in Deutschland. Um möglichst verwertbare Antworten zu erhalten, musste im Rahmen der Vorauswahl das Potenzial der jeweiligen Einrichtung, den Fragebogen qualifiziert ausfüllen zu können, berücksichtigt werden. Als Auswahlkriterium wurde die Größe bzw. die Größenklasse des jeweiligen Museums zugrunde gelegt, eine Kategorisierung anhand der Museumsart erfolgte im zweiten Schritt. Das Merkmal „Bundesland" wurde in Studie I nicht thematisiert, da es keinen Anhaltspunkt dafür gibt, dass sich die Schadstoffsituation in Abhängigkeit vom Bundesland unterscheidet.

Für die Stichprobenauswahl wurden Einrichtungen herangezogen, die von mehr als 100.000 Besuchern pro Jahr frequentiert werden (vgl. Tab. 5). Damit entspricht der Umfang der zur Befragung ausgewählten Museen einer Anzahl von 216 Einrichtungen.

Da mehrere Museen zu Verbünden zusammengeschlossen und als Einheit zu betrachten sind, verblieben 185 Einrichtungen, welche die verringerte Grundgesamtheit[89] der Umfrage bilden.

Innerhalb der Grundgesamtheit erfolgte die Unterteilung nach Museumsarten. Damit ergab sich innerhalb der neun Museumsarten folgende Zusammensetzung:

Tab. 7: Zusammensetzung der Grundgesamtheit und der Stichprobe nach Art der Museumskategorie unter Angabe der Sammlungsgebiete (vgl. IfM 2007, S. 18)

	Museumsart	**Anzahl der Museen**	
		Grund-gesamtheit	**Stich-probe**
1	*Museen mit volks- und heimatkundlichem oder regionalgeschichtlichem Sammlungsschwerpunkt*	15	5
2	*Kunstmuseen*	50	21
3	*Schloss- und Burgmuseen*	28	6
4	*Naturkundliche Museen*	17	4
5	*Naturwissenschaftliche und technische Museen*	29	15
6	*Historische und archäologische Museen*	37	15
7	*Sammelmuseen mit komplexen Beständen*	9	5
8	*Kulturgeschichtliche Spezialmuseen*	22	8
9	*Mehrere Museen (Museumskomplexe)*	9	7
		216	86

Studie II bezieht sich auf die Ausgaben für Ausstellungsmaterialien und Vitrinen. Untersuchungsgegenstand ist das deutschlandweite Marktvolumen für Ausstellungsmaterialien und Vitrinen. Wie auch in der ersten Studie wurde ein systematisches Auswahlverfahren gewählt: Neben der Besucherzahl der Einrichtungen wurde als zweites Auswahlkriterium das Bundesland (BDL) hinzugezogen. Die gekreuzte Stichprobe (Besucherzahl, BDL) wurde gewählt, da die finanziellen Mittel der öffentlichen

[89] Im Folgenden bezieht sich der Begriff „Grundgesamtheit" immer auf die verringerte Grundgesamtheit.

Museen je nach BDL stark schwanken (vgl. *Tab. 7,* Abb. 7).[90] Dabei wurde die Repräsentativität der Stichprobengröße im Hinblick auf die Grundgesamtheit einer besseren Messbarkeit geopfert, um auch für Größenklassen, die in der Grundgesamtheit seltener vertreten sind, ausreichend Datenmengen zu erlangen. In der folgenden Grafik (Abb. 8) ist zu erkennen, dass Größenklassen mit wenig Museen in der verringerten Grundgesamtheit überrepräsentiert (oversampled) und solche mit viel Museen unterrepräsentiert (undersampled) sind.

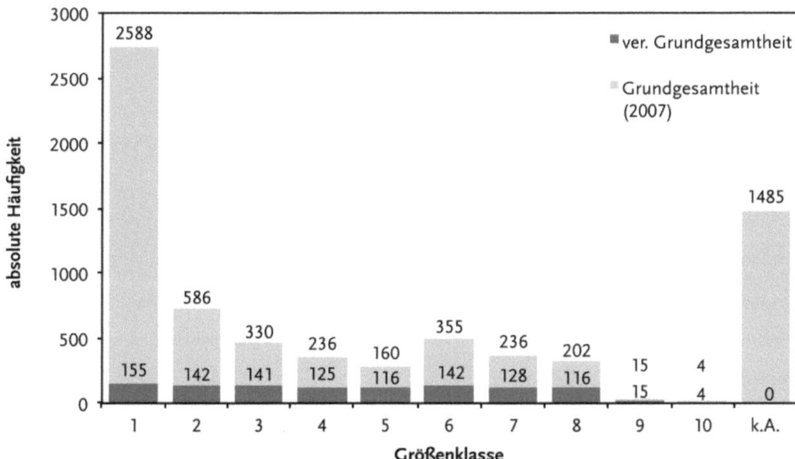

Abb. 8: *Verteilung der Größenklassen in der Grundgesamtheit gegenüber der verringerten Grundgesamtheit*

In Studie III wurde die Marktsituation der Vitrinenbauer erhoben sowie deren Größe gemessen am Umsatz. Bei der Auswahl der Stichprobe wurde vor dem Hintergrund der nicht bekannten Grundgesamtheit ein mehrstufiges Verfahren gewählt:

90 Nach Angaben des Instituts für Museumsforschung befinden sich etwa 56 % der Museen (3.430) sind in öffentlicher Trägerschaft (staatliche Träger, Kommunen, Landkreise oder andere Formen des öffentlichen Rechts wie z.B. öffentlichrechtliche Stiftungen); 41,1 % sind in privater Trägerschaft (Privatpersonen, Firmen Vereine), nur 3,4 % der Museen befinden sich in gemischter (öffentlicher und privater) Trägerschaft (IfM 2007, S. 31).

In einem ersten Schritt wurden die in der zweiten Studie befragten Museen gebeten, Vitrinenbauer zu benennen, mit denen sie innerhalb der letzen 3 Jahre gearbeitet haben. Hierbei wurden insgesamt 92 verschiedene Firmen genannt, von denen Vitrinen bezogen wurden. Dabei handelte es sich neben professionellen Vitrinenbauern vor allem um Schreinereien, Glasereien und Messebauer.

Tab. 8: Liste der identifizierten und befragten Vitrinenbauer

	Firma	Firmensitz
1	Böhm GmbH	Weiblingen
2	Glas + Spiegel – Schulz GmbH & Co. KG	Kiel
3	Glasbau Hahn GmbH	Frankfurt
4	KnaufKassel Ausstellungen und Messebau GmbH	Fuldabrück/Kassel
5	mezzo Systems GmbH	Egenhofen
6	MüllerKälber GmbH	Asbach
7	museumstechnik GmbH	Berlin
8	Rothstein Vitrinen GmbH	Marienheide
9	Sehner GmbH Museumseinrichtung	Deckenpfronn
10	Vitrinen und Glasbau Reier GmbH	Lauta

Um die Liste der genannten Firmen auf den Kreis der professionellen Vitrinenbauer eingrenzen zu können, wurden im zweiten Schritt die in Deutschland ansässigen Firmen gekennzeichnet, die auf der internationalen Fachmesse für Museen, Konservierung und Kulturerbe (EXPONATEC COLOGNE 2009) als Aussteller fungierten. Die Messe ist in musealen Kreisen anerkannt und ein Treffpunkt für Fachleute. Diesem Vorgehen liegt die Annahme zugrunde, dass Vitrinenbauer, die sich auf den musealen Bereich spezialisiert haben, dort als Aussteller auftreten. Diese Annahme wird von der

Erkenntnis gestützt, dass mit Ausnahme zweier Vitrinenbauer[91] alle Aussteller auch von den befragten Museen benannt wurden.

Im Ergebnis konnten somit 10 Firmen für die Stichprobenauswahl identifiziert werden, von denen anzunehmen ist, dass sie typisch für deutsche Vitrinenbauer sind bzw. als professionelle Vitrinenbauer anerkannt sind:

Die **Zusammensetzung der Stichproben** lässt sich wie folgt beschreiben.

Studie I weist eine überdurchschnittliche hohe Beteiligung auf, was als Indiz für die Brisanz des Themas gewertet werden kann. Von den 185 angeschriebenen Einrichtungen haben 86 Einrichtungen an der Umfrage teilgenommen. Dies entspricht einer Rücklaufquote von 46,5%. Dabei verteilt sich die Stichprobe im Vergleich zur ausgewählten Grundgesamtheit folgendermaßen auf die Museumsarten:

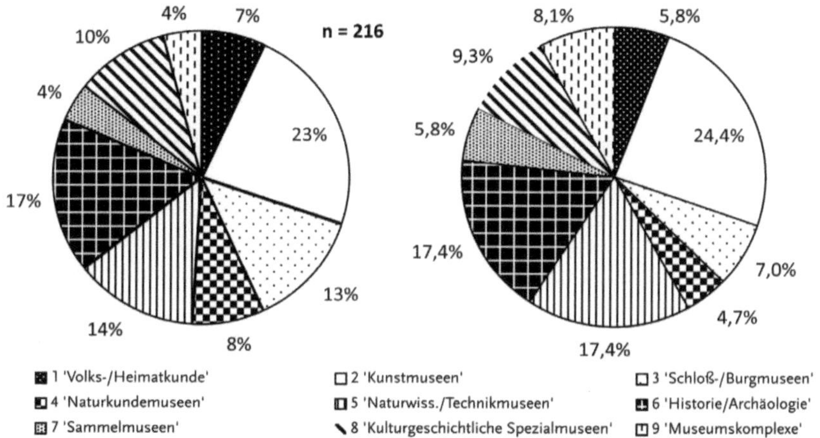

Abb. 9: Verteilung der Museumsarten in der Grundgesamtheit und der Stichprobe

---

91 Ohne Nennung der befragten Museen waren KnaufKassel Ausstellungen und Messebau GmbH und mezzo Systems GmbH.

Die größte Gruppe innerhalb der Stichprobe bilden die Kunstmuseen mit 24,4%, gefolgt von den historischen und archäologischen Museen, sowie der Gruppe der naturwissenschaftlichen und technischen Museen mit 17,4%. Die kulturgeschichtlichen Spezialmuseen sind mit 9,3% und die Museumskomplexe mit 8,1% vertreten, gefolgt von der Gruppe der Schloss- und Burgmuseen mit 7%. Weniger vertreten sind die Sammelmuseen sowie die Gruppe der Volks- und Heimatkundemuseen (Anteil von 5,8%). Die kleinste Gruppe stellen die naturkundlichen Museen mit einem Anteil von 4,7% dar.

Der χ^2-Test ($\chi^2 = 8{,}65$; df = 8; p = 0,37) zeigt, dass die Stichprobe nicht signifikant von der Verteilung der verringerten Grundgesamtheit abweicht; somit kann die Stichprobe im Hinblick auf die Museumsarten als repräsentativ gelten.

Die Rücklaufquote von Studie II beläuft sich auf 30,4 %. Von 1.048 kontaktierten Einrichtungen (verringerte Grundgesamtheit) haben 328 Institutionen (Stichprobe) an der Umfrage teilgenommen. Angaben zu Nettoausgaben für Ausstellungsmaterialien und/oder Vitrinen wurden von 72,9% der Institutionen (239 Museen) gemacht. Dabei haben 195 der Befragten Angaben zu Nettoausgaben für Ausstellungsmaterialien und 181 der Einrichtungen Angaben zu Ausgaben für Vitrinen gemacht. Eine Übersicht der Stichprobenverteilung im Vergleich zur Grundgesamtheit und zur verringerten Grundgesamtheit zeigt die folgende Abbildung (vgl. Abb. 10).

Wie bereits erläutert (vgl. 1.1.3. Auswahl der Stichproben, Studie II) wurde die Repräsentativität der Stichprobengröße für die Grundgesamtheit in der verringerten Grundgesamtheit einer besseren Messbarkeit geopfert. Die Repräsentativität der Stichprobe ist damit nicht abhängig von der Grundgesamtheit, sondern von der systematisch ausgewählten, verringerten Grundgesamtheit. Mit Hilfe des χ^2 -Tests ($\chi^2 = 5{,}7$; df = 9; p = 0,77) konnte aber ermittelt werden, dass die Stichprobe nicht signifikant von der Verteilung der verringerten Grundgesamtheit abweicht und somit als repräsentativ gelten kann.

Tab. 9: Verteilung der Größenklassen in der Grundgesamtheit, verringerten Grundgesamtheit und der Stichprobe

Größenklasse	Grundgesamtheit (IfM 2008, S. 16)	Verringerte Grundgesamtheit	Stichprobe
1	2588	155	40
2	586	142	49
3	330	141	46
4	236	125	43
5	160	116	28
6	355	142	48
7	236	128	39
8	202	116	30
9	15	15	4
10	4	4	1
k.A.	1485	0	0
Summe	**4712**	**1084**	**328**

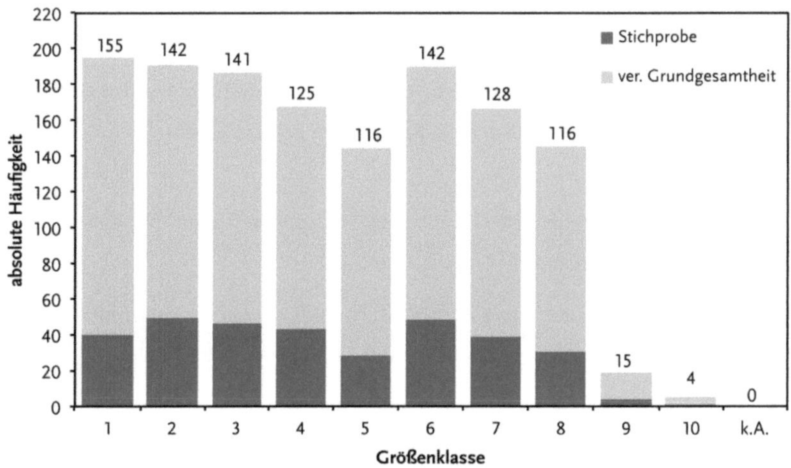

Abb. 10: Verteilung der Größenklassen in der verringerten Grundgesamtheit gegenüber der Stichprobe

Bei der Studie III haben alle ausgewählten Vitrinenbauer (vgl. 1.1.3, Auswahl der Stichproben, Studie III) an der Umfrage teilgenommen. Wie bereits erläutert, kann bei dieser Studie keine Repräsentativität für die Grundgesamtheit der Vitrinenbauer unterstellt werden, da diese unbekannt ist.

1.1.4. Sekundäranalyse

Bei der Sekundäranalyse handelt es sich um eine Re-Analyse von Datenbeständen. Die Basis der Auswertung, Deskription oder Hypothesentestung bilden dabei Daten vorangegangener Primärerhebungen. Die Ziele der Sekundäranalyse müssen dabei nicht mit denen der Primärerhebung übereinstimmen. Die Sekundäranalyse ermöglicht damit eine erneute Analyse von Daten unabhängig von ihrem ursprünglichen Zweck und Bezugsrahmen.

In der vorliegenden Arbeit wird die Sekundäranalyse dazu genutzt, die Umsetzbarkeit eines Gütezeichens aus konservierungswissenschaftlicher Sicht anhand einer Bestandsaufnahme bestehender Grenzwerte und Gütezeichen im Hinblick auf die im Fokus stehende Schadstoffbegrenzung von Ausstellungsmaterialien und Vitrinen für den musealen Bereich auszuwerten. Die Sekundäranalyse konzentriert sich dabei auf die folgenden drei Fragestellungen:

- Gibt es im Bereich von Kunst und Kulturgut Richt- und Grenzwerte zur Beurteilung von Schadstoffen, auf die im Rahmen einer Zertifizierung zurückgegriffen werden könnte?
- Lassen sich die bestehenden GZ aus dem Humanbereich auf den Bereich Kunst- und Kulturgut übertragen?
- Lassen sich die Prüfkriterien zur stofflichen Begrenzung von Emissionen im Humanbereich auf den Bereich Kunst und Kulturgut übertragen?

Die für die Sekundäranalyse genutzten Quellen lassen sich dabei in zwei Teilbereiche untergliedern: Zum einen wird die wissenschaftliche Fachliteratur aus dem Bereich der präventiven Konservierung verwendet und zum anderen werden Vergaberichtlinien für GZ aus dem Humanbereich ausgewertet.

1.2 Theoretische Grundlagen: Gütezeichen

Das vorliegende Kapitel 1.2 beschreibt die theoretischen Grundlagen von GZ. Im Einzelnen werden nach einer kurzen Einführung zu Aufgabe und Zweck von GZ (1.2.1.) Umwelt- und Qualitätsstandards – welche gewissermaßen den Rahmen einer Zertifizierung vorgeben – beschrieben (1.2.2.). Im Anschluss daran wird in zwei weiteren Abschnitten dargelegt, worauf eine Zertifizierung aufbaut: Einerseits vereinbarten Referenz- und Richtwerten (1.2.3.), andererseits allgemein akzeptierten Prüfverfahren (1.2.4.).

1.2.1. Aufgabe und Zweck von Gütezeichen

GZ kennzeichnen die mit ihrer Anbringung als „erfüllt" zu bezeichnenden Qualitätskriterien von Waren oder Leistungen. Sie sollen dem Verbraucher auf diesem Weg eine möglichst neutrale und verlässliche Information für seine Marktorientierung bieten.

In Bezug auf ein GZ für emissionsarme, museumstaugliche Materialien und Vitrinen würde dieses bedeuten, dass die zertifizierten Produkte dem Qualitätskriterium der Emissionsarmut nachkommen und sich für den speziellen Einsatz im Bereich Kunst- und Kulturgut eignen. Diese Produkte sollen – nach dem heutigen Stand des Wissens – nicht zu schadstoffinduzierten Schäden an Kunst- und Kulturgut führen. Damit würde vor allem fachfremden, ästhetisch orientierten Personen – denen im Museum häufig die Entscheidungsgewalt beim Erwerb von Ausstellungsmaterialien und Vitrinen obliegt[92] – eine bessere Vergleichbarkeit von Produkten ermöglicht.

GZ gelten generell als positive Kennzeichnung[93], da sie, wie beispielsweise Umweltzeichen, weniger belastete Produkte ausweisen. Das Ziel von GZ ist die Gütesicherung mittels geprüfter und in der Regel auch kontinuierlich überwachter Erfüllung von Qualitätsanforderungen. Diese basieren auf einer festgelegten Vereinbarung (Selbstverpflichtung) der sogenannten Gütegrundlage, die durch eine Güteüberwachung (Eigen- oder Fremdüberwachung) kontrolliert wird. Die Eigenüberwachung ist durch

---

92 Vgl. Spiegel/Drewello 2010.

93 Diese positive Deklaration steht im Gegensatz zu einer negativen Deklaration, wie sie z.B. bei der Gefahrstoffkennzeichnung im Rahmen der Gefahrstoffverordnung (GefStoffV) vorgegeben ist.

laufende Eigenkontrollen, im Betrieb der Zeichen benutzenden Firmen, zu erbringen. Im vorliegenden Falle wären dieses Hersteller von Ausstellungsmaterialien und Vitrinen. Eine Fremdüberwachung hingegen erfolgt in der Regel durch neutrale Prüf-, Inspektions- oder Zertifizierungsstellen, Institute oder vereidigte Sachverständige, welche z.B. die Vergabe von GZ betreiben.[94] Generell bestehen an solche Stellen Anforderungen hinsichtlich ihrer Glaubwürdigkeit, Kompetenz, Unabhängigkeit und Neutralität, die auf verschiedene Weisen erbracht werden, beispielsweise durch lang bestehende Erfahrungen und ein hohes Ansehen im Markt (z.B. RAL) oder auch durch nachgewiesene Kompetenzbestätigungen durch die Akkreditierung über autorisierte Stellen.[95]

Die Grundlage zur Produktzertifizierung bilden die Normen DIN EN 45011[96] sowie für die Prüfungen die DIN EN ISO/IEC 17025[97]. Ein GZ für emissionsarme museumstaugliche Materialien und/oder Vitrinen wäre im Idealfall international akzeptiert und würde von einer unabhängigen Institution vergeben.

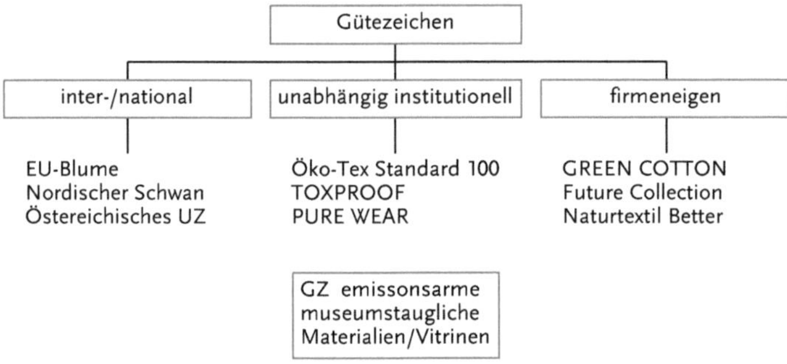

Abb. 11: Verortung eines GZs für emissionsarme, museumstaugliche Materialien und Vitrinen

94 RAL 2005, S. 3-4.

95 Für das angestrebte GZ könnte diese Funktion beispielsweise die Bundesanstalt für Materialforschung (BAM) in Berlin übernehmen. Die BAM und ihre Zertifizierungsstelle arbeiten als neutrale und unabhängige Dritte.

96 DIN EN 45011: 1998.

97 ISO 17025:2005.

1.2.2. Umwelt- und Qualitätsstandards

Der Rahmen für Zertifizierungen im Sinne eines GZ wird von Umwelt- und Qualitätsstandards geliefert. Bestehende GZ beziehen sich dabei auf den Humanbereich: Durch die begrenzte Belastbarkeit der menschlichen Gesundheit und der Umwelt wurden für unterschiedlichste Anwendungsbereiche (Textil- und Bekleidungsindustrie, Farben und Lackproduktion, Lebensmittelmarkt etc.) Umwelt[98]- und Qualitätskriterien festgelegt. Umweltstandards und Normen dienen dabei als Mittel, um die Zielvorstellungen über die Qualitätssicherung zu erreichen. Dabei beinhalten Umweltkriterien vorrangig ein externes Schutzziel, während die Zielvorstellungen bei der Anwendung von Normen unterschiedliche Zielvorgaben, wie beispielsweise die technische Beschaffenheit für einen bestimmten Anwendungszweck, aufnehmen und vereinen können.[99]

Die Festlegung der Qualitätskriterien ist ein dynamischer Prozess, der sich an naturwissenschaftlichen, technisch-ökonomischen und politisch-gesellschaftlichen Wertvorstellungen orientiert. Begrenzende Faktoren sind hierbei zum einen der aktuelle Stand der Forschung und Technik, zum anderen die technisch wie ökonomisch sinnvolle Umsetzbarkeit dieser Qualitätskriterien.

Normen bilden die Basis der Qualitätssicherung. Ihre Anwendung dient dem Nachweis und somit nachvollziehbarem Verständnis, auf welche Weise und in welchem Umfang die vorgegebenen Qualitätsziele erreicht werden. Normen lassen sich grundsätzlich hinsichtlich ihrer rechtlichen Bedeutung unterscheiden und zwar abhängig davon, ob ihre Erfüllung durch die gesetzlichen – d. h. staatliche – Forderungen oder Regelungen

---

98 Umweltkriterien für Produkte geben an, welche Auswirkung diese auf die Umwelt und natürlichen Ressourcen haben oder – wenn dies nicht durchführbar ist – welche Emissionen freigesetzt werden. Bei der Festlegung der Kriterien werden sowohl örtliche, regionale und globale Umweltthemen, sowie verfügbare Technik und öko-nomische Aspekte berücksichtigt. Umweltkriterien sollen damit eine Bevorzugung von Produkten unter dem Umweltaspekt stützen. (ISO 14024:2000, S. 9).

99 Im Hinblick auf ein GZ für emissionsarme, museumstaugliche Materialien und Vitrinen steht die Bewahrung des Kunst- und Kulturguts als externes Schutzziel im Vordergrund. Es handelt sich damit um produktorientierte Qualitätsmerkmale. (Das „Produkt“ in diesem Sinne ist die Vitrine, die das in ihr aufzubewahrende Gut als weiteres, bereits vorhandenes schützenswertes „Produkt“ aufnimmt). Als Ziel sind neben der hier im Fokus stehenden Emissionsarmut auch weitere Qualitätsmerkmale wie beispielsweise Klimastabilität, UV-Blockung und niedrige Wärmelast technischer Element denkbar.

vorgeschrieben ist oder ob sie freiwillig angewendet werden. Sie weisen damit einen unterschiedlichen Verbindlichkeitsgrad hinsichtlich ihrer Anwendung auf (vgl. Abb. 12).

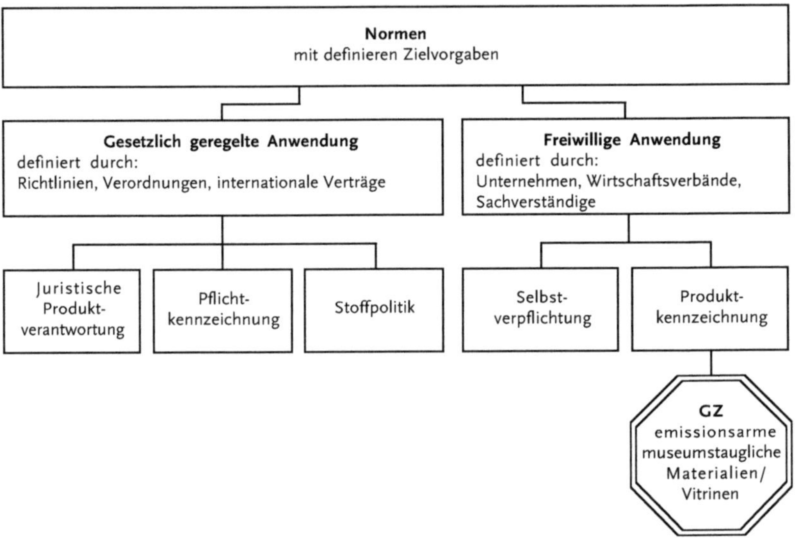

Abb. 12: Überblick über verschiedene Formen von Normen und deren Grundlage

Die Normen in den gesetzlichen Regelungen können entweder verbindlichen oder empfehlenden Charakter haben. Als obligatorische Instrumente gelten die juristische Produktverantwortung[100], ggf. die Pflichtkennzeichnung und die Stoffpolitik als Gesamtheit der politischen Maßnahmen bzgl. Art, Umfang, Stoffbereitstellung, Stoffnutzung etc., vorgeschrieben durch die nationale und europäische Legislative (wie Richtlinien und Verordnungen), bzw. internationale Verträge.

Private oder halbstaatliche Organisationen bestimmen selbst den Status der von ihnen genutzten Normen. Dieses sind beispielsweise Unternehmen, Wirtschaftsverbände oder

---

100 Als Produktverantwortung wird im Allgemeinen die Verantwortung verstanden, welche den Hersteller bzw. Händler des Produktes trifft.

privatrechtlich bzw. halbstaatlich organisierte Sachverständigengremien[101] und Normungsverbände. Bei der freiwilligen Anwendung der Normen kann es sich u.a. um Selbstverpflichtung oder um freiwillige Produktkennzeichnung hinsichtlich der selbst gewählten zu erfüllenden Kriterien handeln. Das angestrebte GZ für emissionsarme, museumstaugliche Materialien und Vitrinen wäre, solange es noch keine gesetzlich festgelegten Anforderungen gibt, in letztere Kategorie zu verorten (vgl. Abb. 12).

1.2.3. Referenz- und Richtwerte

In der Bundesrepublik Deutschland gibt es für Qualitätskriterien der Innenraumluft keine umfassende rechtsverbindliche Regelung.[102] Im Humanbereich finden zur Beurteilung von Schadstoffen im Innenraum (Innenraumluftqualität) sowohl toxikologisch begründete, als auch statistisch definierte Werte Verwendung (vgl. Abb. 13).[103]

Die Festlegung toxikologisch abgeleiteter Werte (*Richtwerte (RW)*) in Deutschland unterliegt seit 1993 der *Ad-hoc*-Arbeitsgruppe *(Ad-hoc-AG)*. Diese besteht aus Fachleuten der Innenraumlufthygiene-Kommission (IRK) und Fachleuten der Arbeitsgruppe Innenraumluft des Umwelthygieneausschusses der Arbeitsgemeinschaft der Obersten

---

101 In Deutschland ist z.B. die Deutsche Forschungsgesellschaft für die Prüfung gesundheitsgefährlicher Stoffe am Arbeitsplatz, die sogenannten Arbeitsplatzgrenzwerte (AGW) – früher maximale Arbeitsplatz Konzentration (MAK) zuständig (vgl. Abschnitt 1.3.3).

102 Richtwerte können jedoch justiziable Verbindlichkeit erlangen, wenn ein Bezug zu einer rechtlichen Regelung besteht. Im Zuge der wissenschaftlichen Erfassung von Richtwerten kommen unter Bezug auf einen bestimmten Rechtsrahmen Gefahrenaspekte zur Geltung, die eine rechtliche Anwendbarkeit gewährleisten (UBA 2007a, S. 994). Eine Leitlinie für die Abschätzung von Risiken durch eine Verunreinigung der Innenraumluft haben das Umweltbundesamt und die Obersten Landesgesundheitsbehörden in Deutschland mit der Veröffentlichung des sogenannten „Basisschemas" der „Ad-hoc-Arbeitsgruppe" herausgegeben (Ad-hoc-AG).

103 Die Beurteilung beruht auf einer Bewertungshierarchie: Zur gesundheitlichen Bewertung werden zunächst toxikologisch abgeleitete Richtwerte für einzelne Substanzen oder Substanzgruppen herangezogen. Im zweiten Schritt erfolgt eine vergleichende Bewertung, die sich an statistischen Werten orientiert. Dieses Vorgehen soll ein praxisnahes Verfahren bieten, das sich am aktuellen Diskussionsstand in der BRD orientieren kann. Es soll eine verbindliche und differenzierte Bewertungsvorschrift für den öffentlichen Bereich bieten und wird darüber hinaus als Empfehlung für den privaten Innenraum herangezogen (UBA 2007a, S. 991 f.).

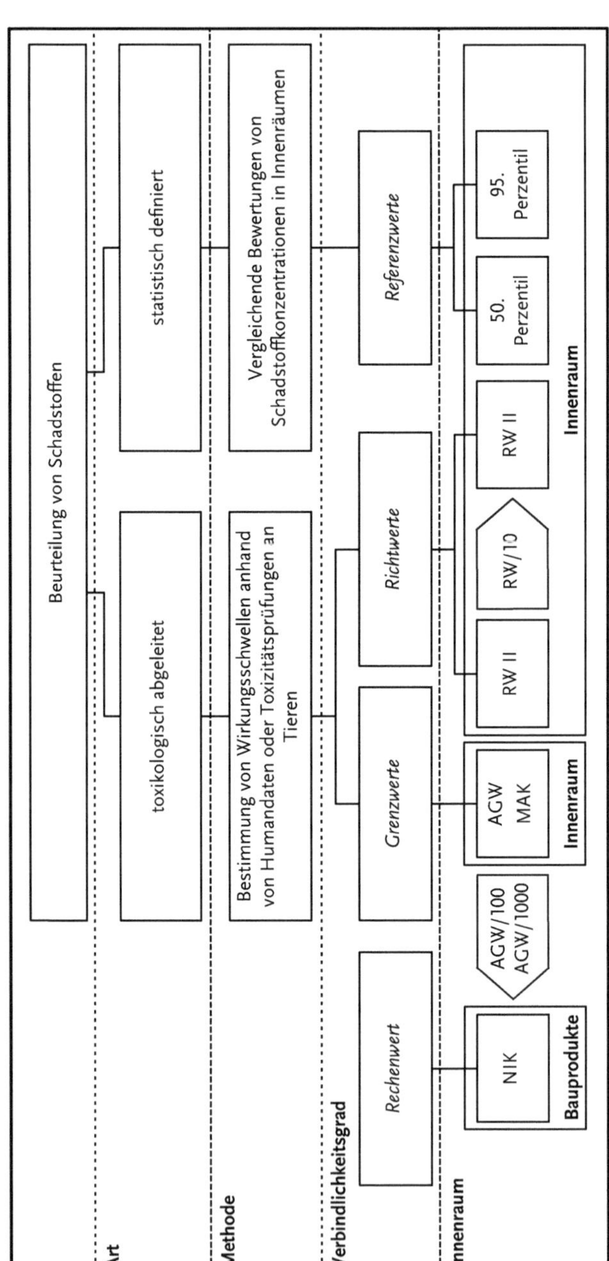

Abb. 13: Werte zur Beurteilung von Schadstoffkonzentrationen

Landesgesundheitsbehörden (AOLG), früher Arbeitsgemeinschaft der Leitenden Medizinalbeamten und -beamtinnen der Länder (AGLMB). Die herausgegebenen Richtwerte basieren auf Erkenntnissen zur toxikologischen Wirkung[104] und Dosis-Wirkungs-Beziehung des jeweiligen Stoffes. Um empfindliche Bevölkerungsgruppen zu schützen enthalten sie häufig (Un-)Sicherheitsabstände.[105]

Darüber hinaus gibt es sogenannte *Vorsorgewerte*, die in einem bestimmten Abstand unterhalb toxikologisch begründeter Werte festgelegt werden. Sie sollen Belastungen und Risiken möglichst gering halten und damit langfristig den Gesundheitsschutz sichern.

Grundsätzlich wird zwischen zwei Kategorien von Richtwerten unterschieden:

- *RW II*: stellt einen wirkungsbezogenen Wert dar. Er stützt sich, unter Einführung von Unsicherheitsfaktoren, auf toxikologische und epidemiologische Kenntnisse zur Wirkungsschwelle eines Stoffes. Er gibt die Konzentration eines Stoffes an, bei deren Erreichen bzw. Überschreiten unverzüglicher Handlungsbedarf besteht, da dieser eine gesundheitliche Gefährdung besonders für empfindliche Personen darstellen kann.[106] Der RW II kann je nach Wirkungsschwelle des Stoffes als Kurzzeitwert (RW II K) oder Langzeitwert (RW II L) definiert werden.
- *RW I*: gibt die Konzentration eines Stoffes im Innenraum an, bei der auch bei lebenslanger Exposition im Rahmen einer Einzelstoffbetrachtung nach gegenwärtigem Erkenntnisstand keine gesundheitliche Beeinträchtigung zu erwarten ist. Der RW I

---

104 Zur toxikologischen Bewertung von Schadstoffen werden Dosis-Wirkungs-Beziehung vorgenommen, um eine Aussage über die mit der Dosis eines Stoffes verbundene Intensität bzw. Häufigkeit der Schadwirkung treffen zu können. Hierfür werden auch tierexperimentelle Untersuchungen herangezogen, da oft nur wenige bzw. schlecht reproduzierbare Humandaten vorliegen. Bei der Dosis-Wirkungs-Beziehung wird grundsätzlich zwischen nicht-kanzerogen und kanzerogen wirkenden Stoffen unterschieden:
Nicht-kanzerogene Stoffe: Angegeben wird eine Wirkschwelle, die unter Beachtung von (Un)Sicherheitsfaktoren als Gesamtkörperdosen eines Gefahrstoffes (tägliche Aufnahmemengen, die nicht zu nachteiligen Wirkungen führen) ausgedrückt wird.
Kanzerogene Stoffe: Angegeben wird ein fester Wert, unterhalb dessen eine Wirkung auszuschließen ist. Eine Wirkschwelle gibt es nicht.

105 Vgl. Ad-hoc-AG

106 Vgl. UBA 2007b.

leitet sich vom RW II durch die Einführung eines zusätzlichen Faktors (i.d.R. Faktor 10) ab. Eine Ausnahme stellen geruchsintensive Stoffe da. Sofern sich dadurch ein kleinerer Zahlenwert ergibt, wird der RW I hier auf der Grundlage der Geruchswahrnehmung festgelegt.

Eine Überschreitung des RW I stellt eine hygienisch unerwünschte Belastung dar. Handlungsbedarf besteht demnach aus Vorsorgegründen auch im Konzentrationsbereich zwischen RW I und II. RW I kann bei der Sanierung als Zielwert dienen, wobei er nach Möglichkeit unterschritten werden soll. Die Richtwerte (RW I/II) beinhalten keine Aussage über mögliche Kombinationsauswirkungen bzw. Synergieeffekte verschiedener Substanzen, sondern beziehen sich lediglich auf Einzelsubstanzen.[107]

Die folgende Tabelle zeigt eine Übersicht der Richtwerte, die von der Ad-hoc-Arbeitsgruppe bislang erstellt wurden. Die angegebenen Konzentrationen der einzelnen Stoffe liegen weitestgehend im Bereich mg/m^3 (ppm-Bereich).

[107] Vgl. UBA 2007b.

Tab. 10: Richtwerte I und II für die Konzentration bestimmter Stoffe in der Innenraumluft (Quelle: UBA 2007a)

Verbindung	Richtwert II (mg/m^3)	Richtwert I (mg/m^3)	Jahr der Festlegung
Toluol	3	0,3	1996
Dichlormethan	2 (24 h)[1)]	0,2	1997
Kohlenstoffmonoxid	60 (1/2 h)	6 (1/2 h)	1997
	15 (8 h)	1,5 (8 h)	
Pentachlorphenol	1 µg/m3	0,1 $\mu g/m^3$	1997
Stickstoffdioxid	0,35 (1/2 h)	-	1998
	0,06 (1 Woche)		
Styrol	0,3	0,03	1998
Quecksilber (als metallischer Dampf)	0,35 µg/m3	0,035 µg/m3	1999
Tris(2-chlorethyl)phosphat	0,05[2)]	0,005[2)]	2002
Bicyclische Terpene3)	2	0,2	2003
Naphthalin	0,02	0,002[4])	2004
Aromatenarme Kohlenwasserstoff-gemische (C_9-C_{14})	2	0,2[4)]	2005
TVOC[5)]	Konzentrationsbereiche < 0,3-25 mg/m^3		1999
Diisocyanate (DI) [6)]	-		2000

In Klammern ist, soweit er ausdrücklich festgelegt wurde, ein Mittelungszeitraum angegeben, z. B. 24 Stunden (h).

Obwohl die Ergebnisse tierexperimenteller Studien auf ein krebserzeugendes Potenzial der Verbindung hinweisen und für krebserzeugende Stoffe das Basisschema zur Richtwertableitung keine Anwendung finden sollte, sieht die Kommission aufgrund des Fehlens eindeutiger Hinweise zur Genotoxizität und des Bedarfs an Orientierungshilfen die Ableitung von Richtwerten für TCEP als vertretbar an.

[3)] Leitsubstanz ꞵ-Pinen.

[4)] Der RW I-Wert dürfte Schutz auch vor geruchlichen Belästigungen bieten.

[5)] Zur Verdeutlichung der Unsicherheiten, die bei der Ableitung entstanden, wurden nicht einzelne Zahlenwerte, sondern Konzentrationsbereiche angegeben. Demzufolge ist in Räumen mit TVOC-Konzentrationen zwischen zehn und 25 Milligramm pro Kubikmeter ein täglicher Aufenthalt allenfalls vorübergehend zumutbar (derartige Konzentrationen können während Renovierungen vorkommen). In Räumen, die für einen längerfristigen Aufenthalt bestimmt sind, sollte auf Dauer ein TVOC-Wert zwischen einem und drei Milligramm pro Kubikmeter nicht überschritten werden. Das Ziel sollte sein, in Innenräumen im langzeitigen Mittel eine TVOC-Konzentration von 0,2 bis 0,3 Milligramm pro Kubikmeter zu erreichen oder nach Möglichkeit zu unterschreiten.

[6)]Die Festlegung eines Richtwertes II für Diisocyanate (DI) hat die Arbeitsgruppe nicht als sinnvoll erachtet: Die anfänglich höhere Konzentration in der Raumluft bei der Verarbeitung von Diisocyanate-haltigen Lacken und Klebern (Konzentration im Bereich des MAK-Wertes) sinkt rasch ab und nach Beendigung des Aushärtevorgangs ist nicht mit einer Dauerbelastung zu rechnen. Generell sollte beim Verarbeiten DI-haltiger Produkte gut gelüftet werden.

Neben den Richtwerten der Ad-hoc-Arbeitsgruppe gibt es für den Arbeitsplatzbereich gültige gefahrstoffbezogene Grenzwerte der TRGS 900[108]. Die *Arbeitsplatzgrenzwerte (AGW)* - früher Maximale Arbeitsplatz Konzentration (MAK) - umfassen das umfangreichste Bewertungssystem. Im Allgemeinen liegen am Arbeitsplatz mit betriebsbedingtem Umgang mit Gefahrstoffen jedoch sehr viel höhere Stoffkonzentrationen vor. Hinzu kommt, dass im Verhältnis zur Innenraumbewertung (RW I/RW II) kürzere Expositionszeiten zugrunde gelegt werden. Bei der Übertragung auf den bewohnten Innenraum muss dies mit entsprechenden Faktoren berücksichtigt werden[109]. Aus der Ableitung der Hilfsgrößen basieren die sogenannten NIK-Werte (Niedrigste interessierende Konzentration), die im Folgenden kurz beschrieben werden.

NIK-Werte dienen zur gesundheitsbezogenen Qualitätsbewertung der Emissionen von Bauprodukten. Sie werden von einer Arbeitsgruppe des Ausschusses zur gesundheitlichen Bewertung von Bauprodukten (AgBB) gemeinsam mit ausgewählten Herstellern (Experten) nach Vorlage einer internationalen Expertengruppe von existierenden AGW/MAK-Werten abgeleitet.[110] Im Gegensatz zum AGW werden dabei zusätzlich folgende Punkte beachtet:

- Eine dauerhafte Exposition, entgegen einer Arbeitsplatzbelastung die regelmäßig unterbrochen wird/wechselt.
- Die Beachtung von Risikogruppen, die am Arbeitsplatz entweder nicht existieren (Kinder, alte Menschen) oder arbeitsmedizinisch besonders geschützt werden.
- Eine grundsätzlich undefinierte Gesamtbelastung im Innenraum durch fehlende messtechnische und medizinische Überwachung.

NIK-Werte sind *Rechenwerte*, die zur Bauproduktbewertung und Bauproduktzulassung dienen. Sie können jedoch nicht als raumlufthygienische Grenzwerte für Einzelstoffe

---

108 Vgl. BMAS 2006.
109 Vgl. ECA 1997.
110 Vgl. ECA 1997.

dienen, gelten jedoch in ihrer Gesamtheit als entsprechende Konkretisierung baurechtlich geforderter Kriterien.[111]

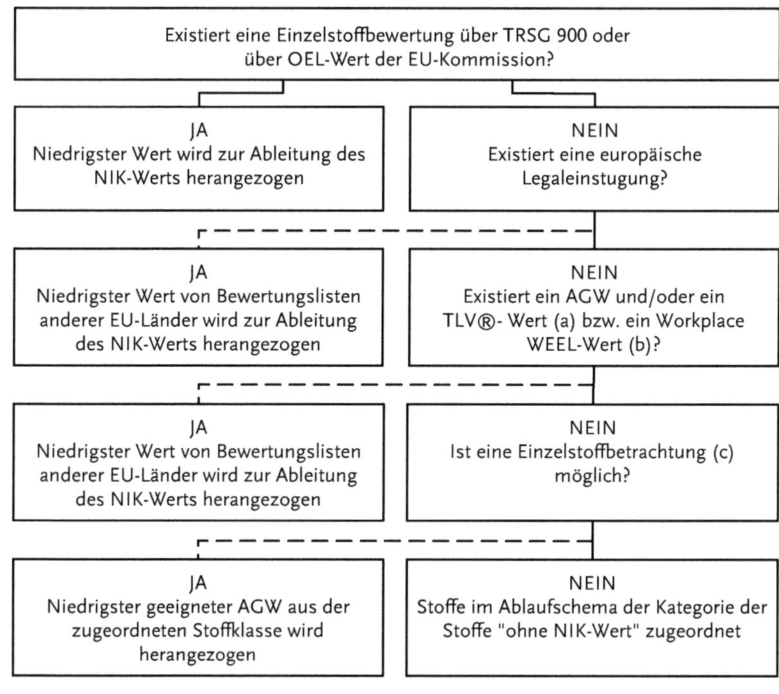

(a) TLV®-Wert der American Conference of Governmental Industrial Hygienists (ACGIH)

(b) WEEL-Wert (Workplace Environmental Exposure Limit) der American Industrial Hygiene Association (AIHA)

(c) Die Einzelstoffbetrachtung findet bevorzugt auf der Basis einer Zuordnung zu einer Stoffklasse mit ähnlicher chemischer Struktur und vergleichbarer toxikologischer Einschätzung statt.

Abb. 14: Organigramm zur Vorgehensweise bei der NIK-Wert Ableitung (vgl. hierzu AgBB 2005, S. 13)

[111] Vgl. AgBB 2005, S. 13.

Der NIK-Wert wird zur Berücksichtigung der strenger zu bewertenden, unterschiedlichen Expositionsbedingungen und Empfindlichkeiten in der Allgemeinbevölkerung im Vergleich zur Arbeitsplatzbelastung mit einem Sicherheitsfaktor von 100 berechnet (AGW/100). Der Sicherheitsfaktor wird auf 1000 erhöht, wenn es sich um möglicherweise kanzerogene Stoffe der EU-Kategorie 3 (EU-Richtlinie 67/548/EWG)[112] handelt. Reproduktionstoxische und mutagene Stoffe hingegen werden einer Einzelstoffbetrachtung unterzogen. Erwiesenermaßen kanzerogene Stoffe der EU-Kategorie 1 und 2 (EU-Richtlinie 67/548/EWG)[113] werden gesondert geprüft. Die festgelegten NIK-Werte werden in der sogenannten NIK-Wert-Liste veröffentlicht.[114]

Neben toxikologisch abgeleiteten Werten gibt es auch statistisch definierte Werte (Referenzwerte). Diese geben keinen Aufschluss über eine Gesundheitsgefährdung, sondern sie bilden vielmehr die allgemein vorhandene Exposition gegenüber einem Stoff ab. Ein Referenzwert ist dabei definiert als ein Wert für einen chemischen Stoff in einem Umweltmedium, der aus einer Reihe von entsprechenden Messwerten einer Stichprobe, nach einem vorgegebenen Verfahren, aus einer Grundgesamtheit abgeleitet wurde. Demnach handelt es sich also um einen rein statistisch definierten Wert, der die Verteilung des Stoffes im angegebenen Umweltmedium zum Zeitpunkt der Untersuchung beschreibt. Der Referenzwert ist ein Zahlenwert, der eindeutig durch die zu einem bestimmten Zeitpunkt untersuchte Grundgesamtheit und das angewandte statistische Verfahren definiert ist. Als international akzeptierte Konvention wurde das 95. Perzentil als (oberer) Referenzwert der Stoffkonzentration in dem für die Referenzpopulation untersuchtem Umweltmedium festgelegt. Damit gelten Messwerte die unterhalb des 95. Perzentils aller Messwerte liegen als normal und Messwerte oberhalb dieses Wertes als „auffällig“.

Die Beurteilung von Innenraumluftqualität anhand von Referenzwerten basiert auf einer vergleichenden Bewertung. Der in einer Messung gefundene Wert wird dabei mit bereits vorhandenen Erfahrungen in Beziehung gesetzt. Liegt die Konzentration eines

---

112 Vgl. Rat der Europäischen Gemeinschaften (27.06.1967).
113 Vgl. Rat der Europäischen Gemeinschaften (27.06.1967).
114 Vgl. AgBB 2005, S. 13.

Stoffes beispielsweise unterhalb des Referenzwertes, so sagt dies lediglich aus, dass der überwiegende Teil der Bevölkerung einer Belastung in vergleichbarer Größenordnung ausgesetzt ist.

Referenzwerte sind im Sinne der hygienischen Bewertung vor allem für Substanzen verwendbar, die seit Jahren eine breite Verwendung finden, da Referenzwerte als dynamisch, statistische Größe ausschließlich die Gegenwart der Stoffe im angegebenen Referenzzeitraum widerspiegeln. Aus diesem Grund kann für erst in jüngerer Zeit verstärkt angewendete Substanzen und Ersatzprodukte keine Datenbasis vorliegen.

Da nur für wenige Einzelverbindungen Richtwerte zur Verfügung stehen, hat die IRK unabhängig vom Basisschema[115] auch Maßstäbe zur Bewertung der Innenraumluftqualität mit Hilfe der Summe der flüchtigen, organischen Verbindungen (TVOC) erarbeitet. Der TVOC-Wert hat keine konkrete toxikologische Basis, da die in der Innenraumluft auftretenden Substanzgemische eine unterschiedliche Zusammensetzung haben können. Die Bewertungsgrundlage des Konzepts bilden statistische Daten aus den 1980er Jahren. Im Zuge eines Umweltsurveys wurde in einer groß angelegten Querschnittstudie die Schadstoffbelastung im häuslichen Bereich der deutschen Allgemeinbevölkerung ermittelt.[116]

Da TVOC-Konzentrationen im Bereich von 0,3 mg/m^3 im Bereich des 50. Perzentils liegen und Werte um 1 mg/m^3 in etwa das 95. Perzentil abbilden, lassen sie sich im Sinne von Referenzwerten interpretieren.

Das 50. Perzentil gibt nach Seifert[117] die durchschnittliche Konzentration der TVOCs an, dessen Überschreitung einen Hinweis auf zusätzliche Quellen im Innenraum gibt. Als Randbedingung wurde zusätzlich definiert, dass einzelne Verbindungen einer Klasse

---

115 Vgl. AgBB 2005.

116 Gemessen wurde die Innenraumluft von 25 bis 69-jährigen Personen. Der Stichprobenumfang (N) betrug 479 bei der Bestimmung der VOCs und 329 bei der Bestimmung der Formaldehydkonzentration. (Krause et al. 1991).

117 Seifert 1999, S. 276.

eine gewisse Konzentration – bezogen auf den TVOC-Wert – nicht überschreiten darf.[118] Der TVOC-Wert von 0,3 mg/m³ eignet sich nach seinen Angaben auch als Orientierungsmarke für andere Regelungsbereiche wie z.B. die Begrenzung von Emissionen aus Bauprodukten[119].

Die Ad-hoc-Arbeitsgruppe hat das TVOC-Konzept präzisiert und eine Empfehlung zur Anwendung der TVOC-Werte erarbeitet.[120] Das tabellarische Schema gliedert sich in 5 Stufen:

Tab. 11: Empfehlung zur Anwendung der TVOC-Werte (Quelle: UBA 2007a)

Stufe	Konzentrationsbereich	Hygienische Bewertung und Empfehlung
1	< 0,3 mg/m³	Sind hygienisch unbedenklich, sofern keine Richtwerte überschritten werden. Sie werden als "Zielwert" (hygienischer Vorsorgebereich) bezeichnet und sind mit ausreichendem zeitlichen Abstand nach Neubau oder Renovierungsmaßnahmen in Räumen erreichbar bzw. nach Möglichkeit zu unterschreiten.
2	> 0,3 - 1 mg/m³	Können als hygienisch noch unbedenklich eingestuft werden, sofern keine Richtwerte überschritten sind. Dieser Konzentrationsbereich weist z. B. auf noch nicht völlig ausgelüftete Lösemitteleinträge hin und indiziert die Notwendigkeit einer verstärkten Lüftung.
3	> 1 - 3 mg/m³	Sind als hygienisch auffällig zu beurteilen und gelten befristet (< 12 Monate) als Obergrenze für Räume, die für einen längerfristigen Aufenthalt bestimmt sind. In normal genutzten Wohn-, Schul- oder Büroräumen ohne kürzlich erfolgte Renovierung oder Neumöblierung sollte eine TVOC-Konzentration unter Nutzungsbedingungen von 1 mg/m3 nicht dauerhaft überschritten werden. Derartige Werte wären als Hinweis auf einen zusätzlichen und ggf. unerwünschten VOC-Eintrag zu werten. Die gesundheitliche Relevanz auffälliger Referenzwertüberschreitungen sollte geprüft werden. Eine toxikologische Einzelbewertung zumindest der Stoffe mit den höchsten Konzentrationen wird empfohlen. Die Nachmessung zur Überprüfung der Innenraumluftqualität erfolgt unter Nutzungsbedingungen.

[118] Einzelne Verbindungen einer Klasse wie z.B. Toluol (Aromaten), Limonen (Terpene), Butylacetat (Ketone) darf nicht mehr als die Hälfte der ihrer Klasse zugewiesenen Konzentration bzw. 10 % der TVOC Konzentration überschreiten (Seifert 1999, S. 257).

[119] Seifert 1999, S. 275-276.

[120] Vgl. UBA 2007a.

Stufe	Konzentrationsbereich	Hygienische Bewertung und Empfehlung
4	> 3 bis 10 mg/m³	Werden als hygienisch bedenklich beurteilt und sollten, sofern keine Alternativen zur Verfügung stehen, nur befristet (maximal ein Monat) und bei Durchführung verstärkter regelmäßiger Lüftungsmaßnahmen genutzt werden. Es ist eine toxikologische Einzelstoff- bzw. Stoffgruppenbewertung vorzunehmen. Die Nachmessung zur Überprüfung der Innenraumluftqualität erfolgt unter Nutzungsbedingungen.
5	> 10 bis 25 mg/m³	Werden als hygienisch inakzeptabel eingestuft. Die Raumnutzung ist in der Regel zu vermeiden, ein Aufenthalt ist allenfalls vorübergehend täglich (stundenweise) und bei Durchführung verstärkter regelmäßiger Lüftungsmaßnahmen zumutbar. Bei Werten > 25 mg/m3 ist von einer Nutzung abzusehen. Die Nachmessung zur Überprüfung der Innenraumluftqualität erfolgt unter Nutzungsbedingungen.

1.2.4. Prüfverfahren

Die Beurteilung schadstoffarmer und museumstauglicher Werkstoffe im Sinne präventiver Konservierungsstrategien setzt die Erforschung ihres Emissionspotenzials voraus. Prüfkammern dienen dazu, Materialen unter Bedingungen zu analysieren, die ihrem tatsächlichen Einsatz im Innenraum möglichst nahe kommen. Sie ermöglichen es, verschiedene Raumbedingungen zu simulieren und dabei die wichtigsten Einflussgrößen zu verändern. Eine wesentliche Rolle spielen: Temperatur, relative Feuchte, Luftwechsel und Luftstömungsgeschwindigkeit in der Prüfkammer sowie die Menge bzw. Fläche des Materials in der Kammer und die Art der Vorbereitung des Prüfguts. Bei der Zertifizierung von Bauprodukten haben sich Prüfkammeruntersuchungen bereits etabliert. Die Grundlagen (Probenahme, Probelagerung, Vorbereitung des Prüfmustes) für die Durchführung von Emissionsmessungen bei der Verwendung einer Prüfkammer bzw. Prüfzelle werden in der Europäischen Norm DIN EN 16000-9 bis -11, sowie DIN EN 717-1 beschrieben.[121]

Mit Hilfe einer Emissionsprüfkammer wird die flächenspezifische Emissionsrate der von den Prüfmustern emittierten Schadstoffe bestimmt. Bei der Prüfung sind definierte Parameter wie Temperatur, relative Feuchte, Luftströmungsgeschwindigkeit und

121 Vgl. AgBB 2005, S. 5.

flächenspezifische Luftdurchflussrate, sowie die Art der Vorbereitung des Prüfguts zu beachten. Darüber hinaus sollten folgende Anforderungen an die Emissionsprüfkammer beachtet werden:[122]

- Minimierung von Wandeffekten durch inerte Kammerwände aus Glas oder poliertem Edelstahl.
- Minimierung zeitlicher und räumlicher Temperaturgradienten durch Manteltemperierung.
- Minimierung von Eigenemissionen bzw. Adsorptions- oder Desorptionseffekten aus Dichtungsmaterialien.
- Minimierung des Senken-Effekts durch möglichst großes Quellen/Senkenverhältnis.
- Versorgung mit Reinstluft (VOC- und staubfrei).
- Versorgung mit Reinstwasser (VOC- und partikelfrei).

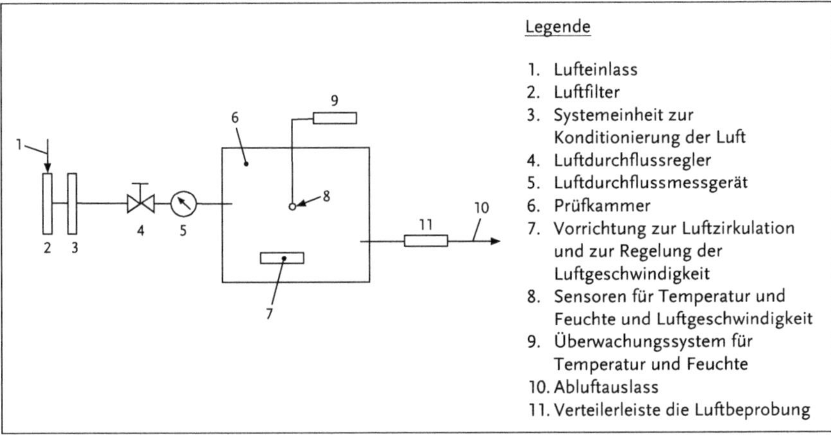

Abb. 15: Schematische Darstellung einer Emissionsprüfkammer (Vgl. DIN EN ISO 16000-9, S. 19)

122 Norm DIN EN ISO 16000-9, S. 8-9; Horn 2007, S. 18.

- Prüfbedingungen

Die Standardbedingung für die Produktprüfung gemäß DIN ISO 16000-9[123] findet bei einer Temperatur von 23 ± 1 °C, einer rF von 50 ± 3 % und einer Luftströmungsgeschwindigkeit von 0,1 m/s bis 0,3 m/s statt. Darüber hinaus darf die Luftdurchflussrate nicht mehr als ± 3 % während der Prüfung abweichen.[124]

- Probenvorbereitung

Zur Bestimmung der VOC-Emissionen ist im Vorfeld der Prüfung eine sorgfältige Behandlung und Aufbereitung der Produkte bzw. Prüfmuster von äußerster Bedeutung, um die Ergebnisse nicht zu verfälschen.[125] Die Prüfmuster müssen in luftundurchlässigen Verpackungen und nach Möglichkeit klimatisiert gelagert werden. Inwieweit eine weitere Probenvorbereitung notwendig ist, ist abhängig vom Produkttyp (Dichtmassen, Lacke, Holzwerkstoffe).[126]

Zur Bestimmung flüchtiger organischer Verbindungen in der Kammerluft finden chromatographische Methoden Verwendung. Der international übliche Begriff Volatile Organic Compounds (VOCs) stellt dabei eine qualitative Umschreibung einer Fülle von Einzelstoffen dar, die durch eine Vielzahl von physikalisch-chemischen Merkmalen definiert sind. Zur Probennahme und anschließenden Aufbereitung der VOCs werden aufgrund der unterschiedlichen physikalisch-chemischen Eigenschaften verschiedene Methoden verwendet. Je nach Flüchtigkeitsklasse unterscheidet man zwischen VVOC, VOC und SVOC.

123 Vgl. DIN EN ISO 16000-9, S. 10.
124 Vgl. DIN EN ISO 16000-9, S. 10–11.
125 Vgl. Norm DIN EN ISO 16000-9, S. 12.
126 Vgl. Horn 2007, S. 19 f.

Tab. 12: Klassifikation organischer Innenraumschadstoffe nach ihrer Flüchtigkeit mit Beispielen für Probenahmemedien. (Quelle: vgl. WHO 1989, S. 4 durch Beispiele für Probenahmemedien ergänzt)

Beschreibung	Abk.	Siedepunkt-bereich °C	Retentionszeit (unpolare GC-Säule)	Beispiel für Probenahme-medien
Sehr flüchtige organische Verbindungen (engl. Very Volatile Organic Compounds)	VVOC	< 0 bis 50-100	< n-Hexan	Aktivkohle
Flüchtige organische Verbindungen (engl.Volatile Organic Compounds)	VOC	50-100 bis 240-260	n-Hexan bis n-Hexadekan	Tenax TA
Schwerflüchtige organische Verbindungen (engl. SemiVolatile Organic Compounds)	SVOC	240-260 bis 380-400	> n-Hexadecan	Polyurethan-schaum
Staubgebundene organische Verbindungen (engl. Particulate Organic Matter)	POM	>380	wird zu SVOC gerechnet	Tenax TA

- Probenahme

Die Probenahme unterschiedlicher VOCs erfolgt in Abhängigkeit der zu detektierenden Verbindungen auf drei verschiedenen Medien: Tenax® TA[127], 2,4-Dinitrophenylhydrazin (DNPH) oder Polyurethanschaum (PUR-Schaum). Die Bestimmung der unterschiedlichen VOCs erfolgt über ein genau festgelegtes Probegasvolumen aus einer Prüfkammer. Dabei wird die Prüfkammerluft über ein Sorptionsröhrchen gepumpt, welches mit einem Sorptionsmedium (Tenax® TA, DNPH, PUR) gefüllt ist. Die meisten VOCs (>C5) lassen sich mit Hilfe von Tenax® beproben, SVOC dagegen werden auf PUR-Schaum absorbiert. Mit der DNPH-Methode lassen sich vor allem Aldehyde und Ketone (u.a. Formaldehyd) gut nachweisen. Die absorbierten[128] VOCs werden im Anschluss mit der Gaschromatographie (GC) (Tenax® TA, PUR-Schaum) oder der Hochdruck-flüssigkeitschromatographie (HPLC) (DNPH) analysiert.

---

127 Tenax TA ist ein poröses Polymer, das auf dem 2,6-Diphenylenoxid basiert (DIN ISO 16000-6, S. 10).

128 Bei der Verwendung von DNPH als Sorptionsmedium werden die zu detektierenden Carbonylverbindungen während der Probenahme in Derivate mit geringerem Dampfdruck überführt. Absorbiert werden also nicht die VOCs selbst, sondern deren Derivate.

TENAX-GC-Methode: Bei der Beprobung mit Tenax® TA erfolgt in einem ersten Schritt die thermische Desorption der VOCs. Diese werden anschließend in eine Kühlfalle geleitet und mit einem inerten Trägergasstrom in einen Gaschromatographen überführt. Die qualitative und quantitative Bestimmung der Einzelstoffe und Verbindungen erfolgt mit Hilfe eines Flammenionisations-Detektors (FID) und einem Massenspektrometer (MS).[129]

PUR-GC-Methode: Bei der Probenahme auf PUR erfolgt die Extraktion mittels Soxleth oder Ultraschallbad unter Verwendung von Lösungsmitteln. Bei der Ultraschallextraktion werden die PUR-Schäume mit Aceton überschichtet und im Anschluss extrahiert. Der PUR-Extrakt wird mit n-Hexan aufgegossen und mit einem Rotationsverdampfer sowie durch anschließendes Abblasen mit Stickstoff eingeengt.

DNPH-HPLC-Methode: Die Bestimmung von Formaldehyd und anderen Carbonylverbindungen erfolgt gemäß DIN ISO EN 16000-3 durch die Reaktion mit DNPH, das auf ein Sorbens aufgetragen ist.[130] Dabei werden die Carbonylverbindungen zu den entsprechenden Hydrazonen derivatisiert. Im Anschluss werden die DNPH-Kartuschen mit Acetonitril extrahiert; das Eluat wird mit Hilfe der HPLC aufgetrennt und durch UV-Detektion bei einer Wellenlänge von 360nm bestimmt.

Neben chromatographischen Methoden zur Bestimmung von VOCs ist die photometrische Bestimmung von Formaldehyd zu nennen. Zur Analyse des Formaldehydgehalts bei Prüfkammeruntersuchungen wird nach DIN EN 717-1[131] die Acetylaceton-Methode empfohlen, die in der VDI-Richtlinie 3484 Blatt 2 beschrieben wird. Diese Methode ist im relevanten Konzentrationsbereich von 0,005-0,5 ppm sehr spezifisch und zeichnet sich darüber hinaus durch eine einfache Handhabung aus.[132]

---

[129] Vgl. DIN EN ISO 16000-9, S. 9–10.

[130] Eingesetzt werden Festphasen-Sammler (DNPH aus Kieselgel), die als kommerzielle Sammelkartuschen (Supelco) erhältlich sind.

[131] DIN EN 717-1.

[132] Vgl. Schieweck 2006, S. 67.

- Grundlage der Methode

Der Formaldehyd in der Luft (Prüfkammer) wird mit einer Gasprobenahmeapparatur im Wasser angereichert. Der Nachweis erfolgt über die Hantz'sche Reaktion (vgl. Abb. 16). Dabei reagiert Formaldehyd mit Acetylaceton (Pentan-2,4-dion) in Anwesenheit von Ammoniumacetat unter Bildung von 3,5-Diacetyl-1,4-dihydrolutidin (DDL). Im Anschluss erfolgt die Quantifizierung des DDL mit Hilfe eines Photometers, bei einer Anregungswellenlänge von 412 nm.[133]

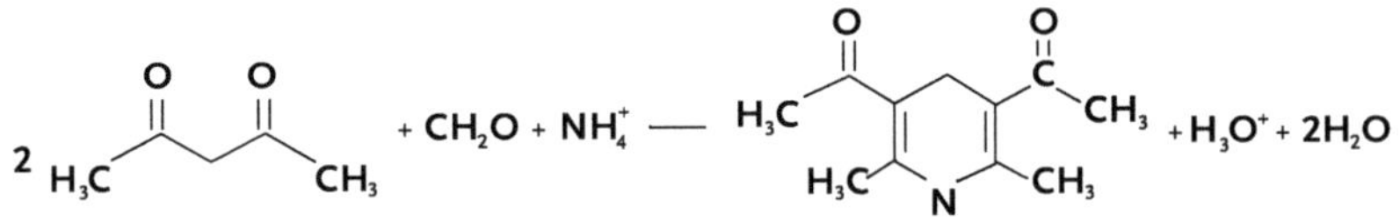

$$2\ H_3C{-}CO{-}CH_2{-}CO{-}CH_3 + CH_2O + NH_4^+ \longrightarrow \text{DDL} + H_3O^+ + 2H_2O$$

Abb. 16: Reaktion von Formaldehyd mit Acetylaceton und Ammoniumacetat zu Diacetyldihydrolutidin (vgl. VDI 3484, S. 5)

Die Formaldehydkonzentration in der Kammer errechnet sich aus der Konzentration im Wasser der Gaswaschflaschen und dem Volumen der Luftprobe. Die Messungen werden in regelmäßigen Abständen fortgesetzt, bis die Ausgleichskonzentration von Formaldehyd erreicht ist.[134]

- Probenahme

Die Messungen der Kammerluft erfolgen periodisch. Die Luft aus der Kammer wird durch mit Wasser befüllte Gaswaschflaschen geleitet, die den Formaldehyd absorbieren. Die Probenahme erfolgt über einen Zeitraum von 30 min. bei einem Volumenstrom von 2 l/min.. Während der Probenahme sind die Temperatur am Gasmengenzähler sowie die Umgebungstemperatur in einem Protokoll festzuhalten.[135]

---

133 Vgl. VDI 2001, S. 4.
134 Vgl. VDI 2001, S. 4.
135 Vgl. VDI 2001, S. 6.

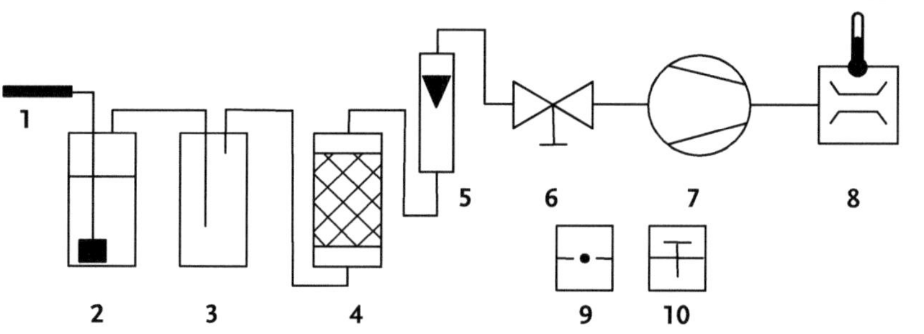

Legende:

1. Probeneinlass
2. Gaswaschflasche mit Frittenkerzeneinsatz
3. Tropfenabscheider
4. Feuchtigkeitsadsorptionsrohr
5. Schwebekörpervolumenstrommesser
6. Gasregulierventil
7. Pumpe
8. Gasmengenzähler mit Thermometer
9. Barometer
10. Thermometer

Abb. 17: Probenahmeeinrichtung nach VDI 3484 Blatt 2 (vgl. VDI 3484, S. 8)

1.3 Theoretische Grundlagen: Märkte und Marktstrategien

Da die Identifizierung geeigneter Bau- und Ausstellungsmaterialien sowie eine Bewertung hinsichtlich ihrer Auswirkungen auf das Raumklima und sensible Objektoberflächen nach heutigem Stand nahezu unmöglich sind und sich jede Materialwahl für die Verantwortlichen als eine singuläre und kostenintensive Aufgabe erweist, steht als Instrument zum Umgang mit dieser Herausforderung die Auswirkung der Erteilung eines Gütezeichens im Mittelpunkt der weiteren Betrachtungen.

Eine zentrale Fragestellung ist hierbei die Beurteilung der Umsetzbarkeit eines GZs als eines praktikablen Instruments zur Vermeidung von Einzelprüfungen in Museen am Beispiel von Vitrinen. Die Beurteilung der Umsetzbarkeit beschränkt sich dabei nicht auf rein konservatorische Aspekte, wichtig ist darüber hinaus auch die Klärung der Akzeptanz der Einführung eines GZ bei Museen und Produzenten sowie die wirtschaftliche Tragfähigkeit eines derartigen GZs.

Im folgenden Kapitel werden die theoretischen Grundlagen zur Beurteilung der wirtschaftlichen Tragfähigkeit des GZs vorgestellt. Die Auswahl der zugrunde liegenden Modelle orientiert sich dabei an folgenden Annahmen:

- Die Einführung eines GZ wird nur dann möglich, wenn dieses „bezahlbar" ist. Um das GZ nachhaltig zu etablieren, ist eine möglichst hohe Unabhängigkeit von öffentlichen Geldern notwendig – diese ist nur dann gegeben, wenn das GZ aus sich heraus wirtschaftlich tragfähig ist.
- Der Anspruch nach wirtschaftlicher Tragfähigkeit bedingt, dass das GZ für die Akteure des Marktes (Museen, Hersteller von Vitrinen, Lieferanten/Produzenten von Ausstellungsmaterialien, etc.) wirtschaftliche Vorteile hat. Konkret bedeutet dieses, dass sich durch das GZ insbesondere für die Anbieter von Vitrinen und Museumsmaterialien Wettbewerbsvorteile realisieren lassen, wobei die Wettbewerbsvorteile zu einer verbesserten Ergebnisposition der Anbieter führen müssen.

Die zu nutzenden Modelle müssen demnach einen Bezugsrahmen zur Diskussion der folgenden Fragen bieten:

1. Wie ist der Markt strukturiert und welche Rolle spielen die beteiligten Akteure?
2. Welche Ausgangs- und Zukunftsposition nehmen die Akteure innerhalb des Marktes vor dem Hintergrund sich ändernder Bedingungen (Einführung GZ) ein?
3. Welche Strategieoptionen lassen sich für die Marktakteure ableiten und wie sind diese vor dem Hintergrund des einzuführenden GZ zu bewerten?
4. Führt die Einführung des GZ zu Wettbewerbsvorteilen für einzelne Akteure?

Um eine möglichst umfassende Diskussion der aufgeworfenen Fragen zu gewährleisten, werden etablierte Modelle der Wirtschaftswissenschaften herangezogen:

Die Fragen eins und zwei beschäftigen sich mit der Identifikation von Marktakteuren sowie der Analyse der Marktstruktur vor dem Hintergrund von Wettbewerbsvorteilen. Gemeinhin anerkannt und weit verbreitet ist das von Porter entwickelte Modell der Branchenstrukturanalyse, auch genannt „Five Forces". Es ist nützlich um einzuschätzen, ob und wie die relevanten Wettbewerber auf eine Veränderung durch die Einführung eines GZ für emissionsarme, museumstaugliche Vitrinen reagieren. Porters „Five Forces“ werden daher als übergeordnetes Modell gewählt.

Das Modell benennt fünf Marktkräfte: den Markteintritt neuer Konkurrenten, die Gefahr von Ersatzprodukten, die Verhandlungsstärke der Abnehmer, die Verhandlungsstärke der Lieferanten und die Rivalität unter den vorhandenen Wettbewerbern. Da in der Arbeit die Einführung eines GZ für Vitrinen untersucht wird, steht die Rivalität unter den Vitrinenbauern im besonderen Blickpunkt der Arbeit: Nachdem das GZ von den Abnehmern, also den Museen gefordert wird, ist die Akzeptanz durch die Anbieter von Vitrinen besonders maßgeblich für eine erfolgreiche Umsetzung. Es stellt sich somit die Frage, welche Vor- und Nachteile sich für Vitrinenbauer durch ein solches GZ ergeben könnten. Um diese Frage beantworten zu könnten, rückt der Wettbewerb innerhalb des Marktes in den Vordergrund der Analyse.

Die Analyse des Wettbewerbs innerhalb der Branchenstrukturanalyse soll anhand zweier Modelle diskutiert werden: Da die Wettbewerbsintensität vom Reifegrad eines Marktes abhängt, wird das Modell der Endgames-Kurve herangezogen. Das Modell beschreibt einen typischen Branchenzyklus und erlaubt die Einordnung einer Branche im Hinblick auf den Reifegrad. Dieser bestimmt die Wettbewerbsintensität. Die Entwicklung einer Branche entlang der Endgames-Kurve hängt wiederum davon ab, ob einzelne Unternehmen Größenvorteile, sogenannte „Economies of Scale“ realisieren können – da diese die Konsolidierung innerhalb der Branche treiben. Als zweites Modell werden somit die „Economies of Scale“ genutzt.

Frage drei bezieht sich auf die Strategieoptionen eines Unternehmens, welche von der Position eines Unternehmens im Markt bestimmt werden. In Ergänzung zum von Porter entwickelten Modell der Branchenstrukturanalyse soll an dieser Stelle das Modell der generischen Differenzierungsstrategien genutzt werden, das ebenfalls von Porter[136] stammt. Auch dieses ist in den Wirtschaftswissenschaften weit verbreitet und ermöglicht die Bestimmung geeigneter Strategien. Im Hinblick auf die vorliegende

[136] Porter 2000.

Fragestellung wird es helfen, um – abhängig von der Branchenstruktur des Vitrinenmarktes – die Strategieoptionen für die Vitrinenbauer aufzuzeigen und zu bewerten.

Da es sich bei Vitrinen um spezielle Produkte im Sinne der ökonomischen Gütertheorie handelt, ist auch auf diese näher einzugehen: Während die Qualität von handwerklich geprägten Produkten häufig vor dem Kauf beurteilt werden kann, ist dies bei Vitrinen nicht der Fall: Erst durch die Nutzung der Vitrinen kann gewissermaßen ex post beurteilt werden, ob die Vitrinen dem eigentlichen Zweck – Schutz von Kunst- und Kulturgut – dienen. Derartige Produkte werden gemäß der ökonomischen Gütertheorie als Erfahrungs- oder sogar Vertrauensgüter bezeichnet.

Als theoretische Modelle werden somit die Branchenstrukturanalyse nach Porter[137], sowie die Endgames-Kurve, die Economies of Scale, die Differenzierungsstrategien und die ökonomische Gütertheorie genutzt. Schlussendlich ermöglicht die Diskussion der Fragen eins bis drei eine Abschätzung von Wettbewerbsvorteilen (Frage 4), welche sich auf die Einführung des GZs gründen (könnten).

1.3.1. Wettbewerbsanalyse nach Porter

Porters Modell ist eines der bekanntesten und einflussreichsten Instrumente zur Branchenanalyse. Es bietet eine Möglichkeit, in strukturierter Form die komplexe Interaktion von Marktteilnehmern innerhalb einer Branche zu untersuchen und zu bewerten.

Ziel des Modells ist es, die Wettbewerbssituation innerhalb einer Branche vom Standpunkt eines in der Branche agierenden Unternehmens zu analysieren. Im Vordergrund dabei steht die Frage, ob die Wettbewerbssituation und die Entwicklung der Branche für das bestehende Unternehmen attraktiv und damit langfristig profitabel sind.[138]

Laut Porter wird die Attraktivität eines Marktes vor allem durch die Marktstruktur bestimmt. Diese wiederum beeinflusst die Wettbewerbsstrategie – d.h. das strategische

---

[137] Porter 2000.
[138] Vgl. Hungenberg 2011, S. 102.

Handeln der Unternehmen – und damit den Markterfolg. Porter[139] unterscheidet fünf Wettbewerbskräfte (s.o.), die die Regeln des Wettbewerbs bestimmen.

Ob die Unternehmen (Vitrinenbauer) erfolgreich sind – also Ertragsraten des investierten Kapitals erwirtschaften können, die über den Kapitalkosten liegen – wird maßgeblich vom Zusammenspiel der fünf Wettbewerbskräfte beeinflusst, da diese auf die Marktposition und Branchenrentabilität wirken, indem sie Preise, Unkosten und den Investitionsbedarf beeinflussen.[140] Im Zusammenhang mit der vorliegenden Arbeit ist von Interesse, inwieweit sich das Zusammenspiel der Wettbewerbskräfte durch Einführung eines GZs ändert. Nach Porter[141] ist die Stärke jeder dieser fünf Wettbewerbskräfte eine Funktion der zugrunde liegenden wirtschaftlichen und technischen Merkmale einer Branche – der Branchenstruktur. Dabei ist die Branchenstruktur i.d.R. relativ stabil, auch wenn sie sich mit der Zeit entsprechend der Branchenentwicklung verändern kann.[142] Entsprechende Strukturveränderungen spielen sowohl bei der absoluten als auch bei der relativen Stärke der Wettbewerbskräfte eine Rolle und können damit positive wie auch negative Auswirkungen auf die Branchenstabilität haben.

Eine gute Übersicht der fünf Wettbewerbskräfte im Branchen- und Industrie-Struktur-Modell nach Porter gibt Hungenberg[143]:

Bedrohung durch potenzielle Konkurrenten

Der Eintritt potenzieller Konkurrenten in einen Markt ist ein Wettbewerbsfaktor, weil dieser i.d.R. dazu führt, das sich die Kapazitäten in der Branche erhöhen – wodurch das Preisniveau tendenziell sinkt. Dies hat zur Folge, dass die Profitabilität der bestehenden Anbieter sinkt. Aus Sicht der Unternehmen ist eine Branche daher umso attraktiver, je

139 Porter 2000, S. 28.

140 Vgl. Porter 2000, S. 29f.

141 Porter 2000, S. 30.

142 Laut Hungenberg (Hungenberg 2011, S. 108) muss dabei beachtet werden, dass Porters Modell für langsam wachsende oligopole Märkte konzipiert wurde, die eine eindeutige sachliche und räumliche Abgrenzung des relevanten Marktes ermöglichen. Dahingegen können Märkte mit hoher Dynamik nur schwer erfasst werden, da ihre Strukturmerkmale instabil sind und sie sich fortlaufend in ihren Grenzen verändern.

143 Hungenberg 2011, S. 102ff.

geringer die Gefahr durch potenzielle Konkurrenten ist. Die Größe dieser Gefahr hängt letztendlich von der Höhe der Markteintrittsbarrieren ab. Grundsätzlich gilt, je höher die Markteintrittsbarrieren, desto geringer die Bedrohung durch potenzielle Konkurrenten.[144]

Vor dem Hintergrund der Arbeit lautet die Kernfrage: Beeinflusst ein GZ den Markteintritt potenzieller Konkurrenten und wenn ja, in welcher Art und Weise?

Marktmacht der Lieferanten

Die Marktmacht der Lieferanten ist ein Wettbewerbsfaktor, da die Lieferanten auf der einen Seite das Ergebnisniveau der Unternehmen verschlechtern können, indem sie höhere Preise durchsetzen, oder auf der anderen Seite das Qualitätsniveau herabsetzen, indem sie eine geringere Qualität (zu gleichen Preisen) liefern. Beides führt dazu, dass die Profitabilität der bestehenden Unternehmen sinkt. Damit ist eine Branche umso attraktiver, je niedriger die Marktmacht der Lieferanten gegenüber den bestehenden Unternehmen ist.[145]

Die Kernfrage lautet hier: Beeinflusst die Einführung eines GZs die Marktmacht der Lieferanten und wann ja, in welcher Art und Weise?

Marktmacht der Abnehmer

Analog zur Marktmacht der Lieferanten zeigt sich die Marktmacht der Abnehmer darin, dass die Kunden geringere Preise durchsetzen, höhere Qualität oder besseren Service fordern.[146] Auch dieses wirkt sich für die Unternehmen negativ auf die Ergebnissituation aus. Daher ist aus der Sicht eines Unternehmens eine Branche umso attraktiver, je geringer die Marktmacht der Abnehmer ihrer Produkte ist.[147]

---

144 Vgl. Hungenberg 2011, S. 102 f.
145 Vgl. Hungenberg 2011, S. 104 f.
146 Vgl. Hungenberg 2011, S. 105 f.
147 Ebd.

Die Kernfrage der Analyse lautet: Hat die Einführung des GZs einen Einfluss auf die Marktmacht der Abnehmer und wenn ja, welchen?

Bedrohung durch Ersatzprodukte

Als Ersatzprodukte werden Erzeugnisse bezeichnet, die zwar grundsätzlich geeignet wären, vergleichbare Kundenbedürfnisse zu erfüllen wie die Produkte der bestehenden Unternehmen, aber dennoch gegenwärtig nicht in einer engen Substitutionsbeziehung zu diesen stehen. Grundsätzlicht gilt, je geringer die Bedrohung durch Ersatzprodukte ist, desto attraktiver die Branche.[148]

Zu prüfen ist, ob die Einführung eines GZs die Bedrohung durch Ersatzprodukte beeinflusst und wenn ja, in welcher Art und Weise?

Rivalität der Wettbewerber

Die Rivalität der bestehenden Wettbewerber ist der fünfte attraktivitätsbestimmende Faktor im Branchen- und Industrie-Stuktur-Modell. Grundsätzlich lassen sich hierbei zwei Arten unterscheiden: Preis- oder Leistungswettbewerb. Beim Preiswettbewerb versuchen die Konkurrenten wechselseitig ihre Preise zu unterbieten, während sie beim Leistungswettbewerb danach streben, Kunden durch eine verbesserte Produktqualität oder Zusatzleistungen zu gewinnen. Dabei senkt intensiver Wettbewerb – durch rück–läufige Preise oder steigende Kosten – in beiden Fällen das Gewinnpotenzial bestehender Unternehmen in einer Branche. Der Rivalitätsgrad hängt dabei zum einen von der Anzahl der Wettbewerber und zum anderen vom Wachstum der Branche ab. Je größer die Zahl der Wettbewerber, desto höher die Wettbewerbsintensität. Auch in reifen, langsam wachsenden Branchen kann eine Rivalität bestehen; und zwar dann, wenn eine Erweiterung des eigenen Marktanteils nur durch eine Reduzierung von Marktanteilen eines Konkurrenten realisiert werden kann. Darüber hinaus haben

[148] Vgl. Hungenberg 2011, S. 106 f.

Überkapazitäten bestehender Unternehmen eine vergleichbare Auswirkung auf den Rivalitätsgrad.[149]

Den Schwerpunkt der Analyse bilden die Fragen, wie groß die Rivalität unter den Vitrinenbauern ist, ob es sich um einen Preis- oder Leistungswettbewerb handelt und inwieweit die Einführung eines GZ Einfluss auf die Rivalität und Art des Wettbewerbs hat.

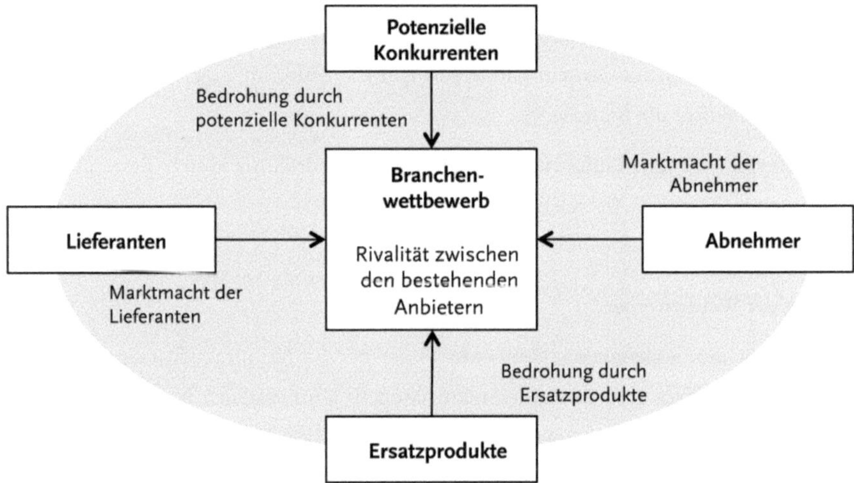

Abb. 18: Die fünf die Branchenrentabilität bestimmenden Wettbewerbskräfte (Quelle: Porter 2000, S. 29)

1.3.2. Konsolidierungsgrad eines Marktes

Die Rivalität unter den Vitrinenbauern wird anhand des Modells zur Endgame-Kurve untersucht. Dieses gibt darüber hinaus Aufschluss darüber, ob ein Preis- oder Leistungswettbewerb in der Branche zu erwarten ist.

Porters Modell der Five Forces begründet, dass intensiver Wettbewerb durch rückläufige Preise oder steigende Kosten das Gewinnpotenzial bestehender Unternehmen in einer

149 Vgl. Ebd.

Branche begrenzt. Der Rivalitätsgrad hängt dabei zum einen von der Anzahl der Wettbewerber und zum anderen vom Wachstum der Branche ab.

Da der Markt für Vitrinen kein Wachstumsmarkt ist, beeinflusst vor allem die Zahl der Wettbewerber die Wettbewerbsintensität und damit die Gewinne der Vitrinenbauer. Das Modell der Endgames-Kurve ist geeignet, um die Entwicklung der Wettbewerberanzahl zu verdeutlichen: Das Modell beschreibt einen typischen Branchenzyklus und erlaubt die Einordnung einer Branche im Hinblick auf den Reifegrad.

Ausgangspunkt der Analyse ist der Konzentrationsgrad einer Branche. Allgemein wird unterstellt, dass Branchen über die Zeit zur Konsolidierung neigen – begründet wird dies beispielsweise durch Größenvorteile einzelner Marktakteure, welche wiederum auf sich verteilenden Fixkosten (z.B. Kosten für die Zertifizierung, Investitionskosten für eine Maschine, etc.) pro Stück basieren. Dies hat eine verbesserte Kostenposition und damit Vorteile gegenüber anderen Wettbewerbern zur Folge, große Marktakteure verdrängen somit die Kleinen.

Im Hinblick auf die Entwicklung und Marktchancen eines jeden Marktakteurs gilt es zu analysieren, wie weit diese Konsolidierung vorangeschritten ist; denn je fragmentierter ein Markt ist, desto intensiver ist auf der einen Seite der Wettbewerb, jedoch sind auch die Chancen größer, den eigenen Marktanteil auszubauen.

Die theoretischen Grundlagen zur Endgames-Kurve beziehen sich auf Deans et al.[150] Die Endgame-Kurve ist die graphische Veranschaulichung des Konsolidierungsgrads und -trends der wichtigsten Industrien (vgl. *Abb. 19*).[151] Nach der Endgames-Theorie konsolidieren alle Industrien nach derselben Gesetzmäßigkeit. Hierbei lassen sich folgende vier Phasen voneinander unterscheiden:[152]

---

150 Deans et al. 2002.

151 Der Konzentrationsgrad einer Industrie wird hier definiert als die Summe der Marktanteile der drei größten Unternehmen in einer Industrie (CR3-Index). Darüber hinaus werden mit Hilfe des Hirschman-Herfindahl-Index kleine Unternehmen berücksichtigt, der die Industriekonzentration als Summe der quadrierten Marktanteile aller Unternehmen in einer Industrie berechnet (Greame et al. 2002, S. 16).

152 Deans et al. 2002, S. 17f.

- **Öffnungsphase**: Es gibt eine Vielzahl von Anbietern – der Markt ist nicht oder kaum konzentriert. Die Marktakteure haben kleine Marktanteile, es herrscht ein intensiver Wettbewerb über den Preis.
- **Kumulationsphase**: Die Größe eines Unternehmens wird entscheidend. Erste Marktriesen entstehen, indem sich die wichtigsten Spieler herausbilden. Das Maximum der Konsolidierungsgeschwindigkeit ist erreicht. Das starke Wachstum ermöglicht es den Unternehmen, Skaleneffekte zu nutzen.
- **Fokusphase**: Die zukünftigen Weltmarktführer haben sich herausgebildet und decken die wichtigsten Marktbereiche ab. Die Geschwindigkeit der Konsolidierung nimmt ab; wobei die Tendenz zu Mega-Fusionen zunimmt.
- **Balancephase**: Die Industrie wird von einigen wenigen Spielern dominiert – Wettbewerber sind weitestgehend aus dem Markt gedrängt. Die Konsolidierungsrate der Top 3 ist auf 90% gestiegen. Allianzen treten an die Stelle von Fusionen.

In den vier Phasen der Endgames-Kurve wirken unterschiedliche strukturelle Einflüsse auf die Unternehmen der Branche, welche die Marktbedingungen und die zweckmäßigen Verhaltensweisen der konkurrierenden Unternehmen beeinflussen. Die Analyse des Konsolidierungsgrads gibt demnach Aufschluss über die Anforderungen des Marktes, sowie mögliche strategische Verhaltensweisen konkurrierender Unternehmen.

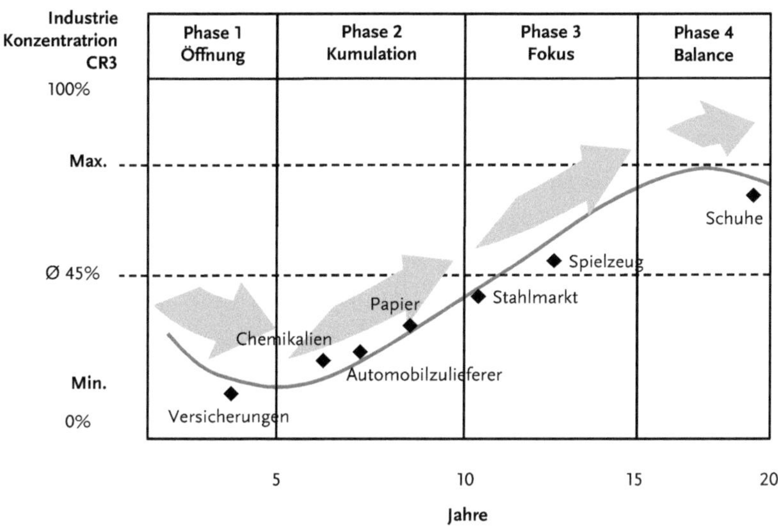

Abb. 19: Endgames-Kurve (Quelle: vgl. Deans et al. 2002, S. 16)

Das vorliegende Modell wird genutzt, um den Markt für Vitrinen einzuordnen: Die Berechnung des Marktanteils der drei größten Vitrinenbauer im Verhältnis zum Marktvolumen ermöglicht eine Aussage darüber, wie fragmentiert dieser Markt ist. Dies wiederum erlaubt es, Rückschlüsse auf die Wettbewerbsintensität des Marktes und hinsichtlich der Art des Wettbewerbs zu ziehen.

Ausgehend von der bestehenden Situation ist im Anschluss zu klären, wie sich der Wettbewerb innerhalb der Branche im Fall einer Einführung des GZs verändern (könnte). Als Annahme dieser Arbeit wird unterstellt, dass die Einführung eines GZs im Wesentlichen zwei Effekte zur Folge hätte:

Der Erste Effekt gründet sich auf die Annahme, dass ein GZ für den einzelnen Vitrinenbauer zwangsläufig eine Steigerung der Fixkosten aufgrund der von der Ausbringungsmenge unabhängigen Kosten der Zertifizierung zur Folge hätte. Vitrinenbauer mit einer hohen Ausbringungsmenge wären im Vorteil, da sich die Fixkosten auf eine höhere Anzahl gebauter Vitrinen verteilen ließen, der Fixkostenanteil pro Vitrine wäre somit geringer als bei einem Vitrinenbauer mit geringer Ausbringungsmenge (vgl. hierzu die im folgenden Abschnitt skizzierten Grundlagen zu Skaleneffekten).

Der zweite Effekt basiert auf der Annahme, dass die Einführung eines GZ die Art des Wettbewerbs beeinflussen könnte. Bereits angedeutet wurde, dass Vitrinen als Erfahrungs- oder Vertrauensgüter angesehen werden können (vgl. hierzu die folgenden theoretischen Grundlagen zur ökonomischen Gütertheorie), die Beurteilung der Produktqualität also erst ex post möglich ist. Ein GZ könnte zur Auflösung dieser Problematik beitragen, da es hochwertige Vitrinen entsprechend kennzeichnen würde. Die Vitrinenbauer könnten somit die Strategieoption „Differenzierung“ (z.B. über Qualität) wählen (vgl. hierzu die Ausführungen zur Differenzierung).

1.3.3. Skaleneffekte: “Economies of Scale”

Die Grundlagen zum angedeuteten ersten Effekt (verbesserte Kostenposition für große Vitrinenbauer) basieren auf dem Modell der Skaleneffekte. Unter Skaleneffekten versteht man Vorteile, die durch Größenunterschiede der Unternehmen hervorgerufen werden. Dabei sinken die Stückkosten mit zunehmender Produktions- und Absatzmenge. Wenn ein Unternehmen größer wird – also Produktions- und Absatzmenge ausweitet – dann ermöglicht es ihm seine gegebenen Kapazitäten besser auszulasten. Dies hat zur Folge, dass sich die Fixkosten, (z.B. für Zertifizierung, Anlagen, Maschinen) auf eine größere Stückzahl verteilen lassen, wodurch es zu einem Fixkostendegrationseffekt kommt – es sinken die Kosten pro Stück. Bei zunehmender Größe ist es darüber hinaus attraktiver, spezialisierte und damit i.d.R. besonders effektive Maschinen und Anlagen einzusetzen, wodurch wiederum die Stückkosten reduziert werden.[153]

Wie groß diese Skaleneffekte für ein Unternehmen oder eine Branche sind, hängt u.a. vom Standardisierungsgrad bzw. -möglichkeiten der Produkte ab. Bei Produkte mit einem hohen manuellen Fertigungsanteil ist der Skaleneffekt geringer als bei Produkten, die zu großen Teilen maschinell gefertigt werden.

---

[153] Vgl. Scherer 1980, S. 81 ff.

Im Rahmen der Arbeit wird das Modell der Skaleneffekte herangezogen, indem untersucht wird, ob die Einführung eines GZ Skaleneffekte begünstigen und damit den Wettbewerb unter den Vitrinenbauern beeinflussen kann.

1.3.4. Ökonomische Gütertheorie

Wie kurz angedeutet handelt es sich bei Vitrinen um spezielle Produkte im Sinne der ökonomischen Gütertheorie: Während die Qualität von handwerklich geprägten Produkten häufig vor dem Kauf beurteilt werden kann, ist dies bei Vitrinen nicht der Fall: Erst durch die Nutzung der Vitrinen kann ex post beurteilt werden, ob die Vitrinen dem eigentlichen Zweck – Schutz von Kunst- und Kulturgut – dienen. Derartige Produkte werden gemäß der ökonomischen Gütertheorie als Erfahrungs- oder sogar Vertrauensgüter bezeichnet.

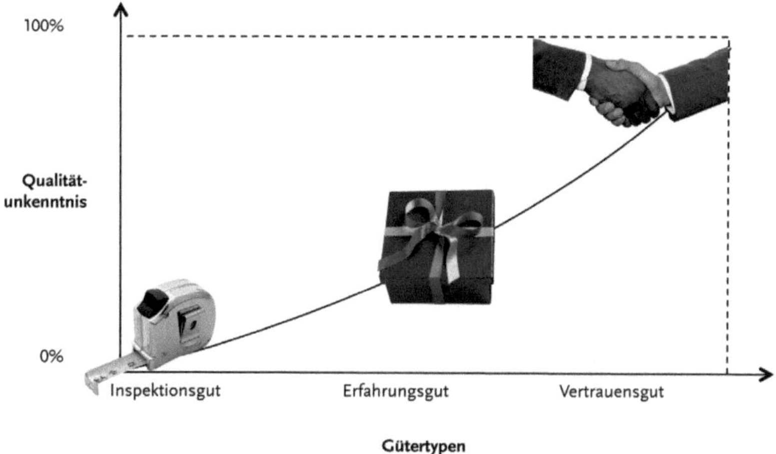

Abb. 20: Qualitätsunkenntnis und Gütertypen (Quelle: vgl. Fritsch et al. 1996, S. 213)

Im Folgenden wird ein kurzer Überblick zur ökonomischen Gütertheorie gegeben. Grundsätzlich lässt sich die Art von Gütern in folgende drei Kategorien unterteilen[154], nämlich in:

- **Inspektionsgüter**, deren Qualität man einfach durch Ansehen, Messen oder Wiegen beurteilen kann. Märkte funktionieren hier meist problemlos, soweit Wettbewerb herrscht. Anbieter mit qualitativ guten Produkten überleben bzw. expandieren und weniger leistungsfähige Anbieter scheiden aus dem Markt aus.
- **Erfahrungsgüter**, bei denen man die Qualität erst nach dem Kauf beurteilen kann (wie beispielsweise Software oder Urlaubsreisen). Die Zahlungsbereitschaft der Rezipienten sinkt mit zunehmender Qualitätsunsicherheit. Anbieter von Erfahrungsgütern sind daher gezwungen, Qualitätsreputationen aufzubauen; beispielsweise durch den gezielten Einsatz von Erfahrungswerten zufriedener Kunden oder durch Garantieversprechen. Es besteht die Gefahr eines Marktversagens, wenn die Qualitätsvermutung auf einen kritisch niedrigen Wert fällt.
- **Vertrauensgüter**, deren Qualität erst nach mehreren Monaten oder Jahren bewertet werden kann (z.B. Operationen, Ausbildungen). Die Märkte für Qualitätsprodukte sind schwer organisierbar und es kann zu Marktversagen kommen. Häufig dominieren billige Anbieter den Markt, gute und leistungsfähige Anbieter werden verdrängt.

Bei Vitrinen handelt es sich im Hinblick auf die im Mittelpunkt der Analyse stehende Emissionsarmut um Vertrauensgüter. Emissionsarme Vitrinen lassen sich nicht augenscheinlich durch den Rezipienten bewerten, eine sachgemäße Beurteilung ist sehr komplex und erfordert kosten- und zeitintensive Emissionsanalysen (vgl. Abschnitt 1.2.4.). Eine Beurteilung der Schadstoffarmut ist ohne entsprechende Emissionsanalyse in Abhängigkeit von der Schadstoffkonzentration und dem Schädigungspotenzial für die ausgestellten Objekte u.U. erst nach Jahren möglich.

---

[154] Welfens 2007, S. 57f.

Im Rahmen der Arbeit ist anhand der hier ausgeführten theoretischen Grundlagen zu klären, inwieweit ein etwaiges Marktversagen bei Vitrinen durch die Einführung eines GZs reduziert werden könnte.

1.3.5. Differenzierungsstrategien

Die Strategieoptionen eines Unternehmens werden von der Position eines Unternehmens im Markt bestimmt. Wettbewerbsvorteile entstehen nach Porter[155] im Wesentlichen aus dem Wert[156], den ein Unternehmen für seine Abnehmer schaffen kann; vorausgesetzt, dieser übersteigt die Kosten[157] der Wertschöpfung. Im vorliegenden Fall beziffert der Wert demnach das, was die Museen – als Abnehmer – zu zahlen bereit sind. Grundsätzlich gibt es für die Unternehmen (Vitrinenbauer) zwei Möglichkeiten, einen höheren Wert für die Museen zu liefern: Angebote gleichwertiger Leistungen zu Preisen, die unter denen der Konkurrenten liegen, oder Angebote einzigartiger Leistungen, die den hohen Preis rechtfertigen.[158] Daraus ergeben sich zwei Grundtypen von Wettbewerbsvorteilen: Kostenführerschaft und Differenzierung.[159]

Ziel der Differenzierung ist es, eine im Vergleich zur Konkurrenz bessere Leistung zu erbringen. Wobei „besser" dabei bedeutet, dass die Leistung aufgrund ihrer speziellen Eigenschaften dem Kunden einen höheren Nutzen vermittelt als die Leistung der Wettbewerber. Als differenziert gilt ein Unternehmen dann, wenn dieser Leistungsvorsprung dazu führt, dass die Angebote des Unternehmens nach Ansicht der Kunden als etwas Besonderes bzw. im Idealfall als einzigartig erscheinen und die Kunden bereit sind, eine Preisprämie für die Leistung des Unternehmens zu zahlen. Die

---

155 Porter 2000, S. 27.

156 Der Wert eines Produktes oder einer Dienstleitung ist definiert als der Betrag, den die Kunden bereit sind für ein Produkt zu zahlen (vgl. Porter 2000, S. 15).

157 Als Kosten wird der Betrag einer Summe von Aktivitäten bezeichnet, die zur Herstellung eines Produktes oder Erbringung einer Dienstleistung aufgewendet werden muss (z.B. Kundenbesuche, Herstellung von Produkten, Weiterbildung von Mitarbeitern) (vgl. Porter 2000, S. 15).

158 Porter 2000, S. 27.

159 Aus diesen lassen sich wiederum drei generische Strategietypen für Unternehmen ableiten: Kostenführerschaft, Differenzierung und Konzentration auf Schwerpunkte; wobei sich die Konzentrationsstrategie erneut in die Varianten Kostenschwerpunkt und Differenzierungsschwerpunkt untergliedern.

Teuerungsrate gegenüber vergleichbaren Angeboten erhöht den Gewinn des Unternehmens - vorausgesetzt, die höheren Preise liegen über den Zusatzkosten seiner Einmaligkeit. Damit bietet die Differenzierungsstrategie vom Grundsatz ein hohes Erfolgspotenzial.[160]

Die Grundvoraussetzung für die Umsetzung dieser Strategie ist es, in einem Unternehmen Ansatzpunkte zur Differenzierung zu identifizieren und zu realisieren. Grundsätzlich besitzen Unternehmen ein sehr breites Spektrum an Möglichkeiten, um sich diese Leistungsvorteile zu verschaffen.[161] Nach Meffert[162] lassen sich vier strategische Grunddimensionen unterscheiden, anhand derer sich differenzierungsbasierte Wettbewerbsvorteile realisieren lassen: Qualität, Marke, Innovation und Programmbreite; Hungenberg[163] erweitert diese Grunddimensionen um Zeit und Kundenbeziehung. Es stellt sich nun die Frage, ob ein GZ für eine Differenzierungsstrategie geeignet ist. Im Fokus stehen dabei zwei strategische Grunddimensionen: Qualität und Marke. Erstere könnte aufgrund des Gütertyps überhaupt erst durch die Einführung eines GZs ermöglicht werden. Und auch die strategische Grunddimension der Marke ist naheliegend, da ein GZ ja gerade eine Markierung darstellt. Im Rahmen der Analyse ist zu klären, inwieweit diese Form der Differenzierung im Markt greifen könnte.

Im Folgenden werden daher die Grundlagen der für diese Arbeit zwei wichtigsten Grunddimensionen – Qualität und Marke – und ihre Rolle bei der Entwicklung einer Differenzierungsstrategie erläutert:

Differenzierung durch Qualität

Die Qualität eines Produktes zählt zu den meist genutzten Ansatzpunkten, um Leistungsvorteile im Wettbewerb zu generieren. Die Summe der Qualitätswahrnehmung wird dabei i.d.R. durch die konkreten Eigenschaften des Produktes bestimmt, wie bei-

160 Hungenberg 2011, S. 234.
161 Ebd.
162 Meffert 2000.
163 Hungenberg 2011, S. 234 ff.

spielsweise die Fahrstabilität, Motorstärke oder das Beschleunigungsvermögen eines Autos.

Für strategische Überlegungen sind diese Eigenschaften aber nur dann relevant, wenn sie in der Wahrnehmung des Kunden von Relevanz sind. Die subjektive Dimension der Qualität, welche nur im Empfinden eines Kunden beurteilt werden können, ist hingegen immer relevant. Darunter fallen beispielsweise das Design, die Farbigkeit oder die Materialanmutung. Nach Hungenberg[164] sind Unternehmen, die eine bessere Produktqualität als ihre Wettbewerber bieten erfolgreicher, als Unternehmen die Produkte einer niedrigeren Qualität auf den Markt bringen.

Grundsätzlich verursacht höhere Qualität zwar auch höhere Kosten; nämlich sowohl direkte Kosten, die durch Verwendung qualitativ hochwertiger Materialien oder aufwändige Qualitätskontrollen entstehen, als auch indirekte Kosten, die auf der eingeschränkten Nutzung von Größen- und Erfahrungskurveneffekten basieren. In der Regel wird dieser Mehraufwand jedoch durch den Nutzen des Qualitätsvorsprungs im Markt kompensiert.

Differenzierung durch die Bildung einer Marke

Als Marke versteht man ein unverwechselbares Vorstellungsbild eines Produkts, das in der Psyche des Kunden verankert ist. Dieses Vorstellungsbild resultiert auf einer Leistung, die in mindestens gleichbleibender oder steigender Qualität über einen gewissen Zeitraum erbracht wird. Strategisch relevant ist eine Marke dann, wenn sie für den Kunden einen Mehrwert bedeutet, der die objektiv erfassbare Leistung übersteigt. Im Gegensatz zur Qualität ist die Marke eine rein subjektiv erfassbare Quelle der Differenzierung. Dennoch oder gerade aus diesem Grund spielt die Marke eine große Rolle für den Aufbau von Nutzen.[165]

---

164 Hungenberg 2011, S. 238.

165 Vgl. Meffert 2000, S. 1244, Morwind 2005, S. 853ff. Reitzle 2005, S. 877 ff., zitiert nach Hungenberg 2011, S. 244.

Hinsichtlich des Kundennutzen lassen sich nach Hungenberg[166] zwei wesentliche Vorteile einer Marke unterscheiden: eine Reduktion der Qualitätsunsicherheit und ein bestimmtes emotionales Erleben.

Die Reduktion Qualitätsunsicherheit spielt vor allem dann eine Rolle, wenn es sich um komplexe Produkte oder Dienstleistungen handelt, bei denen die Qualität der angebotenen Leistung nicht oder nur unzureichend vor der Inanspruchnahme beurteilt werden kann (vgl. 1.3.4. Ökonomische Gütertheorie).

Das emotionale Erleben ist die zweite Form, in der sich eine Marke für den Kunden darstellen kann. Dieses zeigt sich in positiven Werten, Einstellungen und Gefühlen, die sich vor und während des Kaufs, sowie bei der Nutzung eines Produktes mit der Marke verbinden. Die Marke steigert somit das eigene Image des Kunden.

166 Hungenberg 2011, S. 244.

2 ANALYTISCHER TEIL: ERGEBNISSE DER ARBEIT

2.1 Schadstoffsituation im Museum

In der vorliegenden empirischen Studie ist die aktuelle Schadstoffsituation in deutschen Museen und der Umgang mit den dort verwendeten Materialien untersucht worden. Von Interesse war, ob das in dieser Arbeit herausgestellte Schadstoffproblem als solches wahrgenommen und in Verbindung mit Ausstellungsmaterialien bzw. Vitrinen gebracht wird und ob sich standardisierte Verfahrensabläufe zur Minimierung schädigender Emissionen durch die Auswahl von Ausstellungsmaterialien etabliert haben.

Die im folgenden Abschnitt 2.1 ausgeführten Resultate geben dabei eine Auswahl einer bereits veröffentlichten Studie wieder, welche im Rahmen der Promotion erstellt wurde.[167] Die Auswahl der Ergebnisse bezieht sich auf die folgenden Fragekomplexe:

- Welche Fremd- und Schadstoffe gibt es in den befragten Museen (2.1.1.)?

  Untersucht wurde die qualitative und quantitative Verteilung von Verbindungen im Museum allgemein sowie in Abhängigkeit von verschiedenen Expositionsmedien (offener Ausstellungsraum/Vitrine/Depot).

- Inwieweit werden Maßnahmen zur Minimierung des Eintrags von Fremd- und Schadstoffen ergriffen, die auf emittierende Ausstellungsmaterialien zurückzuführen sind (2.1.2.)?

---

[167] Die vollständige Studie wurde bereits im Jahr 2010 unter dem Titel „Emissionen im Museum – Eine empirische Studie zur aktuellen Situation und zum Umgang mit Schadstoffen in deutschen Sammlungen"[167] veröffentlicht. Neben den im vorliegenden Kapitel aufgeführten Ergebnissen wurden bei Spiegel (Spiegel 2010) auch Zusammenhänge zwischen dem Auftreten von Schadensbildern und möglichen Einflussfaktoren analysiert. Dabei wurden folgende Fragenkomplexe berücksichtigt:

- Wie stellt sich die Verteilung von typischen Schadensbildern in den befragten Einrichtungen dar (Spiegel 2010, S. 35ff.). Analysiert wurde die qualitative und quantitative Verteilung von ausgewählten Schadensbildern (Ausblühungen/ Farbveränderungen/ Festigkeitsverlust und Zerfall) allgemein und in Abhängigkeit verschiedener Expositionsmedien.
- Welche Einflussfaktoren spielen im Hinblick auf die Schadenshäufigkeit eine maßgebliche Rolle (Spiegel 2010, S. 50 ff.). Zur Analyse wurden u.a. die Lagerungs- und Umgebungsbedingungen der Objekte erhoben. Untersucht wurde die wechselseitige Beeinflussung der Häufigkeit des Auftretens von Schadensbildern in Verbindung mit einer Auswahl möglicher Einflussfaktoren.

Im Vordergrund der Befragung stand die Prüfung von Ausstellungsmaterialien vor deren Einsatz im Museum. Es wurde gefragt, welche Art von Schadstoffmessungen eingesetzt werden.

- Welche Bedeutung haben Standard- und Routineverfahren bei der Auswahl von Ausstellungsmaterialien (2.1.3.)?

2.1.1. Schadstoffe im Museum

Die Studie zeigt, dass annähernd die Hälfte der befragten Institutionen (49,3%) Schadstoffmessungen durchführt. Dabei lassen sich innerhalb der neun Museumskategorien keine signifikanten Unterschiede hinsichtlich der Häufigkeit von Schadstoffmessungen erkennen.

Um die Art und Weise der Schadstoffprüfung zu ermitteln, wurde zwischen Schadstoffmessungen in der Raum- und Vitrinenluft, der Emission von Ausstellungsmaterialien und Objekten und der Rubrik ‚Sonstige Messungen' unterschieden. Als Ergebnis lässt sich festhalten, dass bei Museen, die Schadstoffuntersuchungen vornehmen, die Raumluftmessung die mit Abstand häufigste Untersuchungsart ist (75,8%). Gefolgt wird diese von der Prüfung von Ausstellungsmaterialien (54,5%).

Mit einer geringeren aber ähnlichen Häufigkeit wurden Schadstoffmessungen in den Kategorien ‚Objekte' (36,4%) und ‚Sonstige Schadstoffmessungen' (33,3 %) angegeben. Bei letzteren wurden als weitere Kategorien Schadstoffmessungen im Staub und in Baumaterialien genannt.[168]

[168] Schadstoffmessungen wurden u.a. in lüftungstechnischen Anlagen, Solanderkästen, Vitrinen und Baumaterialien angegeben, die jedoch in die Kategorie der Luftschadstoffmessungen bzw. der Prüfung der Ausstellungsmaterialien einzuordnen sind.

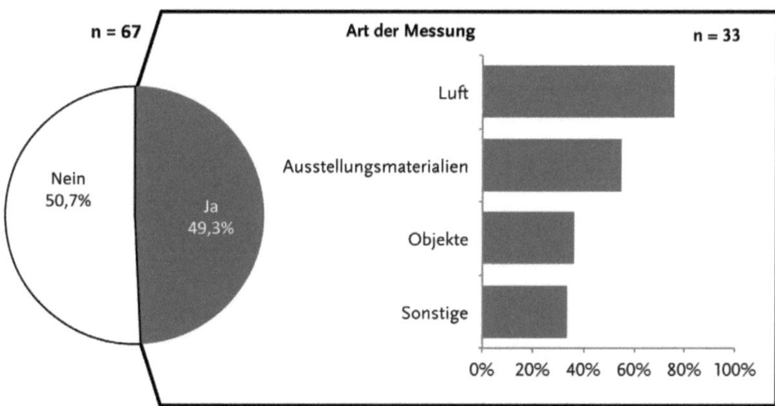

Abb. 21: Durchführung von Schadstoffmessungen und Art der Messungen

Geht man davon aus, dass Messungen bei Vorliegen eines begründeten Verdachts erfolgen, kann das Ergebnis als Ausdruck einer zufriedenstellenden Gesamtsituation gewertet werden, denn nur jedes zweite Museum wäre am Rande oder ernsthaft von der Schadstoffproblematik betroffen. Zieht man jedoch in Betracht, dass nur ein Viertel der Museen (25,3%) angeben, keine Maßnahmen zur Beseitigung von Schäden oder Kontaminationen vorgenommen zu haben, ist das Ergebnis weitaus negativer zu interpretieren: In 74,7% der Fälle wurde offensichtlich auf einen misslichen Zustand reagiert und man beseitigte die Schadensverursacher – seien es Mikroben, Baustoffaltlasten oder verdächtige Ausstellungsmaterialien – ohne weitere Ursachenforschung.

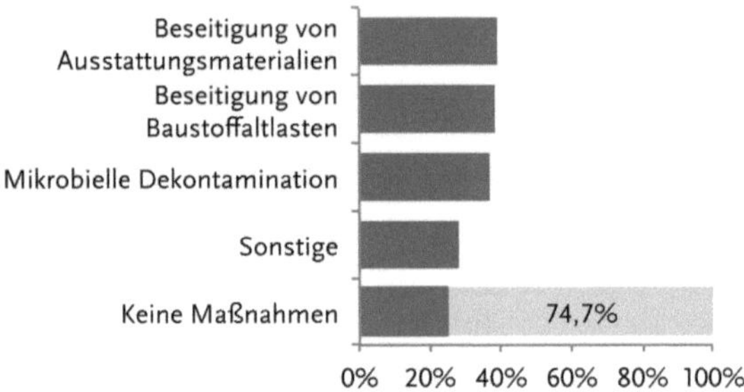

Abb. 22: Häufigkeit und Art der Maßnahmen zur Beseitigung von Schäden bzw. Kontaminationen

Die Durchführung von Messungen in nahezu der Hälfte der befragten Einrichtungen kann für die Umsetzung präventiver Maßnahmenkonzepte positiv wie negativ interpretiert werden. Seit über 100 Jahren sind Untersuchungen zu den Auswirkungen ungeeigneter Ausstellungsmaterialien auf Kunst- und Kulturgut publiziert[169] und seit den 1970er Jahren sind zahlreiche Methoden zur Prüfung von Ausstellungsmaterialien entwickelt.[170] Das Problem ist demnach bekannt und Möglichkeiten zur Abhilfe sind vorhanden. Dennoch können Museen ihrer Kernaufgabe, der vorausschauenden Bewahrung des Kultur- und Naturerbes der Menschheit,[171] aus den verschiedensten Gründen offensichtlich selbst nur an 49,3% der großen Häuser nachkommen.

Museen, die Luftschadstoffmessungen durchgeführt haben, wurden gebeten, aus einer Liste[172] von elf Schadstoffen bzw. Schadstoffgruppen die zutreffenden Variablen

---

169 Byne (Byne 1899) beschreibt bereits Ende des 19. Jahrhunderts die Zersetzung von Muscheln durch Emissionen aus hölzernen Ausstellungsmaterialien. Demnach wird die Reaktion, bei der organische Säuren calciumhaltige Objekte zersetzen auch "Bynes Krankheit" genannt.

170 Vgl. Oddy 1973, S. 27-28; Ryhl-Svendsen 2000; Hatchfield 2002, S. 44-45.

171 Vgl. Deutscher Museumsbund et al. 2006, S. 6

172 Die Auswahl der Verbindungen für die Multiple-Choice Liste erfolgte nach zwei Kriterien. Zum einen wurden Verbindungen gewählt, für die Grenz- bzw. Richtwerte nach Tétreault

anzukreuzen. Darüber hinaus bestand über eine Eingabemaske die Möglichkeit, bis zu drei weitere Schadstoffe anzugeben, die in der Häufigkeitsverteilung unter ‚Sonstige' zusammengefasst wurden. Die 12 verschiedenen Schadstoffe bzw. Schadstoffgruppen lassen sich nach der Häufigkeit ihrer Nennung in drei Gruppen einteilen (vgl. Abb. 23; Tab. 13):

- Sehr häufig > 45 %
- Häufig >15 %
- Selten <15%

Gemäß dieser Einteilung wurden sehr häufig Formaldehyd (57,7%), Biozide (57,7%) und Essigsäure (46,2%) gefunden. Häufig beobachtet wurden Ameisensäure (26,9%) sowie die Gruppe der ‚Sonstigen Verbindungen' (23,1%) und der TVOCs (19,2%). Selten wurden Salpetersäure und Phthalate (11,5%), sowie Siloxane (7,7%), Acetaldehyd und Schwefeldioxid (7,7%) genannt. Ohne Nennung blieb die Salpetrige Säure.

Zur weiteren Spezifizierung wird die Verteilung der untersuchten Schadstoffe in Abhängigkeit der Expositionsmedien beschrieben. Betrachtet man die im vorangegangenen Abschnitt beschriebenen Schadstoffe bzw. Schadstoffgruppen nach ihrer Häufigkeit im offener Ausstellungsraum (1), Vitrine (2) und Depot (3), zeigt sich folgendes Bild:

(1) Offener Ausstellungsraum

Im offenen Ausstellungsraum wurden häufig Biozide, Formaldehyd, Essigsäure und ‚Sonstige' Verbindungen (11,5 %) gefunden, seltener die Gruppe der Phthalate, sowie die TVOCs (7,7%), Ameisensäure und Salpetersäure (3,8 %). Ohne Nennung blieben die Siloxane, Schwefeldioxid und Acetaldehyd.

(Tétreault 2003, S. 33) und Grzywacz (Grzywacz 2006, S. 2,109-110) für die Luftqualität im musealen Umfeld existieren und die eine hohe Relevanz bei Schadensprozessen in Museen haben. Zum anderen wurden auch Verbindungen aufgeführt, die in jüngeren Untersuchungen zu Schadensprozessen im Museum Erwähnung finden und deren diesbezügliche Relevanz noch nicht vollständig geklärt ist.

(2) Vitrine

In Vitrinen wurden vor allem Essigsäure (23,1%) und Formaldehyd (19,2%) nachgewiesen, seltener Ameisensäure sowie die Gruppe der Biozide (11,5%), Salpetersäure, Siloxane, TVOCs, ‚Sonstige Verbindungen' (7,7%) und Acetaldehyd und Phthalate (3,9%). Nicht aufgeführt wurde Schwefeldioxid.

(3) Depot

Im Depot wurden häufig Biozide (34,6%) und Formaldehyd (26,9%) genannt, selten Essigsäure und Ameisensäure (11,5%), TVOCs, Schwefeldioxid und ‚Sonstige Verbindungen' (3,9%). Ohne Nennung blieben Salpetersäure, Acetaldehyd und die Gruppen der Siloxane und Phthalate.

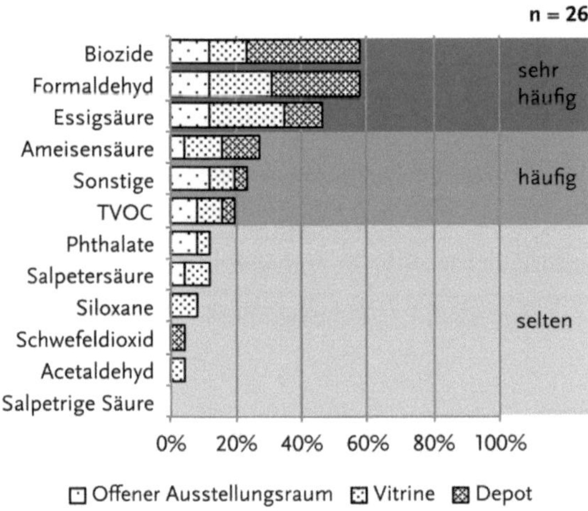

Abb. 23: Verteilung von Schadstoffverbindungen unter Angabe der verschiedenen Expositionsmedien

Tab. 13: Rangliste untersuchter Schadstoffverbindungen untergliedert nach Expositionsmedien

Rang	Verbindung	Offener Ausstellungsraum (%)	Vitrine (%)	Depot (%)	Gesamt (%)
1	Biozide	11,5	11,5	34,6	57,6
	Formaldehyd	11,5	19,2	26,9	57,6
2	Essigsäure	11,5	23,1	11,5	46,1
3	Ameisensäure	3,8	11,5	11,5	26,8
4	Sonstige	11,5	7,7	3,9	23,1
5	TVOC	7,7	7,7	3,9	19,3
6	Salpetersäure	3,8	7,7	0	11,5
7	Phthalate	7,7	3,9	0	11,6
8	Siloxane	0	7,7	0	7,7
9	Acetaldehyd	0	3,9	0	3,9
10	Schwefeldioxid	0	0	3,9	3,9

Auffällig ist, dass im Depot vor allem Biozide und Formaldehyd nachgewiesen wurden, weniger jedoch in Vitrinen oder im offenen Ausstellungsraum. Ein Grund für die Belastung könnte der Umstand sein, dass Biozide seit den 1950er Jahren vor allem in Depots im großen Umfang zum Schutz von Kunst- und Kulturgut eingesetzt wurden. Die Anwendung reichte von der Schädlingsbekämpfung, über den präventiven Schutz einzelner Objekte, bis hin zur präventiven Behandlung ganzer Sammlungen und Magazine.[173] Da es sich bei Holzschutzmitteln in der Regel um schwerflüchtige Verbindungen mit hoher Dauerwirksamkeit handelt, lassen sie sich auch nach Jahrzehnten in den Objekten sowie der Umgebungsluft und im Staub nachweisen.[174]

Die häufige Angabe von Formaldehyd könnte unter Umständen durch die Verwendung von Holz und Holzwerkstoffen wie z.B. bei Spanplatten erklärt werden, die als Baumaterialien Verwendung finden. Spanplatten können aufgrund des Bindemittels auf Formaldehydbasis zu erheblichen Raumluftbelastungen führen. Auch Naturholz emittiert einfache Aldehyde wie Form- oder Acetaldehyd als Oxidationsprodukte der

---

173 Krooß 1993; Krooß et al. 1996, S. 176-179.
174 Grosche 2007, S. 113.

enthaltenen Terpene.[175] In Räumen, die mit Holz und Holzwerkstoffen ausgestattet oder mit Objekten bestückt sind, gilt Formaldehyd als ubiquitäre Verbindung.

Weiterhin bemerkenswert ist, dass Salpetersäure und die Verbindungsklasse der Siloxane zwar in der Vitrine und im offenen Ausstellungsraum, nicht aber im Depot gefunden wurden.

Die Ergebnisse der in diesem Abschnitt aufbereiteten Untersuchung lassen sich wie folgt zusammenfassen:

- Annähernd die Hälfte aller befragten Institutionen (49,3%) führen Schadstoffmessungen durch.
- Die Art und Weise der durchgeführten Schadstoffprüfungen unterscheiden sich je nach Einrichtung; dabei konnten folgende Verteilungen festgestellt werden:
  - Raumluftmessungen sind die mit Abstand am häufigsten durchgeführte Schadstoffuntersuchungen (75,8%).
  - Die Luftschadstoffe lassen sich nach der Häufigkeit ihrer Nennung in drei Kategorien unterteilen: Schadstoffe die sehr häufig (> 45%), häufig (> 15%) und selten (< 15%) gefunden wurden.
    - Sehr häufig sind Formaldehyd, Biozide, Essigsäure,
    - häufig Ameisensäure, ‚Sonstige Schadstoffe', TVOCs,
    - selten Salpetersäure, Phthalate, Siloxane, Acetaldehyd, Schwefeldioxid.
- Für die betrachteten Luftschadstoffe zeigt sich eine unterschiedliche Verteilung innerhalb der drei untersuchten Expositionsmedien:
  - Im offenen Ausstellungsraum wurden vor allem Biozide, Formaldehyd, Essigsäure und ‚Sonstige Verbindungen' (11,5%) gefunden,

---

175 Raffael 2006.

- in Vitrinen überwiegend Essigsäure (23,1%) und Formaldehyd (19,2%), und
- im Depot Biozide (34,6%) und Formaldehyd (26,9%).

Es soll an dieser Stelle jedoch nicht unerwähnt bleiben, dass Schad- und Fremdstoffe nur erkannt werden können, wenn die entsprechenden Substanzen bereits bekannt sind und Referenzen für die chemische Analyse zur Verfügung stehen; wie beispielsweise für die in der vorliegenden Arbeit im Blickpunkt stehenden Hauptschädiger. Im Umkehrschluss bedeutet dieses, dass unbekannte und neue Substanzen i.d.R. unentdeckt bleiben, bis sie ins Bewusstsein der Analytiker vorgedrungen sind bzw. als Referenz vorliegen.

2.1.2. Maßnahmen zur Minimierung von Schadstoffen

Mit Hilfe von Häufigkeitsverteilungen wurde analysiert, inwieweit Ausstellungsmaterialien vor ihrem Gebrauch im Museum auf ihre Museumstauglichkeit hin untersucht werden (vgl. Abb. 24). Von Interesse war insbesondere, ob und mit welchen Methoden geprüft wird. Das Resultat der Befragung ergab einen Anteil von 50,7% von Einrichtungen, die entsprechende Tests durchführen, bzw. durchführen lassen. Dabei konnten keine signifikanten Unterschiede innerhalb der verschiedenen Museumskategorien[176] festgestellt werden.

Auffallend sind die Unterschiede hinsichtlich der verwendeten Methoden. So wird die Recherche des technischen Merkblattes bzw. der Sicherheitsdatenblätter mit 67,6% als häufigste Methode zur Prüfung von Materialien angegeben (vgl. Abb. 24). Ein Blick in die Auswertung zeigt, dass einzelne Museen ausschließlich über Sicherheitsdatenblätter eine Prüfung auf Inhaltsstoffe wie Formaldehyd und Weichmacher vornehmen. Diese Form der Beurteilung kann eventuell den hohen Anteil an tatsächlich ergriffenen Maßnahmen erklären (Vgl. Abb. 22), da die Hersteller von Produkten in Sicher-

[176] Nähere Erläuterungen zur Einteilung der Museumskategorien siehe Abschnitt 1.1.3.

heitsdatenblättern nur Inhaltsstoffe zwischen 1 und 0,1 Gewichtsprozent angeben[177], Produktgeheimnisse nicht preisgeben müssen und so höchst bedenkliche Konzentrationsbereiche von schädigenden Emittenten erreicht werden können.[178]

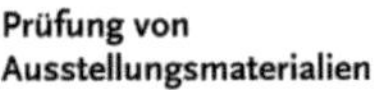

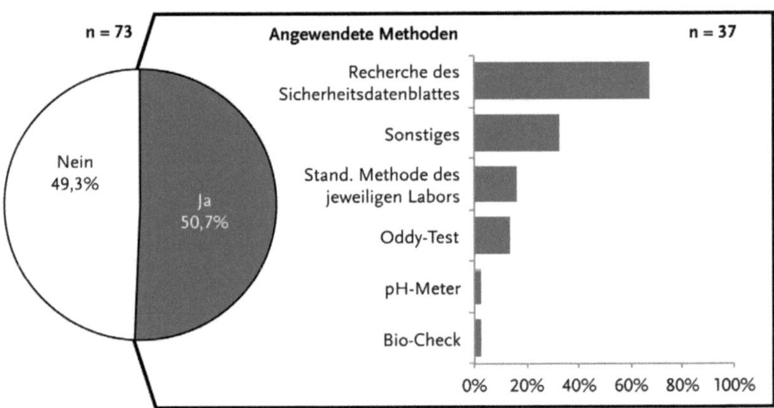

Abb. 24: Häufigkeit der verwendeten Methoden bei der Prüfung von Ausstellungsmaterialien

Materialprüfungen mit Hilfe standardisierter Methoden, die in einem akkreditierten Labor erfolgen, werden nur von 16,2% der prüfenden Museen genannt. Anzumerken ist, dass sich ein Unterschied innerhalb der Museumskategorien in Bezug auf die Methodenwahl zeigt. Nur in den Kategorien ‚Historische und Archäologische Museen' und ‚Museumskomplexe' werden überhaupt standardisierte Prüfmethoden eingesetzt, dort jedoch in 60% der betrachteten Einrichtungen.

177 Vgl. BAuA 2007, S. 17.

178 Sicherheitsdatenblätter ersetzen keine Schadstoffuntersuchung; sie geben Aufschluss über die Identität des Produktes, auftretende Gefährdungen, sichere Handhabung, Maßnahmen zur Prävention und Gegenmaßnahmen im Gefahrenfall (BAuA 2007).

Die Untersuchung von Ausstellungsmaterialien mit dem Oddy-Test, der in musealen Einrichtungen als die bekannteste Methode zur Prüfung des Korrosionspotenzials gilt,[179] wird lediglich bei 13,2% der Museen durchgeführt. Die Verwendung von pH-Metern oder genormten Fertigprodukten (beispielsweise dem „Bio-Check" der Firma Dräger[180]) wurde nur vereinzelt genannt. Darüber hinaus wurden in der Rubrik „Sonstige Methoden", die mit 32,4% erstaunlich stark vertreten ist, auch Brand- und Funktionstests oder allgemeine Angaben wie Feldversuche und die Prüfung mittels Augenschein angegeben. 16,2% der Museen, die Ausstellungsmaterialien prüfen, geben keine genauere Spezifikation der Methoden an.

In der Befragung wurde u.a. erbeten, die Stoffklassen und Verbindungen anzugeben, nach denen bei der Prüfung gesucht wird (vgl Abb. 25). Hierbei lassen sich grundsätzlich deutliche Unterschiede im Hinblick auf Anzahl und Art der untersuchten Fremdstoffe ausmachen. So ist die Gruppe der Weichmacher (77,8%) die am häufigsten nachgefragte Verbindungsklasse. Häufig gesucht werden auch die seit langem als Schadstoffe klassifizierten Verbindungen Formaldehyd und Essigsäure sowie Biozide im Allgemeinen. Weniger häufig werden die mit Formaldehyd und Essigsäure verwandte Ameisensäure und Acetaldehyd, die Gruppe der flüchtigen organischen Verbindungen (VOC) oder Flammschutzmittel genannt. Schwefelverbindungen werden in 5,6% der Museen untersucht. In der Rubrik „Sonstige Verbindungen" wurde u.a. angegeben, dass Ausstellungsmaterialien auf Asbest und Schädlinge und physikalische Materialeigenschaften getestet werden. Des Weiteren ist anzumerken, dass über die Hälfte der Museen (51,4%) keine näheren Angaben zu den untersuchten Verbindungen machen.

179 Vgl. Schieweck/Salthammer 2006, S. 76 f.

180 Der Dräger-Bio-Check F (Drägerwerk AG & Co. KGaA) ist ein Plakettenmesssystem auf Enzymbasis, dass ohne sonstiges Zubehör zur orientierenden Messung von Formaldehyd verwendet werden kann.

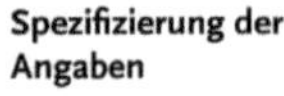

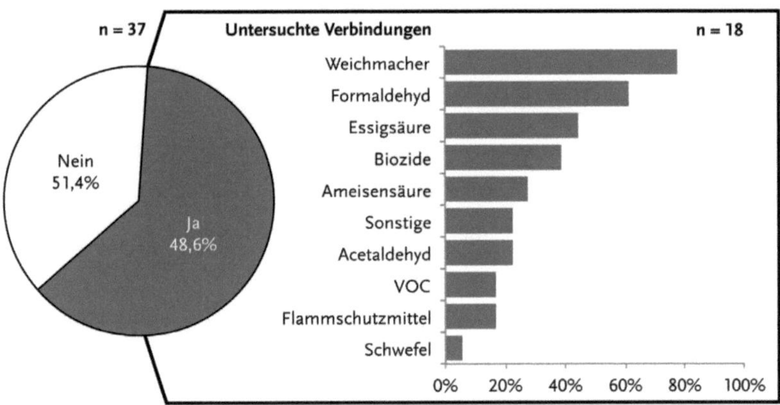

Abb. 25: *Einrichtungen, die ihre Ausstellungsmaterialien gezielt nach bestimmten chemischen Verbindungen untersuchen oder untersuchen lassen*

2.1.3. Bedeutung von Standard- und Routineverfahren

Im folgenden Abschnitt werden standardisierte Verfahren, die bei der Verwendung und der Auswahl von Ausstellungsmaterialien zugrunde gelegt werden, eingehender betrachtet. Hierzu wurden die Einrichtungen befragt, ob und inwieweit sie Standard- bzw. Routineuntersuchungen zur Erfassung von Ausstellungsmaterialien einsetzen. Das Ergebnis der Umfrage zeigt, dass lediglich 11% Qualitätskontrollen durchführen lassen (vgl. Abb. 26).

Die Angaben zum Einsatz von Standardverfahren lassen sich zudem nur schwer vergleichen: Auf der einen Seite werden akkreditierte Labors[181] zur Schadstoffprüfung herangezogen, auf der anderen Seite wird die Auswertung von Produktdatenblättern

[181] Angegeben wurde die Prüfung von Materialien in Laboratorien, die den allgemeinen Anforderungen an die Kompetenz von Prüf- und Kalibrierlaboratorien der DIN EN ISO/IEC 17025 entsprechen (DIN EN 17025). Die Norm dient als Grundlage für die Begutachtung von Laboren durch nationale Akkreditierungsstellen. Beachtung finden sowohl die Durchführung kompetenter Analysen als auch die Kalibrierung der Geräte und die Validierung von Messverfahren sowie die Interpretation von Ergebnissen.

bzw. Sicherheitsdatenblättern durch den betreuenden technischen Dienst oder Restauratoren als Standard definiert. Darüber hinaus finden sich Angaben wie die Durchführung von Hygieneinspektionen nach VDI RL 6022, welche zur Anwendung in raumlufttechnischen Anlagen und für Geräte entwickelt wurden und in keinem Zusammenhang mit Standardverfahren bei der Erfassung von Schadstoffen in Ausstellungsmaterialien stehen.

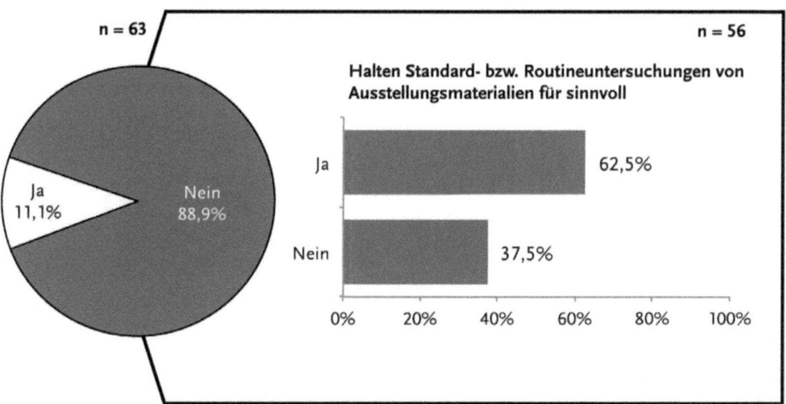

Abb. 26: Durchführung und Akzeptanz von Standard- bzw. Routineuntersuchungen zur Prüfung von Ausstellungsmaterialien

Die Ergebnisse der Befragung deuten darauf hin, dass Schadstoffvermeidung im Museum bislang nicht ausreichend thematisiert ist. Dies ist nicht zuletzt dem mit 37,5% beträchtlichen Anteil an Museen zu entnehmen, die keine Qualitätskontrolle von Ausstellungsmaterialien vorsehen und diese auch nicht für notwendig erachten (vgl. Abb. 26). Im Ausschreibungsfall fordert auch nur knapp die Hälfte der befragten Museen (49,2%) schadstoffarme Materialien ein. Betrachtet man die Angaben im Detail, wird zudem deutlich, dass der Großteil der Anforderungen nicht zur gewünschten Schadstoffreduzierung führen kann. Forderungen, wie die Verwendung inerter Materialien, die erfolgreiche Beprobung im Oddy-Test oder die Einhaltung der AGÖF-Richtwerte für Innenraumluft sind Ausnahmen.

Andererseits sind die nachfolgend aufgelisteten Anforderungen bei Verwendung marktüblicher Produkte aus dem internationalen Handel kaum erfüllbar, es sei denn, man würde ausschließlich 100% inerte Materialien wie Glas, Glaskeramik, vergütetes Blech, etc. zulassen wollen. Einige Auszüge aus Ausschreibungstexten verdeutlichen die Dringlichkeit der Aufklärungsarbeit und die Notwendigkeit der Entwicklung einheitlicher Richtlinien oder standardisierter Verfahrens- und Testabläufe:

> *„Es dürfen keine Weichmacher und keine Schadstoffe abgespalten werden."*
>
> *"Stoffe, die in den vom Auftragnehmer nach dem Vertrag zu liefernden Gegenstände enthalten sind, müssen umweltverträglich und dürfen nicht gesundheitsschädlich sein. Sie dürfen keine schadstoffhaltigen Substanzen enthalten, die zu einer Belastung der Innenraumluft führen."*
>
> *„Materialneutralität."*
>
> *„Allgemeine Anforderungen an Materialien nach Museumsstandards."*

Der letzte Satz entspricht praktischem Wunschdenken, da es – obwohl es notwendig wäre – leider (noch) keinen Museumsstandard gibt.

2.1.4. Schlussfolgerungen aus Kapitel 2.1

Die hohe Rücklaufquote der empirischen Studie „Emissionen im Museum" weist auf eine spürbare Sensibilisierung für den Umgang mit Schadstoffen und die Notwendigkeit der Thematisierung der Schadstoffproblematik hin. Dieses unterstreicht auch die Tatsache, dass die Mehrheit der befragten Einrichtungen (74,7%) bereits selbst von der Problematik betroffen war und Maßnahmen zur Beseitigung von Schäden bzw. Kontaminationen durchgeführt hat. Die Beseitigung der Schadensquellen erfolgt jedoch vielfach ohne hinreichende Ursachenforschung und ohne vorhergehende oder begleitende Schadstoffmessungen. Sie spiegelt den kurzfristigen und wenig nachhaltigen Charakter im Umgang mit der geschilderten Problematik wider.

Annähernd die Hälfte (49,3%) der befragten Institutionen führen Schadstoffmessungen durch; dabei sind Raumluftmessungen die mit Abstand am Häufigsten durchgeführte Untersuchungsart. Bei den messenden Museen wurden sehr häufig (> 45%) Formaldehyd, Biozide und Essigsäure gefunden, aber auch (> 15%) Ameisensäure, TVOCs und ‚Sonstige Verbindungen'. Selten (< 15%) wurden hingegen Salpetersäure, Phthalate, Siloxane, Acetaldehyd und Schwefeldioxid nachgewiesen. Innerhalb der drei betrachteten Expositionsmedien offener Ausstellungsraum, Vitrine und Depot besteht für die verschiedenen Luftschadstoffe eine signifikant unterschiedliche Verteilung. Auffällig ist, dass im Depot im Vergleich zur Vitrine oder dem offenen Ausstellungsraum sehr häufig Biozide gefunden wurden. Dies ist vermutlich auf die seit den 1950er Jahren vermehrt eingesetzten Chemikalien (wie PCP, Lindan und DDT) zur Schädlingsbekämpfung zurückzuführen, die vor allem in Depots und Magazinen zum Schutz von Kunst- und Kulturgut Verwendung fanden. Darüber hinaus konnte gezeigt werden, welche Maßnahmen zur Minimierung des Eintrags von Fremd- und Schadstoffen bei den befragten Institutionen ergriffen werden.

Die Studie veranschaulicht, dass im Bereich der Schadstoffvermeidung Aufklärungsbedarf besteht. Dies zeigt sich u.a. an der Wahl ungeeigneter Untersuchungsmethoden und am Fehlen geeigneter und praktikabler Standard- und Routineverfahren. Deutlich wird, dass sich bislang keine einheitliche Vorgehensweise bei der Untersuchung von Ausstellungsmaterialien durchgesetzt hat und bisherige Maßnahmen (Materialprüfung, Routineuntersuchungen, Ausschreibungstexte etc.) an den befragten Museen nur einen sehr geringen Beitrag zur Reduzierung des Schadstoffeintrags leisten:

- Materialprüfungen werden nur von der Hälfte der befragten Museen (50,7%) durchgeführt.
- Die Ergebnisse der verwendeten Untersuchungsmethoden sind häufig nicht vergleichbar (Prüfbedingungen, Methoden (qualitativ vs. quantitativ)).
- Es werden unterschiedlichste Verbindungen und Substanzklassen gesucht.

Das Ausmaß der letztendlich durch die Verwendung von ungeeigneten Materialien induzierten Schäden ist trotz des gestiegenen Bewusstseins und der Sensibilisierung der Verantwortlichen in den Museen nach wie vor sehr hoch. Unzureichend oder nicht geprüfte Materialien finden Verwendung und erweisen sich teilweise als Emissionsquellen ungeahnten Ausmaßes. Zahlreiche Einzelbeispiele der vergangenen Jahre zeigen, dass der sorglose Umgang immer wieder zu irreversiblen Schäden führt, die sich durch den Einsatz unbedenklicher Materialien vermeiden ließen. Zuweilen wird i.d.R. allein auf Missstände reagiert und repariert, aber keine Vorsorge im Sinne nachhaltiger bzw. präventiver Strategien betrieben.

Schlussfolgernd lässt sich auf Basis der Ergebnisse feststellen, dass Handlungsbedarf zum verbesserten Umgang mit der Schadstoffproblematik besteht und die Entwicklung von Instrumenten zur Schadstoffreduktion notwendig ist.

2.2 Umsetzbarkeit eines Gütezeichens aus konservierungswissenschaftlicher Sicht

In Kapitel 1.2 wurden die Grundlagen der Einrichtung und Erteilung von Gütezeichen dargelegt. Demzufolge setzt die Einführung von GZ im Umgang mit Kunst- und Kulturgut Grenzwerte sowie Prüfverfahren voraus, die zunächst noch definiert bzw. normiert werden müssen.

Ein weiteres Ziel der Arbeit ist die Klärung, ob sich die bereits bestehenden Erkenntnisse zum Thema Schadstoffbegrenzung im Humanbereich nicht auch für das Forschungsfeld „Kunst- und Kulturgut" nutzen lassen. Darüber hinaus sind bereits durchgeführte Analysen und abgeleitete Grenzwerte zur Beurteilung museumstauglicher Werkstoffe zusammengetragen worden, um diese ebenfalls hinsichtlich ihrer Nutzbarkeit und Übertragbarkeit in einem allgemeineren Kontext zu bewerten. Im Folgenden werden die Ergebnisse dieser Analysen wiedergegeben.

2.2.1. Gütezeichen aus dem Humanbereich

Rein konzeptionell lassen sich GZ, die für den Humanbereich entwickelt wurden, nicht ohne weitere Einschränkungen auf den Bereich Kunst- und Kulturgut übertragen, da die Zertifizierung auf Grenzwerten basiert, die bei ihrer Festlegung auf das dort herrschende Schädigungspotenzial ausgerichtet wurden. Stoffe, die im Humanbereich als bedenklich eingestuft werden, müssen nicht zwingend schädlich für museale Objekte sein (bspw. hormonelle Botenstoffe, etc.). Gleichfalls können Stoffe für museale Objekte eine unerwünschte (toxische) Wirkung aufweisen, wenn diese für den menschlichen Körper ohne Wirkung sind (bspw. geringe Konzentrationen von Essigsäure, etc.). Die Gründe hierfür sind vielfältig, lassen sich jedoch stark vereinfacht auf die Überlegung zurückführen, dass Mensch und Objekt eine unterschiedliche Sensibilität und Regenerationsfähigkeiten besitzen (vgl. *Tab. 19*).

Dennoch können GZ aus dem Humanbereich im Hinblick auf die zu definierenden Prüfkriterien eine Hilfestellung für die Entwicklung eines GZs für museumstaugliche Materialien und Vitrinen sein. Denn im Humanbereich existiert eine Vielzahl verschiedenster GZ für unterschiedlichste Materialgruppen. Für die vorliegende Arbeit sind vor allem Materialien mit Emissionspotenzial von Interesse, die beim Bau- und bei der Ausstattung von Vitrinen Verwendung finden. Dabei handelt es sich um fünf relevante Materialgruppen: Dichtstoffe, Klebstoffe, Lacke und Farben, Holzwerkstoffe und Textilien.

Die Analyse der Vergaberichtlinien aktueller nationaler GZ belegt im Hinblick auf eine Begrenzung von stofflichen Emissionen, insbesondere von VOCs,, dass für alle genannten Materialgruppen GZ mit entsprechenden Qualitätskriterien existieren. Die folgende Tabelle fasst beispielhaft Bildzeichen für jede der fünf Materialgruppen unter Angabe der dazugehörigen Vergaberichtlinien und Bezeichnung der GZ zusammen:

Tab. 14: Ausgewählte GZ unterschiedlicher Materialgruppen mit Relevanz für den musealen Sektor

Material-gruppe	Bezeichnung der Vergabe-richtlinien	Bezeichnung	Bildzeichen
Dichtstoffe	RAL UZ 123 Emissionsarme Dichtstoffe für den Innenraum	Blauer Engel	DER BLAUE ENGEL weil emissionsarm schützt die GESUNDHEIT
Klebstoffe	Prüfkriterien Klebstoffe	Eco-INSTITUT-Label	eco INSTITUT TESTED PRODUCT ID 0707 · 4711 · 123
Lacke/Farben	Lackfarben für den Innenbereich	TÜV Mark „schadstoffgeprüft"	TÜV SÜD Schadstoff-geprüft Produktion überwacht
Holzwerkstoffe	MDF Platten nach dem Trockenverfahren	naturePlus	natureplus
Textilien	Zertifizierungsprogramm Textilien	DINGeprüft	DIN Geprüft

Um beurteilen zu können, ob und inwieweit die den oben genannten GZ zugrunde liegenden Grenzwerte und Prüfverfahren zur Entwicklung eines GZs für Museumsmaterialien genutzt werden können, sind die Vergabegrundlagen zu bewerten.

Als erstes werden die wichtigsten Prüfkriterien der fünf für den musealen Sektor relevanten Materialgruppen herausgestellt. Darüber hinaus wird untersucht, ob und inwieweit Hauptschädiger (Acetaldehyd, Ameisensäure, Essigsäure, Formaldehyd, TVOC) mit Emissionspotenzial in den Prüfkriterien berücksichtigt werden.

Zunächst lässt sich feststellen, dass die Prüfkriterien der Vergaberichtlinien auf Normen zur Emissionsmessung (DIN EN 16000-9 bis -11, sowie DIN EN 717-1)[182] basieren. Die olfaktometrische Beurteilung[183] des Prüfguts fußt auf einer Richtlinie des Verbands deutscher Automobilindustrie (VDA) zur Geruchsbestimmung von Werkstoffen (VDA 270)[184].

Die Emissionsmessungen finden unter Anwendung von Prüfkammern statt.[185] Verwendung finden die in Abschnitt 1.2.4. beschriebenen Prüfmethoden unter Anwendung folgender Normen und Richtlinien:

- DIN ISO 16000-6:2004, Innenraumluftverunreinigungen — Teil 6: Bestimmung von VOC in der Innenraumluft und in Prüfkammern, Probenahme auf Tenax TA®, thermische Desorption und Gaschromatographie mit MS/FID.
- DIN EN ISO 16000-9,2006: Innenraumluftverunreinigungen — Teil 9: Bestimmung der Emission von flüchtigen organischen Verbindungen aus Bauprodukten und Einrichtungsgegenständen — Emissionsprüfkammer-Verfahren.
- DIN EN ISO 16000-11:2006, Innenraumluftverunreinigungen — Teil 11: Bestimmung der Emission von flüchtigen organischen Verbindungen aus Bau-

182 ISO 16000-6:2004, ISO 16000-7:2007, ISO 16000-8:2005, ISO 16000-9:2006, ISO 16000-10:2006, ISO 16000-11:2006, DIN EN 717:2004.

183 Bei einer olfaktometrischen Bestimmung wird der Geruch eines Werkstoffes mit Hilfe eines geschulten Prüfkollektivs ermittelt und i.d.R. anhand von Noten bewertet.

184 VDA 270:1992.

185 Emissionsprüfzellen, wie sie in DIN EN 16000-10[185] beschrieben sind, finden jedoch keine Verwendung.

produkten und Einrichtungsgegenständen — Probenahme, Lagerung der Proben und Vorbereitung der Prüfstücke.

- DIN EN 717:2004, Holzwerkstoffe — Bestimmung der Formaldehydabgabe — Teil 1: Formaldehydabgabe nach der Prüfkammer-Methode.
- VDA 270: Bestimmung des Geruchsverhaltens von Werkstoffen der Kraftfahrzeug-Innenausstattung.

Tabelle 15 gibt einen Überblick zu den untersuchten Emittenten und den zu deren Ermittlung verwendeten Prüfmethoden. Daraus wird ersichtlich, dass eine stoffliche Begrenzung für die Summe aller ungesättigten n-Aldehyde, SVOCs und VOCs, sowie für VOCs mit unterschiedlichen Einstufungen vorliegt. Darüber hinaus werden als Einzelverbindungen Formaldehyd, Acetaldehyd und monomere Isocyanate[186] quantifiziert.

Prüfungen in der Emissionskammer finden i.d.R nach den Standardbedingungen für die Produktprüfung gemäß DIN ISO 16000-9[187] statt. Im Folgenden sind die wichtigsten Parameter aufgeführt:

Klimaparameter in der Kammer

- Temperatur (T): 23 ± 1 °C,
- relative Feuchte (rF): 50 ± 3 %,
- Luftaustauschrate (n): 0,5/h ± 5 %
- Luftgeschwindigkeit: 0,1 - 0,3 m/s

Darüber hinaus finden auch die Menge bzw. die Fläche des Materials in der Kammer und die Art der Vorbereitung des Prüfguts Beachtung, da sie einen wichtigen Einfluss

186 Monomere Isocyanate gehören einer Gruppe von organisch-chemischen Substanzen der Isocyanate, mit unterschiedlichen Grundstrukturen. Monomere Isocyanate werden meist zur chemischen Synthese verwendet, können aber auch bei der thermischen Rückspaltung entstehen. Sie können unter Arbeits- und Gesundheitsschutzaspekten von Bedeutung sein. (BMBS 2002, S.47).

187 Vgl. DIN EN ISO 16000-9:2006.

auf das Prüfergebnis haben.[188] Diese variieren jedoch in Abhängigkeit des jeweiligen Prüfguts.

Die Messung der Prüfkammerkonzentration erfolgt i.d.R. nach 72 ± 2 Stunden und nach 28 ± 2 Tagen. Zusätzliche Luftprobenahmen können in Abhängigkeit von der Zielsetzung der Prüfung, erfolgen.

Innerhalb der fünf identifizierten Materialgruppen konnten unterschiedliche Stoffe identifiziert werden, die einer Begrenzung unterliegen. Für die vorliegende Arbeit sind vor allem jene von Interesse, die als Hauptschädiger von Kunst- und Kulturgut gelten (Summe der VOCs, Essigsäure, Ameisensäure Formaldehyd, Acetaldehyd).

Für alle untersuchten Materialgruppen[189] konnten GZ mit Emissionsgrenzen für Formaldehyd und TVOC und mit Ausnahme von Klebstoffen, auch für Acetaldehyd identifiziert werden. Ameisensäure und Essigsäure werden in den Prüfkriterien der GZ für den Humanbereich nicht berücksichtigt.

Zu klären ist nun, inwieweit sich die erläuterten Prüfkriterien auf den Bereich Kunst- und Kulturgut übertragen lassen. Hierzu werden die relevanten Klimaparameter (T, RH, Luftaustauschrate, Luftgeschwindigkeit), welche als typisch für den musealen Bereich (Vitrine, Ausstellungsraum) angesehen werden, mit den Standardprüfkriterien der Vergaberichtlinien verglichen.

188 Vgl. DIN EN ISO 16000-9.

189 Die niedrigsten Emissionsgrenzwerte konnten für folgend GZ identifiziert werden: Emissionsarme Dichtstoffe für den Innenraum (RAL 2009)), Prüfkriterien Dichtstoffe (Eco 2007a), Prüfkriterien Klebstoffe (Eco 2007b), Natureplus Lacke und Lasuren für Holz (Natureplus 2010a), Lackfarben für den Innenbereich (TÜV SÜD 2004), MDF Platten nach dem Trockenverfahren (Natureplus 2010b), Sperrholzplatten (Natureplus 2009), Zertifizierungsprogramm Textilien (DINGEprüft 2002).

Tab. 15: Prüfmethoden und Verbindungen, die bei der Emissionsprüfung der ausgewählten Materialgruppen untersucht wurden

Prüfnorm/-methode	Untersuchte Verbindungen
DIN EN ISO 16000-6, DIN EN ISO 16000-9, DIN EN ISO 16000-11, n= 0,5/h L= produktspezifisch	TVOC (Summe flüchtiger organischer Verbindungen)
	VOC eingestuft in: K1, K2; M1, M2; R1, R2 (gem. TRGS 905, RL 67/548 EWG); IRAC Gruppe 1 u. 2A; MAK III1, III2
	VOC (Summe) ohne NIK
	VOC davon:
	Summe Alkylaromaten
	Summe bicyclischer Terpene
	Summe sensibilisierender Stoffe mit folgender Einstufung: DFG (MAK-Liste): Kategorie IV, BGVV-Liste: Kat A, TRGS 907
	Summe VOC mit folgender Einstufung: RL 67/548 EWG: Carc. Cat. 3, Mut. Cat. 3, Repr. Cat. 3, TRGS 905: K3, M3, R3, IARC: Group 2B, DFG (MAK-Liste): Kategorie III3
	Summe SVOC (schwerflüchtige organische Verbindungen)
	Summe gesättigter n-Aldehyde
	R-Wert (nach AgBB)
Extraktion, HPLC/UV-Detektion Prüfkammerbed. s VOC	Monomere Isocyanate (nur bei Verw. entsprechender Einzelverbindungen)
DIN EN ISO 16000-3, DIN EN ISO 16000-11, DIN EN 717-1 i.A. Prüfkammerbed. VOC	Formaldehyd
DIN EN ISO 16000-3	Acetaldehyd
VDA 270 i.A.; 23°C	Geruch*

Anmerkungen:

i.A. in Anlehnung
L Produktbeladungsfaktor angegeben in Quadratmeter je Kubikmeter.
n Luftaustauschrate
R- Summe aller R_i = Summe aller Quotienten (C_i/NIK_i), in die Bewertung einbezogen wird jede Verbindung *i*, wobei C_i die Stoffkonzentratin in der Kammerluft angibt (vgl. AgBB 2010).
* Der Geruch eines Prüfmusters wird durch ein geschultes Prüfkollektiv ermittelt und mit Noten auf einer Skala von 1 (nicht wahrnehmbar) bis 6 (unerträglich) bewertet.

Insbesondere thermische Zustandsänderungen der Atmosphäre sind es, die neben biologischen und chemischen Vorgängen vor allem den Erhaltungszustand von Objekten aus organischen Materialien beeinträchtigen.[190] Sowohl die Temperatur als auch die relative Feuchte in Sammlungsräumen und Vitrinen sind grundsätzlich auf die Anforderungen der präsentierten Objekte abzustimmen und können demzufolge objekt- und sammlungsabhängig stark variieren. Entscheidend sind dabei zum einen das Material bzw. die Materialkombination des Objekts und zum anderen das Raumklima, an das sich die Materialien im Laufe der Zeit akklimatisiert haben.[191]

Konservatorische Gesichtspunkte bestimmen vorwiegend die Anforderungen an das Raumklima. Hilbert[192] fasst die wichtigsten Punkte wie folgt zusammen:

- Generell gewünscht ist eine niedrige Lufttemperatur,
- die relative Feuchte sollte den Sorptionseigenschaften des jeweiligen Materials entsprechen,
- beide Parameter sollten möglichst konstant gehalten werden,
- anzustreben ist eine möglichst geringe Luftgeschwindigkeit bzw. Strömungsgeschwindigkeit am Objekt,
- sowie die Staubfreiheit der Raumluft.

Hilbert empfiehlt die Lufttemperatur in Ausstellungsräumen auf einen Bereich von 18-25 °C zu begrenzen, um konservatorische Risiken zu minimieren.[193] Niedrigere Temperaturen sind mit Rücksicht auf Besucher und Personal nach seiner Ansicht im Ausstellungsbereich nicht realisierbar. Für Magazine mit gemischtem Sammlungsgut gibt er einen Richtwert von 18°C und für Büchermagazine und Papierdepots von 16 °C

190 Vgl. Hilbert 2002, S. 127.
191 Vgl. E DIN EN 15757:2008.
192 Vgl. Hilbert 2002, S. 150.
193 Hilbert 2002, S. 200.

an. Eine Temperaturänderung von ±1% wird als unbedenklich eingestuft.[194] Klimaparameter in Vitrinen werden von Hilbert nicht explizit aufgeführt.

Als Sollwerte für die relative Feuchte formuliert Hilbert[195] in Orten mit überwiegendem Festlandklima 45-55% und in Regionen mit Seeklima 50-60% rF mit einer kurzfristigen Schwankung von ± 2%.

Eine weitere Richtlinie für das Raumklima in Museen, Kunstgalerien und Archiven hat die American Society of Heating, Refrigerating and Air-Conditioning Engineers[196] (ASHREA) im Jahr 2003 in ihrem Anwenderhandbuch veröffentlicht.[197] Diese beinhaltet Angaben zu Temperatur und relative Feuchte; Luftaustauschraten und Luftgeschwindigkeiten werden nicht angegeben. Als Empfehlung für die meisten Museen wird eine maximale Bandbreite von 15-25 °C und eine rF von 40-60% empfohlen.[198] Bei einem Mittelwert von 50% rF und einer jahreszeitlichen Schwankung von ± 10 % rF, sowie Temperaturschwankungen von + 5 °C und -10 °C gleitend nach Jahreszeit, besteht nach ASHREA[199] kein Risiko für mechanische Schädigung an den meisten Sammlungsobjekten. Kurzfristige Schwankungen sollten ± 5 % rF und ± 2 °C nicht übersteigen. Explizite Angaben für Klimawerte in Vitrinen finden sich auch in dieser Empfehlung nicht.

Eine maßgebliche Einflussgröße im Hinblick auf das Vitrinenklima ist die Luftwechselrate, dementsprechend sind die Konstruktion der Vitrine und die verwendeten Materialien ausschlaggebend. Die Luftdichtigkeit wird durch das Abdichten von Eckverbindungen und Stoßfugen erhöht.[200] Nach Tétreault[201] sind gute Vitrinen so

---

194 Hilbert 2002, S. 205 f.

195 Hilbert 2002, S.206.

196 Amerikanische Gesellschaft der Heizungs-, Kühlungs-, Lüftungs- und Klimaanlagenbauer (engl. American Society of Heating, Refrigerating and Air-Conditioning Engineers)

197 ASHREA 2003, S. 21.12 – 21.13.

198 Bei Dauerausstellungen sollte das langjährige Raumklima berücksichtigt werden und wird die Einhaltung des bisherigen Jahressollwerte empfohlen (ASHREA 2003, S. 21.21).

199 ASHREA 2003.

200 Vgl. Tétreault 2003, S. 51.

201 Tétreault 2003, S. 51.

konstruiert und gebaut, dass sie luftdicht sind. Als Grenzwert für luftdichte Vitrinen gibt er eine Luftaustauschrate von ≤1/d (≈ 0,04/h) an.

Raphael und Davis[202] untergliedern die Vitrinen nach der Luftaustauschrate in folgende vier Kategorien:

Tab. 16: Kategorisierung von Vitrinen nach ihrer Luftwechselrate (Quelle: vgl. Raphael/Davis 1999, S. 3.1)

Kategorie	**Bezeichnung**	**Luftwechselrate (n)**		
I	unabgedichtet	ein mal pro 1 h oder weniger	24/d	1/h
II	moderat-abgedichtet	ein mal in 24-36h	≈ 1,0-0,7/d	≈0,04-0,03/h
III	gut	ein mal in 72 h oder häufiger	≈0,3/d	≈0,01/h
IV	hermetisch - abgedichtet	kein Luftwechsel	≈0/d	≈0/h

Das Victoria und Albert Museum gibt als Richtwert für das Museum eine Luftaustauschrate von 0,1/d an.[203] Der National Park Service empfiehlt für Vitrinen eine Luftwechselrate von 0,3/d.[204]

Eine Gegenüberstellung der Klimabedingungen zeigt im Hinblick auf die Prüfkriterien der identifizierten GZ, dass die akzeptierte Bandbreite der Schwankungen von Temperatur und relative Feuchte bei den Empfehlungen für den musealen Bereich größer ist. Die vorgeschriebene Luftaustauschrate hingegen ist im Humanbereich deutlich höher, als die in luftdichten Vitrinen zulässige. Während ein vollständiger Luftaustausch in der Vitrine – je nach Dichtigkeit – zwischen drei und zehn Tage benötigt (vgl. Tab. 17), findet diese unter Prüfkammerbedingungen 12 Mal am Tag statt. Die Luftwechselrate in Vitrinen wäre damit um ein 10-12,5-faches niedriger als in einer an den Prüfkriterien für GZ ausgerichteten Emissionsprüfkammer.

202 Raphael/Davis 1999, S. 3:1.
203 Vgl. Cassar/Martin 1994, S.173.
204 Raphael/Davis 1999, S. 3:1.

Tab. 17: *Klimabedingungen bei der Emissionsprüfung im Humanbereich im Vergleich zu Klimaparametern in Museen und Vitrinen*

Klimaparameter	**Humanbereich**	**Kunst und Kulturgut**		
	Prüfkriterien GZ[a]	*Ausstellungsraum*	*Magazin*	*Vitrinen*
Temperatur (T):	23 ± 1 °C	15-25 ±2°C[e] 18-25 ±1°C[d]		
relative Feuchte (rF):	50 ± 3 %	50 ± 5% [e] 50 ± 2%[d]		
Luftaustauschrate (n):	0,5/h ± 5 % (12/d)	1,5-4/h[d]	0,1-0,5/h[d]	0,1-0,3/d[b][c] (≈0,004-0,01/h)
Luftströmungs-geschwindigkeit:	0,1 - 0,3 m/s	< 0,18 m/s[d] (Quelllüftung)		

Quellen:

a) DIN EN ISO 16000-9:2006.
b) Cassar/Martin 1994, S.173.
c) Raphael/Davis 1999, S. 3:1.
d) Hilbert 2002, S. 190, 194, 200, 218.
e) ASHREA 2003, S. 21.13.

Die in der Norm DIN ISO 16000-9[205] beschriebenen Prüfbedingungen der Standard-Produktprüfung entsprechen damit nicht den im Museum vorherrschenden Realbedingungen. Es stellt sich daher die Frage, inwieweit die unter den Standardbedingungen erarbeiteten Ergebnisse (Emissionspotenzial) auch unter Realbedingungen im Museum wahrscheinlich sind und sich somit auf die musealen Anforderungen übertragen lassen. Um diese Frage klären zu können, wäre zur Bestimmung des unter Realbedingungen zu erwartenden Emissionspotenzials eine Prüfung unter Anpassung der identifizierten Einflussparameter (T, rF, Luftaustauschrate, Luftgeschwindigkeit) erforderlich.

---

205 Vgl. ISO 16000-9:2010.

Sollte eine Vergleichbarkeit nicht gegeben sein, so wären die Prüfbedingungen für ein GZ für emissionsarme, museumstaugliche Materialien und Vitrinen in Anlehnung an ISO 16000-9[206] an die Realbedingungen im Museum anzupassen.

Zusammenfassend lässt sich festhalten: Als geeignete Grundlage für die Entwicklung eines GZs für den musealen Bereich werden u.a. die GZ „Blauer Engel", „Eco-INSTITUT-Label", TÜV Mark „schadstoffgeprüft", „naturePlus" und „DINGeprüft" angesehen, die Prüfung beträfe die Materialgruppen Dichtstoffe, Klebstoffe, Lacke/Farben, Holzwerkstoffe und Textilien, die Grenzwerte für Emissionen müssten modifiziert und auf Kunst- und Kulturgut abgestimmt werden.

Unabhängig von den zugrunde zu legenden Grenzwerten sind die bestehenden GZ im Hinblick auf die zu definierenden Prüfkriterien aber durchaus eine wertvolle Hilfestellung für die Entwicklung eines GZs für emissionsarme, museumstauglich Materialien und Vitrinen.

Zur weiteren Präzisierung wurden die Prüfkriterien der Vergaberichtlinien von GZ verschiedener Materialgruppen analysiert, die als Bau- und/oder Ausstellungsmaterialien im Museum Verwendung finden. Die Auswertung der Prüfkriterien für die stoffliche Begrenzung von Emissionen ergab dabei folgende Ergebnisse:

- Die Prüfkriterien zur Emissionsmessung der untersuchten Materialgruppen basieren auf den Europäischen Normen DIN EN ISO 16000-6, -9, -11 und DIN EN 717.[207]
- Die Emissionsmessungen finden ausschließlich unter Verwendung von Prüfkammern statt.
- Untersucht werden die Summe aller ungestättigten n-Aldehyde, SVOCs, VOCs und VOCs mit unterschiedlichen Einstufungen, sowie Formaldehyd, Acetaldehyd und Monomere Isocyanate als Einzelverbindungen.
- Für die ausgewählten Materialgruppen (s.o.) konnten GZ mit Emissionsgrenzen für Formaldehyd und TVOC und mit Ausnahme von Klebstoffen, auch für

206 Vgl. ISO 16000-9:2010.
207 Vgl. ISO 16000-6:2004, ISO 16000 -9:2006, ISO 16000 -11:2006, DIN EN 717:2004.

Acetaldehyd identifiziert werden. Ameisensäure und Essigsäure werden in den Prüfkriterien nicht berücksichtigt.

- Die Bestimmung der Emittenten finden i.d.R nach den Standard Bedingungen für die Produktprüfung gemäß DIN ISO 16000-9[208] statt.

  Als wichtigste – Prüfgut unabhängige – Einflussgrößen im Hinblick auf die Schadstoffkonzentration gelten: Temperatur, Luftaustauschrate, relative Luftfeuchte und Luftgeschwindigkeit in der Prüfkammer.

Um zu klären, inwieweit sich die zugrunde liegenden Prüfkriterien aus dem Humanbereich auf den Bereich Kunst- und Kulturgut übertragen lassen, wurden die Klimaparameter der Standard-Prüfbedingungen musealen Anforderungen gegenübergestellt. Dabei konnten folgende Erkenntnisse gewonnen werden:

- Die Produktprüfung unter Standardklimabedingungen (T 23 ± 1 °C, RH 50 ± 3 %, n 0,5/h ± 5 %, 0,1 - 0,3 m/s) entspricht nicht den Realbedingungen in Museen.
- Als Empfehlung für die meisten Museen wird eine größere Bandbreite an Schwankungen für Temperatur (15-25 °C + 5 °C, -10 °C gleitend nach Jahreszeiten) und relativer Feuchte (50 ± 10% gleitend nach Jahreszeiten) akzeptiert.
- Die vorgeschriebene Luftaustauschrate ist im Humanbereich deutlich höher, als die in Vitrinen zulässige. Die Luftwechselrate in Vitrinen liegt bei 0,3-0,1/d (≈ 0,01-0,004/h und ist damit um ein 10-12,5-faches geringer als in der Prüfkammer).
- Um festzustellen, ob sich die Ergebnisse der Standard-Prüfbedingungen auf den musealen Bereich übertragen lassen, ist eine Bestimmung des unter Realbedingungen zu erwartenden Emissionspotenzials durch die Anpassung der identifizierten Einflussparameter (s.o.) zu untersuchen.

208 Vgl. DIN EN ISO 16000-9:2006.

- Ist eine Vergleichbarkeit (bzw. Korrelation der Ergebnisse) nicht gegeben, sind die Standard-Prüfbedingungen ISO 16000-9[209] für ein GZ für emissionsarme, museumstaugliche Materialien und Vitrinen in Anlehnung an die Realbedingungen im Museum anzupassen.

2.2.2. Grenzwerte für Schadstoffe in Museen

Um das Qualitätskriterium der Emissionsarmut in einem GZ verankern zu können, müssen geeignete Grenzwerte zur Beurteilung der stofflichen Emissionen festgelegt werden. Diese müssen sich explizit auf das externe Schutzziel[210] – Bewahrung von Kunst- und Kulturgut – beziehen. Vor diesem Hintergrund ist der Frage nachzugehen, ob für den Museumsbereich bereits Referenz- und Richtwerte, sowie Grenzwerte entwickelt wurden, auf die ggf. im Rahmen einer Zertifizierung zurückgegriffen werden kann bzw. welche Punkte bei der Erarbeitung von Richt- und Grenzwerten Berücksichtigung finden sollten.

Auch gilt es zu klären, wie die etwaigen zu entwickelnden Prüfkriterien auszugestalten sind.

Wie für den Humanbereich, so gibt es auch für Kunst- und Kulturgut keine umfassende rechtsverbindliche Reglung für Qualitätskriterien zur Bewertung der Innenraumluft im Museumsumfeld (Ausstellungsräume, Vitrinen, Depots). Es finden sich jedoch Ansätze zur Festlegung von geeigneten Beurteilungswerten, die denen in Kapitel 1.3 erläuterten Merkmalen von Gütezeichen entsprechen.

Hierbei handelt es sich um „toxikologisch“ ermittelte Werte. Im Gegensatz zum Humanbereich beschreiben diese Werte nicht das Ausmaß der Giftigkeit und das Schädigungspotenzial für den menschlichen Körper, sondern das Schädigungs- bzw. das Korrosionspotenzial für das Kunst- und Kulturgut (vgl. Tab. 18).[211]

---

209 Vgl. ISO 16000-9:2010.

210 Vgl. hierzu Abschnitt 1.3.2.

211 Der Begriff der Korrosion bezieht sich im Folgenden nicht nur auf Metalle, sondern auf alle Materialgruppen (Gläser, Kunststoffe, Papier etc.).

Tab. 18: Richt-/Grenzwerte für die Luftqualität im musealen Umfeld nach Tétreault (Tétreault 2003, S. 33) und Grzywacz (Grzywacz 2006, S. 109f.)

		CCI-Konzept (Tétreault 2003)				*GCI-Richtwerte (Grzywacz 2006)*			
		Maximale Durchschnitts-konzentration für angezeigte Erhaltungsziele[a) b)] (ppb)				SPL (ppb)		AL (ppb)	
Schadstoff	Summen-formel	1	10	100	Sensible Materialien	Sensible Materialien	Sammlungen im Allgemeinen	Hoch	Extrem Hoch
Acetaldehyd	CH_3CHO	-	-	-			<1-20	-	-
Ameisensäure	$HCOOH$	-	-	-	200	< 5	5-20	20-120	150-450
Essigsäure	CH_3COOH	400	40	40	400	<5	224 40-280	200-480	600-1000
Feinpartikel ($PM_{2.5}$) in µg/m³		10	1	0,1		-	-	-	-
Formaldehyd	$HCHO$	-	-	-	600	<0,1-5	10-20	16-120	160-480
Ozon	O_3	5	0,5	0,05	0,005	<0,05	0,5-5	25-60	75-250
Saure Stickstoffgase Salpetersäure Salpetrige Säure	HNO_3, HNO_2	-	-	-	-	<0,1	<1	-	-
Schwefeldioxid	SO_2	3,8	0,38	0,038	10	<0,04-0,4	0,4-2	8-15	15-57
Schwefel-wasserstoff	H_2S	0,71	0,071	0,0071	0,1	<0,010	0,100	0,4-1,4	2,0-20
Stickstoffdioxid	NO_2	5,2	0,52	0,052	1	<0,05-2,6	2-10	26-104	>260
TVOC (µg/m³)		-	-	-	-	k.A.	<100 (<375)	700 (2499)	1700 (6069)
Wasserdampf	H_2O	< 60% rF				< 60% rF < 50% rF (optimal)			

Anmerkungen:

- \- keine Angaben
- * TVOC-Werte wurden in µg/m³ Umgerechnet (ppb-Wert x 3,75 (wie n-Hexan)), da die meisten Quellen Summenwerte in µg/m³ angeben.
- a) Das Erhaltungsziel gibt die Länge der Zeit (in Jahren) an, in welcher das Objekt bei der angezeigten Schadstoffkonzentration einem minimalen Schädigungsrisiko unterliegt. Die Zielwerte basieren auf dem LOAED (engl. Lowest Observed Adverse Effect Dose ⇒ geringste Dosis eines Stoffes, bei der eine Schädigung beobachtet wurde.) der meisten Objekte und setzen zudem die Einhaltung von rF- (50-60%) und T- (20-30 °C) Bereichen, sowie ein sauberes Umfeld voraus.
- b) Zielwerte gelten nicht für sensible Materialien.

Richtwerte für den musealen Bereich basieren analog zum Humanbereich auf Erkenntnissen zum Schädigungs- bzw. Korrosionspotenzial und zur Dosis-Wirkungs-Beziehung des jeweiligen Stoffes. Um sensible Objektgruppen bzw. Materialien zu schützen, werden für bestimmte Stoffe in Bezug auf diese Materialien zusätzliche, niedrigere Richtwerte angegeben (vgl. Tab. 18).

Das erste umfassende Richtwertkonzept für den musealen Bereich wurde im Jahr 2003 vom Canadian Conservation Institut (CCI) herausgegeben. Die Abschätzung der Auswirkung eines Luftschadstoffes wird anhand von Dosen (*Lowest Observed Adverse Effect Dose (LOAED)*) beschrieben und orientiert sich damit an Bewertungsschemen aus dem toxikologischen Bereich. Anhand der LOAED werden Erhaltungsziele (Conservation Limit (CL)) festgelegt:[212]

- *LOAED:* Gibt die geringste Dosis eines Stoffes an, bei der eine Schädigung beobachtet wurde.
- *CL:* Beschreibt die Länge der Zeit (in Jahren), in welcher das Objekt bei der angezeigten Schadstoffkonzentration mit minimalem Schädigungsrisiko ausgesetzt werden kann. Die Zielwerte basieren auf dem LOAED der meisten Objekte und setzen zudem die Einhaltung von Luftfeuchte- (50-60%) und Temperaturspannbreiten (20-30 °C), sowie ein sauberes Umfeld voraus.

Ein weiteres mit den Konzepten des Humanbereiches vergleichbares Richtwertkonzept wurde vom Getty Conservation Institut (GCI) entwickelt. Ähnlich des RW I und RW II wird auch hier zwischen einem Richtwert, bei dem Handlungsbedarf besteht (*Action Limits (AL)*), und einem Richtwert, der als Empfehlungswert (*Suggested Pollution Limits (SPL)*) zu verstehen ist, unterschieden:[213]

- *AL:* gibt die Konzentration eines Stoffes an, bei dessen Überschreiten Handlungsbedarf besteht, da dieser eine Gefährdung von Kunst- und Kulturgut darstellen kann. Maßnahmen zur Schadstoffminimierung sind einzuleiten.

---

[212] Tétreault 2003, S. 33.
[213] Grzywacz 2006, S 109 f.

- *SPL*: ist ein wirkungsbezogener Wert und beruht auf Kenntnissen zum Korrosionspotenzial einzelner Stoffe. Der *SPL* gibt die maximal zulässige Konzentration eines Stoffes im musealen Bereich (Innenraum) an, um ein minimales Risiko für sensible Objekte sicherzustellen.

Festzuhalten ist zunächst, dass für Museen Richt- und Grenzwerte definiert wurden, die vom Grundsatz für eine Zertifizierung herangezogen werden können. Eine Einschränkung dieser Aussage ergibt sich jedoch bei eingehender Betrachtung der Studien, die den skizzierten Richt- und Grenzwerten zugrunde liegen: Die bisherigen Ansätze zur Beschreibung des Korrosionspotenzials von Schadstoffen basieren zumeist auf der Auswertung einzelner Schadensfälle. Problematisch ist, dass die abgeleiteten Richtwerte und Dosen nicht auf Untersuchungen basieren, die unter standardisierten Bedingungen entstanden sind.[214]

Neben stark variierenden Umgebungsbedingungen (z.B. rF 4% -100%) unterscheiden sich vor allem auch die Analyseverfahren zur Beurteilung des Korrosionsverhaltens hinsichtlich ihrer Sensibilität erheblich. Die Korrosionsschwelle wurde sowohl mit hoch auflösenden Messmethoden wie dem Rasterelektronenmikroskop (REM) bestimmt als auch rein visuell oder gravimetrisch. Eine Vergleichbarkeit der Schwellenwerte untereinander sowie deren Vergleichbarkeit und Reproduzierbarkeit ist somit nicht gegeben.

Im Gegensatz zum Humanbereich gibt es für eine Zertifizierung von Materialien im Einsatz mit Kunst- und Kulturgut bislang keine allgemein verbindlichen toxikologisch oder statistisch abgeleiteten Daten zum Schädigungspotenzial einzelner Substanzen (Richt- oder Referenzwerte).

Dies liegt nicht allein darin begründet, dass die Restaurierungswissenschaften auf diesem Gebiet noch in den Kinderschuhen stecken, sondern vor allem in der Vielfalt der Variablen, die das Schädigungspotenzial von Stoffen bestimmen, und der sich daraus zwangsläufig ergebenden Komplexität der Thematik. Verdeutlichen lässt sich dies durch eine Gegenüberstellung der Anforderungen bzw. der Grundvoraussetzungen für den

---

[214] Vgl. Tétreault 2003, S. 33.

Erlass von Prüfzeichen, wie sie im Humanbereich und im Bereich Kunst und Kulturgut existieren (vgl. *Tab. 19*).

Tab. 19: Vergleich von Anforderungen bzw. Grundvoraussetzungen bei der Schadstoffexposition von Menschen und Kunst- und Kulturgut im Hinblick auf Richtwertkonzepte

	Mensch	Kunst- und Kulturgut
Sensibilität	Natürliches Abwehrsystem/ Immunsystem bietet (bedingten) Schutz vor Erkrankungen Unterhalb der Schwellenwerte ist keine Schädigung des Körpers zu erwarten. → ppm Bereich	Kein natürliches Abwehrsystem vorhanden Jede chemische Reaktion zwischen Schadstoffen und Objekt führt zu Schädigung → ppb/ppt Bereich
Regeneration	Der menschliche Körper besitzt die Fähigkeit der Selbstheilung (z.B. Haut erneuert sich, Knochenbrüche verheilen etc.) Schadstoffe (selektiv) können im Körper abgebaut werden. → Chronisch → Akut	Schäden an Objekten sind in den meisten Fällen irreversibel und erfordern Eingriff von außen (Restaurator) Schadstoffe können im/am Objekt nicht abgebaut werden. → Kumulativ
Allgemein	Genetisch homogen, wenn auch mit unterschiedlicher Vorbelastung bzw. Gesundheitsstatus Begrenzte Lebenszeit: ca. 80 Jahre	Verschiedene Materialien/ Materialkombinationen unter verschiedenen Konditionen Unbegrenzte Lebenszeit für die meisten Objekte
Richtwerte	Orientieren sich an der Toxizität der Stoffe (RW I/RW II) und an statistisch begründeten Werten (P50/P95)	Basieren auf der Auswertung bisherigen Schadensfälle (Literaturstudie), ergänzt durch eigene Untersuchungen → CCI-Konzept (Tétreault 2003) → GCI-Richtwert (Grzywacz 2006)

Um das Schädigungspotenzial einzelner Schadstoffe und Schadstoffgemische gegenüber verschiedenen Materialien und Materialkombinationen bestimmen und um Richt- bzw. Grenzwerte spezifizieren zu können, sind also weitere systematische Untersuchungen zwingend erforderlich.

Eine Alternative zu toxikologisch abgeleiteten Grenzwerten bieten, wie bereits erläutert, statistisch definierte Werte. Die im Rahmen der vorliegenden Arbeit durchgeführte

Recherche zeigt, dass Referenzwerte bei der Beurteilung der Innenraumluftqualität im musealen Bereich bislang keine Verwendung finden, obwohl seit Ende der 1980er Jahre verschiedene Studien zu Schadstoffkonzentrationen in Museen, Bibliotheken und Archiven durchgeführt wurden. Hierbei handelt es sich jedoch ausschließlich um Einzelstudien, die an verschiedenen Museen und Instituten in Magazinen, Ausstellungsräumen und Vitrinen durchgeführt wurden; die Untersuchungen sind somit lokal und thematisch begrenzt. Die Daten wurden nicht zu statistischen Zwecken erhoben und können auch nicht als solche verwendet werden.

Es bleibt zu konstatieren, dass streng genommen bislang keine geeigneten Richt- und Referenzwerte sowie Grenzwerte für den musealen Bereich existieren, welche für eine Zertifizierung herangezogen werden könnten. Weiterführende Studien zur Verbesserung der Datenlage und zur verbindlichen Definition von Richt- und Referenzwerten, sowie zur Ableitung von Grenzwerten sind somit unumgänglich. Dabei sollten folgende Punkte zur Erarbeitung von Grenzwerten für die zu prüfenden Schadstoffe Berücksichtigung finden:

- Systematische Erforschung des Schädigungspotenzials bekannter Hauptschädiger (Acetaldehyd, Ameisensäure, Essigsäure, Formaldehyd, Ozon, Salpetersäure, Salpetrige Säure, Schwefeldioxid, Schwefelwasserstoff, TVOC) gegenüber exemplarischen Materialien und Materialkombinationen.
- Berechnung der jeweiligen Schwellenwerte (geringste Dosis eines Stoffes, bei der eine Schädigung beobachtet wird).
- Ableitung und Bestimmung von Grenzwerten zur Beurteilung und Begrenzung stofflicher Emissionen.
- Nutzung bereits erarbeiteter Beurteilungswerte des Canadian Conservation Institut (LOED) und/oder des Getty Conservation Institut (CL) als „Startpunkt" für weitere Studien.
- Nach heutigem Stand der Technik reale Produzierbar- bzw. Vermarktbarkeit von museumstauglichen Austellungsmaterialien und Vitrinen unter Einhaltung der definierten Grenzwerte.

Bereits gezeigt wurde, dass Emissionsprüfungen in Prüfkammern grundsätzlich geeignet sind, um Bau- und Ausstellungsmaterialien für Museen zu beurteilen, wenn die Klimabedingungen in der Prüfkammer den musealen Bedürfnissen angepasst werden.

Für die Erarbeitung eines eigenen Messprogramms zur Emissionsbestimmung flüchtiger organischer Substanzen aus Bau- und Ausstellungsmaterialien sowie Vitrinen sind jedoch weitere Überlegungen notwendig. Wie bereits erläutert, ist zur Bestimmung des unter Realbedingungen zu erwartenden Emissionspotenzials eine Veränderung der Klimaparameter in der Emissionskammer (T, RH, Luftaustauschrate, Luftgeschwindigkeit) notwendig (vgl. Abschnitt 1.2.4.). Zur Erarbeitung und Festlegung geeigneter Prüfkriterien sollten die folgenden Schritte eingehalten werden:

- Simulierung von Standard-Prüfbedingungen DIN ISO 16000-9[215] mittels Emissionskammern zur Erforschung des Emissionspotenzials von Bau- und Ausstellungsmaterialien.
- Simulierung von musealen Realbedingungen mit Hilfe von Emissionskammern durch Veränderung der wichtigsten Einflussgrößen (T, RH, Luftaustauschrate, Luftgeschwindigkeit) zur Erforschung des Emissionspotenzials in der Vitrine.
- Korrelation der Ergebnisse unter Standard-Prüfbedingungen und musealen Realbedingungen zur Überprüfung, inwieweit sich die Messungen unter Standardbedingungen auf die musealen Anforderungen übertragen lassen.

Nach der Festlegung von Standard-Prüfbedingungen zur Zertifizierung von Bau- und Ausstellungsmaterialien sind die Materialien unter Realbedingungen zu untersuchen. Hierzu sind vergleichende Messungen in Vitrinen notwendig, die mit den geprüften und als emissionsarm bewerteten Materialien gebaut wurden. Sollten die definierten Grenzwerte trotz der Verwendung der geprüften, emissionsarmen Materialien überschritten werden, sind die Prüfkriterien erneut zu adaptieren.

---

[215] Vgl. Norm DIN EN ISO 16000-9, S. 10.

2.2.3. Schlussfolgerungen aus Kapitel 2.2

In Abschnitt 2.2.1. wurde erläutert, dass sich die Gütezeichen aus dem Humanbereich nicht direkt auf den musealen Bereich übertragen lassen, da die stoffliche Beschränkung von Emissionen auf Grenzwerten basiert, die speziell auf den menschlichen Organismus ausgelegt sind.

Unabhängig von den zugrunde zu legenden Grenzwerten wurde in Abschnitt 2.2.1. jedoch gezeigt, dass bestehende GZ im Hinblick auf die zu definierenden Prüfkriterien eine Hilfestellung für die Entwicklung eines GZs für emissionsarme, museumstaugliche Materialien und Vitrinen leisten können.

Hierzu wurden zunächst GZ aus dem Humanbereich mit Bezug zum Thema Schadstoffbegrenzung (u.a. „Blauer Engel“, „Eco-INSTITUT-Label“, TÜV Mark „schadstoffgeprüft“, „naturePlus“ und „DINGeprüft“) sowie relevante Materialgruppen (als Ausstellungsmaterialien eingesetzte Dichtstoffe, Klebstoffe, Lacke/Farben, Holzwerkstoffe und Textilien) identifiziert.

Ferner wurden die Prüfkriterien zur Vergabe von GZ für die diversen Materialgruppen analysiert, welche als Bau- und/oder Ausstellungsmaterialien im Museum Verwendung finden. Die Auswertung der Prüfkriterien, die zur Begrenzung der stofflichen Emissionen mittels GZ angewendet werden, ergab Folgendes:

- Die Prüfkriterien zur Emissionsmessung der untersuchten Materialgruppen basieren auf den Europäischen Normen DIN EN ISO 16000-6, -9, -11 und DIN EN 717.[216]
- Die Emissionsmessungen finden ausschließlich unter Verwendung von Prüfkammern statt.
- Untersucht werden die Summe aller ungesättigten n-Aldehyde, SVOCs, VOCs und VOCs mit unterschiedlichen Einstufungen, sowie Formaldehyd, Acetaldehyd und monomere Isocyanate als Einzelverbindungen.

---

[216] Vgl. ISO 16000-6:2004, ISO 16000 -9:2006, ISO 16000 -11:2006, DIN EN 717:2004.

- Für die ausgewählten Materialgruppen (s.o.) konnten GZ mit Emissionsgrenzen für Formaldehyd und TVOC und, mit Ausnahme von Klebstoffen, auch für Acetaldehyd identifiziert werden. Ameisensäure und Essigsäure werden in den Prüfkriterien nicht berücksichtigt.
- Die Bestimmung der Emittenten erfolgt i.d.R nach den Standardbedingungen für die Produktprüfung gemäß DIN ISO 16000-9.[217]
- Wichtigste – vom Prüfgut unabhängige – Einflussgrößen im Hinblick auf die Schadstoffkonzentration erwiesen sich T, RH, Luftaustauschrate, und Luftgeschwindigkeit in der Prüfkammer.

Um zu klären, inwieweit sich die zugrunde liegenden Prüfkriterien aus dem Humanbereich auf den Bereich Kunst- und Kulturgut übertragen lassen, wurden die Klimaparameter der Standard-Prüfbedingungen musealen Anforderungen gegenübergestellt und diskutiert. Dabei konnten folgende Erkenntnisse gewonnen werden:

- Die Produktprüfung unter Standardklimabedingungen (T 23 ± 1 °C, RH 50 ± 3 %, n 0,5/h ± 5 %, 0,1 - 0,3 m/s) entspricht nicht den Realbedingungen in Museen.
- Als Empfehlung für die meisten Museen wird eine größere Bandbreite an Schwankungen für Temperatur (15-25 °C + 5 °C, -10 °C gleitend nach Jahreszeiten) und relativer Feuchte (50 ± 10% gleitend nach Jahreszeiten) akzeptiert.
- Für die Luftaustauschrate gelten indes im Museumsbereich strengere Vorgaben. Die Luftwechselrate in Vitrinen liegt bei 0,3-0,1/d und ist damit um ein 10-12,5-faches geringer als in der Prüfkammer bei Standard-Prüfbedingungen.
- Um festzustellen, ob sich die Ergebnisse der Standardprüfbedingungen auf den musealen Bereich übertragen lassen, ist eine Bestimmung des unter Realbedingungen zu erwartenden Emissionspotenzials durch die Anpassung der identifizierten Einflussparameter (s.o.) zu untersuchen. Ist eine Vergleichbar-

[217] Vgl. DIN EN ISO 16000-9:2006.

keit (bzw. Korrelation der Ergebnisse) nicht gegeben, sind die Standard-Prüfbedingungen ISO 16000-9[218] für ein GZ für emissionsarme, museumstaugliche Materialien und Vitrinen in Anlehnung an die Realbedingungen im Museum anzupassen.

Bereits in Kapitel 1.3 wurde dargelegt, das die Einführung eines GZs für emissionsarme, museumstaugliche Ausstellungsmaterialien und Vitrinen die Bestimmung von Prüfverfahren und Grenzwerten zur Beurteilung stofflicher Emissionen voraussetzt. Es konnte gezeigt werden, dass bestehende Prüfkriterien der GZ aus dem Humanbereich als Grundlage für eine Zertifizierung herangezogen werden können, wenn eine Vergleichbarkeit bzw. Korrelation der Ergebnisse gegeben ist; andernfalls sind die entsprechenden Einflussparameter (s.o.) anzupassen (vgl Abschnitt 2.2.1.).

Bezüglich der festzulegenden Grenzwerte lässt sich zusammenfassen, dass grundsätzlich weiterer Forschungsbedarf zur Spezifizierung dieser existiert, da die für Kunst- und Kulturgut diskutierten Beurteilungswerte (LOAED, CL) nicht auf allgemein verbindlichen toxikologisch oder statistisch abgeleiteten Daten (Richt- oder Referenzwerte) zum Schädigungspotenzial einzelner Substanzen basieren. Grundsätzlich ist die Festlegung der Qualitätskriterien eines GZs jedoch immer ein dynamischer Prozess, der u.a. durch den aktuellen Stand der Forschung begrenzt wird. Da diese Beurteilungswerte in ihrer Gesamtheit momentan die bestmögliche Datenbasis bilden, können sie bis auf Widerruf zur Ableitung von Grenzwerten genutzt werden.

Dennoch sind weitere systematische Untersuchungen dringend erforderlich, um das Schädigungspotenzial einzelner Schadstoffe und Schadstoffgemische gegenüber verschiedenen Materialien und Materialkombinationen zu bestimmen und um damit die vorhandenen Beurteilungswerte spezifizieren zu können.

Hinsichtlich der Umsetzbarkeit aus konservierungswissenschaftlicher Sicht bedeutet dies, dass ein GZ umsetzbar ist, auch wenn weitere umfangreicher Studien zur Spezifizierung von Grenzwerten nötig sind.

---

[218] Vgl. ISO 16000-9:2010.

2.3 Umsetzbarkeit eines Gütezeichens aus wirtschaftlicher Sicht

Nachdem der Schwerpunkt der Betrachtung zur Beurteilung der Umsetzbarkeit eines Gütezeichens in den vorangegangenen Kapiteln auf konservatorischen Aspekten lag, rückt seine wirtschaftliche Tragfähigkeit, die im Folgenden exemplarisch am Beispiel von Vitrinen betrachtet wird, in den Fokus der Arbeit. Dabei stehen die Vitrinenbauer modellhaft für einen Großteil der Anbieter im musealen Bereich. Darüber hinaus gibt es entsprechend der für Bau- und Ausstellungsmaterialien relevanten Materialgruppen (vgl. hierzu Abschnitt 2.2.1.) eine Vielzahl weiterer Anbieter wie beispielsweise Textil-, Lack- und Holzwerkstoffhersteller, für welche die Einführung eines GZ zu untersuchen wäre.

Zunächst geht es dabei um eine theoretische Analyse der wirtschaftlichen Tragfähigkeit auf Basis der in Kapitel 1.3 vorgestellten Modelle der Wirtschaftswissenschaften (2.3.1.). Im Anschluss daran werden die theoretisch abgeleiteten Erkenntnisse den mittels Primärerhebung gewonnenen Einsichten bzgl. der potenziellen Akzeptanz eines Gütezeichens durch Museen und Vitrinenbauern gegenübergestellt (2.3.2.).

Bereits festgestellt wurde, dass die Einführung eines GZs nur dann nachhaltig wäre, wenn es aus sich heraus wirtschaftlich tragfähig und somit möglichst unabhängig von öffentlichen Geldern ist. Dies bedingt, dass das GZ für die relevanten Marktakteure wirtschaftliche Vorteile hat. Zu klären ist demnach, inwieweit die Einführung zu Wettbewerbsvorteilen für die relevanten Marktakteure führen könnte.[219]

2.3.1. Marktumfeld der Vitrinenbauer

Um eine Aussage über die wirtschaftliche Tragfähigkeit eines Gütezeichens für Vitrinen treffen zu können, ist zunächst der Markt für Vitrinen und Ausstellungsmaterialien, insbesondere die Attraktivität des Marktes, zu analysieren. Ein erstes Indiz bzgl. der Attraktivität ist die Größe eines Marktes. Wie bereits erläutert, gibt es hierzu bislang keinerlei Daten – folglich war eine Primärerhebung erforderlich.

---

219 Nicht untersucht werden etwaige positive Auswirkungen auf Museen durch bspw. durch geringere Folgekosten.

Auf Basis der abgefragten Nettoausgaben für Vitrinen und Ausstellungsmaterialien erfolgte die **Abschätzung des Marktvolumens** mittels einer Hochrechnung, für die zunächst ein sachlogisches Modell zu entwickeln und mittels Hypothesentest zu plausibilisieren war:

Angenommen wird, dass Sonderausstellungen für die meisten Museen das wichtigste Mittel sind, um attraktiv zu bleiben. Sie werden von Museen als Hauptgrund für das Ansteigen der Besucherzahlen angegeben.[220] Dabei nutzen Museen Sonderausstellungen, um einzelne Gesichtspunkte ihrer Sammlung oder wichtige thematische bzw. aktuelle Zusammenhänge hervorzuheben und in geeigneter Form zu präsentieren.[221] Hierzu werden i.d.R. alte Ausstellungskonzepte überarbeitet oder neue Ausstellungen konzipiert. Um die jeweiligen Objekte in geeigneter Form darstellen zu können, müssen neue Ausstellungsmaterialien und/oder Vitrinen angeschafft werden.

Es wird daher vermutet, dass die Besucherzahl mit den jährlichen Aufwendungen der Museen für Ausstellungsmaterialien (i) und Vitrinen (ii) steigt. Die Besucherzahl der Museen korreliert positiv mit der Größe bzw. Größenklasse eines jeweiligen Museums (vgl. Abschnitt 1.1.2.).

Hypothesen

H_0: Museen mit hohen Ausgaben für Ausstellungsmaterialien (i) und Vitrinen (ii), sowie Gesamtausgaben (iii) haben genauso hohe Besucherzahlen, wie Museen mit geringen Ausgaben.

H_1: Museen mit hohen Ausgaben für Ausstellungsmaterialien (i) und Vitrinen (ii), sowie Gesamtausgaben (iii) haben höhere Besucherzahlen, als Museen mit geringen Ausgaben.

220 IfM 2008, S. 12, 58.
221 IfM 2008, S. 58.

Abgefragt wurde der Jahresdurchschnittswert (Euro) bezogen auf die letzten drei Jahre. Die drei Ausgabenarten (i bis iii) werden als unabhängige Variable definiert, als abhängige Variable dient die Besucherzahl der untersuchten Museen.

Der Test auf Normalverteilung (Kolmogorov-Smirnov-Test) zeigt, dass die Verteilung der Nettoausgaben für Ausstellungsmaterialien (i) und Vitrinen (ii), sowie für die Gesamtausgaben (iii) alle mit nur einer Ausnahme[222] signifikant von der Normalverteilung abweichen. Damit sind nichtparametrische Tests zur Überprüfung der formulierten Hypothese anzuwenden.

Der *Kruskal-Wallis H-Test* zeigt, ob zwischen den Größenklassen eine signifikante Abweichung hinsichtlich der unterschiedlichen Nettoausgaben besteht. Im Ergebnis findet sich für alle betrachteten Variablen ein hoch signifikanter Zusammenhang zwischen der Größenklasse und den jahresdurchschnittlichen Nettoausgaben:

i. Ausstellungsmaterialien (p = 0,001)
ii. Vitrinen (p = 0,000)
iii. Gesamtausgaben (p = 0,000)

Dabei beruht die Erhöhung der Ausgaben über die Größenklassen hinweg nicht auf einer bloßen Verschiebung der Ausgabenverteilung, sondern auf das Hinzukommen extremer Werte (vgl. Tab. 21-23). Die eindeutige Beziehung zwischen der Größenklasse und den betrachteten Nettoausgaben zeigt sich anhand der Boxplots und Datentabellen:

---

222 Ausgenommen sind die Nettoausgaben für Materialien in der Größenklasse 8 (p = 0,195).

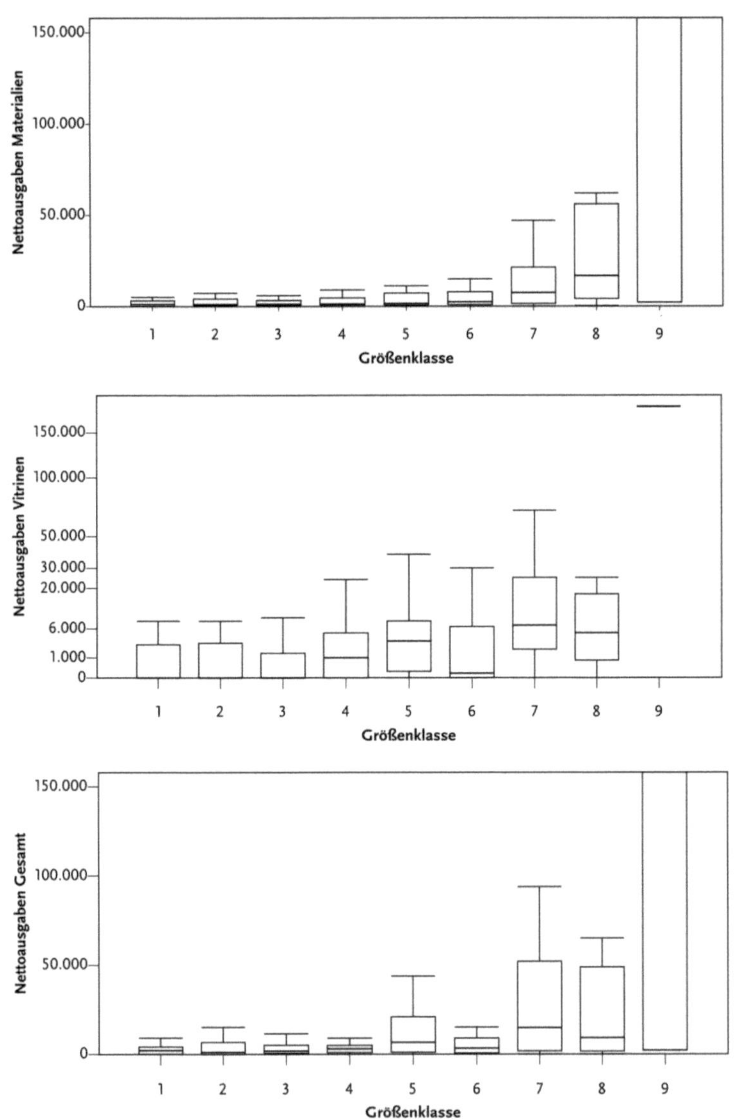

Abb. 27: Boxplot zum Vergleich von Nettoausgaben für Ausstellungsmaterialien (i) und Vitrinen (ii), sowie für die Gesamtausgaben (iii) in den unterschiedlichen Größenklassen

Tab. 20: Nettoausgaben für Materialien

Größenklasse		1	2	3	4	5	6	7	8	9	10
N	Gültig	28	28	24	29	20	26	24	14	2	0
	Fehlend	12	21	22	14	8	22	15	16	2	1
M	Arithm.	1813	3338	2357	4303	8997	15362	15523	32465	305350	-
	Median	1125	1100	1275	1300	1600	2400	7500	16940	305350	-
Min		0	0	0	0	0	0	0	2200	333	-
Max.		7999	17000	9000	32800	6500	298000	93800	158000	608500	-
Perzentile	25	163	650	612	800	614	875	1500	3650	2200	-
	75	3150	4188	3513	4690	8125	7950	23212	57041	-	-

Tab. 21: Nettoausgaben für Vitrinen

Größenklasse		1	2	3	4	5	6	7	8	9	10
N	Gültig	24	33	26	22	18	24	18	15	1	0
	Fehlend	16	16	20	21	10	24	21	15	3	1
M	Artihm.	2.513	5.988	8.535	5.373	11.931	7.731	16.750	177.875	184.000	-
	Median	0	0	0	1.000	3.500	100	7.000	5.000	184.000	-
Min		0	0	0	0	0	0	0	0	184.000	-
Max.		30.000	100.000	180.000	50.000	100.000	50.000	70.000	2.000.000	184.000	-
Perzentile	25	0	0	0	0	75	0	1.500	0	184.000	-
	75	2.875	3.500	1.625	5.000	9.750	6.750	26.250	25.000	184.000	-

Tab. 22: Nettoausgaben Gesamt

Größenklasse		1	2	3	4	5	6	7	8	9	10
N	Gültig	30	39	31	35	22	33	26	21	2	0
	Fehlend	10	10	15	8	6	15	13	9	2	1
M	Arithm.	3702	7463	8983	6943	17941	17725	25925	148697	397350	-
	Median	2135	1100	1850	3050	6650	3300	14815	9200	397350	-
Min		0	0	0	0	0	0	0	0	2200	-
Max.		31100	100000	180000	82800	100000	341333	93800	2000000	79250	-
Perzentile	25	143	0	500	800	1067	550	1725	966	2200	-
	75	4225	7300	5200	5000	24388	9900	52750	54452	-	-

Die Berechnung des Marktvolumens erfolgte daher anhand von Mittelwerten innerhalb der Größenklassen wie folgt:

- Berechnung des arithmetischen Mittels der Nettoausgaben pro Museum für Ausstellungsmaterialien (i) und Vitrinen (ii), sowie für Gesamtausgaben (iii) für GK 1-10.
- Berechnung der Nettoausgaben pro Museum (i/ii/iii) für Museen ohne Angabe der GK unter Annahme, dass die Verteilung der GK in dieser Gruppe (k.A.) der Verteilung in der übrigen Grundgesamtheit (GK 1-10) entspricht.
- Berechnung der Durchschnittlichen Nettoausgaben (i/ii/iii) pro GK, auf Basis der Anzahl der Museen je GK. Da für GK 10 keine Daten erhoben werden konnten, wurde von der konservativen Annahme ausgegangen, dass die Nettoausgaben denen der GK 9 entsprechen.
- Hochrechnung der durchschnittlichen jährlichen Nettoausgaben (i/ii/iii) deutscher Museen und damit Abschätzung des Marktvolumens in Deutschland.

Tab. 23: Kennzahlen zur Berechnung des jahresdurchschnittlichen Marktvolumens für Ausstellungsmaterialien (i) und Vitrinen (ii), sowie für die Gesamtausgaben (iii) deutscher Museen

		i ø Nettoausgaben Ausstellungsmaterialien		ii ø Nettoausgaben Vitrinen		iii ø Nettoausgaben Gesamt	
Größen-klasse	**Anzahl Museen**	**pro Museum**	**pro GK**	**pro Museum**	**pro GK**	**pro Museum**	**pro GK**
1	2588	1.813	4.690.931	2.513	6.502.350	3.702	9.580.077
2	586	3.338	1.956.091	5.988	3.508.898	7.463	4.373.441
3	330	2.357	777.701	8.535	2.816.425	8.983	2.964.251
4	236	4.303	1.015.525	5.373	1.268.011	6.943	1.638.470
5	160	8.997	1.439.512	11.931	1.908.962	17.941	2.870.525
6	355	15.362	5.453.347	7.731	2.744.342	17.725	6.292.460
7	236	15.523	3.663.310	16.750	3.953.000	25.925	6.118.210
8	202	32.465	6.557.958	177.875	35.930.841	148.697	30.036.859
9	15	305.350	4.580.250	184.000	2.760.000	397.350	5.960.250
10	4	305.350	1.221.400	184.000	736.000	397.350	1.589.400
k.A.	1485	6.655	9.881.939	13.185	19.580.074	15.158	22.509.456
Gesamt	**6197**		**41.237.964**		**81.708.902**		**93.933.400**

Für die unterschiedlichen Marktsegmente konnten folgende jahresdurchschnittliche Marktvolumina für Deutschland errechnet werden (vgl. Tab. 23):

i. Ausstellungsmaterialien: 41.237.964 €

ii. Vitrinen: 81.708.902 €

iii. Gesamtausgaben: 93.933.400 €

Auffällig ist dabei, dass die Summe der Ausgaben für Ausstellungsmaterialien und Vitrinen mit 122.946.867 Euro wesentlich höher ist als das berechnete Gesamt-Marktvolumen von 93.933.400 Euro. Daraus lässt sich schließen, dass Museen, die mehr Geld für Ausstellungsmaterialien aufwenden, weniger Ausgaben für Vitrinen tätigen.

Eine mögliche Begründung dafür wäre, dass die in der Gruppenvariablen Ausstellungsmaterialien zusammengefassten Materialgruppen (Holz/Holzwerk-stoffe, Karton/Papier, Kunststoffe, Dichtungsmaterialien/Klebstoffe, Lacke/Farben, Textilien/Textilbeläge, Glas, Metall) teilweise von Museen verwendet werden, um in Eigenleistung Vitrinen zu bauen oder nachzurüsten, anstatt Vitrinen als fertiges Produkt von einem Hersteller zu beziehen.

Vor diesem Hintergrund wird untersucht, ob zwischen den Museen, die Vitrinen in Eigenleistung bauen, und Museen, die Vitrinen als fertiges Produkt beziehen, eine statistisch signifikante Abweichung hinsichtlich der Nettoausgaben für Ausstellungsmaterialien (i) besteht. Die Hypothesen lauten wie folgt:

Hypothesen

H_0: Museen die Vitrinen in Eigenleistung bauen haben genauso hohe Nettoausgaben für Ausstellungsmaterialien wie Museen, die ihre Vitrinen nicht in Eigenleistung bauen.

H_1: Museen die Vitrinen in Eigenleistung bauen haben höhere Nettoausgaben für Ausstellungsmaterialien wie Museen, die ihre Vitrinen nicht in Eigenleistung bauen.

Die Analyse basiert zum einen auf den Angaben der Befragten zu den Nettoausgaben für Ausstellungsmaterialien (unabhängige Variable) und zum anderen auf Angaben zum Bau von Vitrinen (abhängige Variable).[223]

Da die Verteilung der Nettoausgaben für Ausstellungsmaterialien innerhalb der Stichprobe signifikant von der Normalverteilung abweicht, kommt der *Mann-Whitney-U* Test zur Überprüfung der Hypothese zum Einsatz. Der Mann-Whitney-U Test zeigt einen hoch signifikanten Zusammenhang (p = 0,000) zwischen den Nettoausgaben für Ausstellungsmaterialien und der „Anschaffungsart" von Vitrinen (vgl. Tab. 24.)

Demzufolge haben Museen, die ihre Vitrinen in Eigenleistung bauen, einen höheren *mittleren Rang* als Einrichtungen, die ihre Vitrinen von externen Firmen bauen lassen; folglich geben Museen mit Vitrinenbau in Eigenleistung mehr Gelder für Ausstellungsmaterialien aus. Damit stützt das Ergebnis des *Mann-Whitney-U* die Vermutung, das sich die Differenz zwischen der Summe der Ausgaben für Ausstellungsmaterialien und Vitrinen und das berechnete Gesamt-Marktvolumen durch den Effekt erklären lässt, dass innerhalb der Größenklassen zwei Typen von Museen zu unterscheiden sind: Museen, welche Vitrinen in Eigenleistung bauen und primär Ausstellungsmaterialien beziehen sowie Museen, die Vitrinen beziehen und daher geringere Aufwendungen für Ausstellungsmaterialien ausweisen. Einen Überblick hierzu gibt Abb. 28.

223 Im Rahmen der Primärerhebung wurden die Teilnehmer der Umfrage gefragt, ob sie innerhalb der letzen drei Jahre ihre Vitrinen von Museumshandwerkern haben bauen lassen.

Tab. 24: Ergebnisse des Mann-Whitney-U-Tests zur Verteilung der Nettoausgaben für Ausstellungsmaterialien

	Vitrinen von Museumshandwerkern gebaut	Mittlerer Rang	Summe
Anzahl der Befragten: N	195		
	nicht genannt 147	87,20	12819,00
	genannt 48	131,06	6291,50
Mann-Whitney-U			1941,00
Asymptotische Signifikanz (2-seitig)			0,00

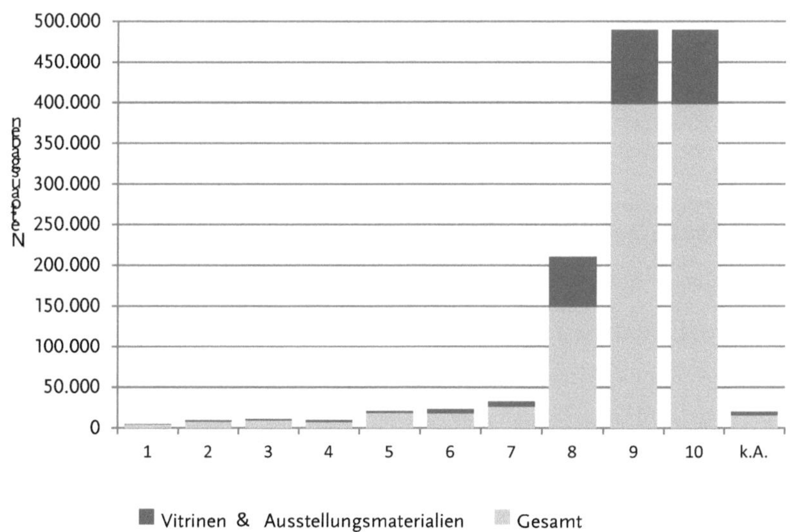

Abb. 28: Vergleich der durchschnittlichen Nettoausgaben für Ausstellungsmaterialien und Vitrinen, sowie der Gesamtausgaben zur Präsentation von Objekten

Neben der Marktgröße ist vor allem die Branchenstruktur ein Indiz für die **Attraktivität einer Branche**. Die folgende Abbildung überträgt Porters Modell der Marktkräfte auf den Markt für Vitrinenbauer:

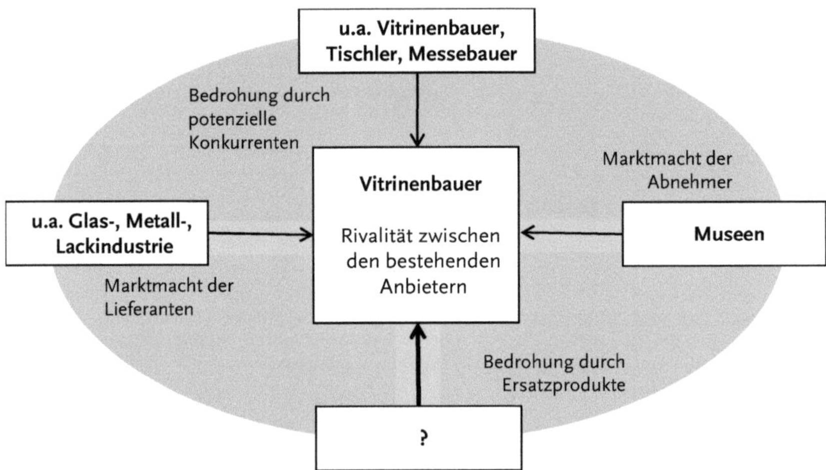

Abb. 29:Die fünf bestimmenden Wettbewerbskräfte der Vitrinenbranche im Hinblick auf die Branchenstabilität (Quelle: vgl. Porter 2000, S. 29)

Im ersten Schritt wird die *Rivalität unter den Wettbewerbern*, d.h. die Wettbewerbsintensität, untersucht. Die Analyse der Wettbewerbsintensität spielt im Hinblick auf die Frage nach der wirtschaftlichen Tragfähigkeit des GZs für Vitrinen eine große Rolle, da das GZ geeignet ist, den Wettbewerb innerhalb des Marktes für Vitrinen zu beeinflussen. Ist die Rivalität unter den Wettbewerbern groß, so ist die Suche nach Wettbewerbsvorteilen ausgeprägt – ist die Rivalität klein, so besteht ein geringerer Anreiz, nach Differenzierungsmöglichkeiten zu suchen (vgl. Abschnitt 1.3.1.).

Die Wettbewerbsintensität innerhalb der Branche wird im Folgenden anhand des Reifegrads des Marktes analysiert. Hierzu wird das in Abschnitt 1.3.2. beschriebene Modell der Endgames-Kurve herangezogen, das die Einordnung einer Branche im Hinblick auf den Reifegrad ermöglicht.

Wie in Abschnitt 1.3.2. erläutert, werden im Modell der Endgames-Kurve vier Phasen differenziert, wobei die Differenzierung auf der einen Seite vom Marktanteil der drei größten Unternehmen einer Branche und zum anderen von der Dauer des Konsolidierungsprozesses in Jahren abhängt. Unterschieden werden vier Phasen:

Tab. 25: Phasen eines Konsolidierungsprozesses

Phase	Marktanteil	Dauer Konsolidierung
Öffnungsphase	< 10%	-5 bis 0 Jahre
Kumulationsphase	> 10%; < 40%	0 bis 12 Jahre
Fokusphase	> 40%; < 70%	12 bis 17 Jahre
Balancephase	> 70%	älter 17 Jahre

Die im Rahmen der Primärerhebung erhobenen Umsätze der größten deutschen Vitrinenbauer zeigen folgendes Bild:

Tab. 26: Kennzahlen zur Berechnung des Gesamtumsatzes der befragten Vitrinenbauer (international/national)

Vitrinenbauer	Gesamtumsatz	Umsatz Vitrinen	Umsatz Vitrinen Deutschland
A	8.000.000	2.000.000	1.500.000
B	12.000.000	2.250.000	900.000
C	22.000.000	15.000.000	1.000.000
D	2.500.000	2.500.000	2.200.000
E	1.100.000	70.000	35.000
F	2.000.000	1.000.000	500.000
G	4.500.000	4.000.000	200.000
H	8.000.000	8.000.000	2.400.000
I	4.600.000	4.000.000	400.000
J	2.500.000	1.750.000	1.250.000
Gesamt	**67.200.000**	**40.570.000**	**10.385.000**
Marktvolumen Deutschland			81.708.902

Tab. 27: Top 3 Marktführer der Vitrinenbauer bezogen auf den nationalen Umsatz (Deutschland) der Unternehmen

Top	Vitrinenbauer	Umsatz Vitrinen Deutschland
1	H	2.400.000
2	D	2.200.000
3	A	1.500.000
Gesamt		**6.100.000**

Tab. 28: Top 3 Marktführer der Vitrinenbauer bezogen auf den internationalen Umsatz der Unternehmen

Top	Vitrinenbauer	Umsatz Vitrinen
1	C	22.000.000
2	B	12.000.000
3	A/H	8.000.000
Gesamt		42.000.000

Tab. 29: Top 3 Marktführer der Vitrinenbauer bezogen auf den Gesamtumsatz der Unternehmens

Top	Vitrinenbauer	Gesamtumsatz
1	C	15.000.000
2	H	8.000.000
3	G/I	4.000.000
Gesamt		42.000.000

Der Marktanteil der drei größten Vitrinenbauer beläuft sich somit auf ca. 7,5%. Der Marktführer hat dabei lediglich einen Marktanteil von 2,9% (H) des deutschen Marktvolumens; gefolgt von Vitrinenbauer D mit 2,7% Marktanteil und Vitrinenbauer A mit 1,8%.

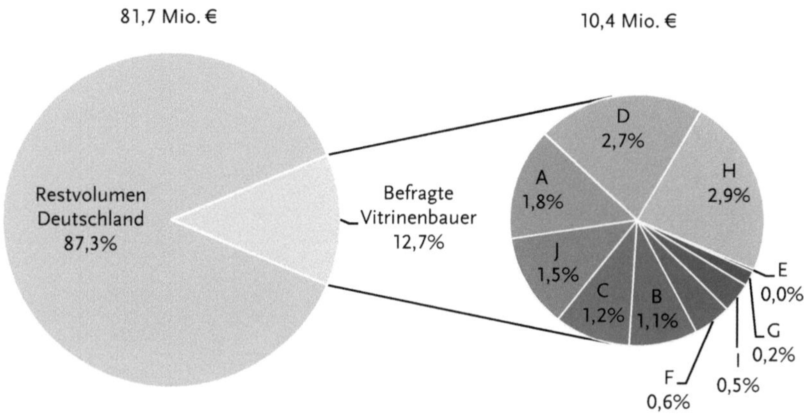

Abb. 30: Marktanteile ausgewählter Vitrinenbauer (A-J) am Marktvolumen für Vitrinen in Deutschland

Die Zahlen legen nahe, dass sich der Markt noch in der Öffnungsphase befindet, der Konsolidierungsprozess der Branche also noch bevorsteht. Es handelt sich somit um einen fragmentierten Markt mit hohem Wettbewerb.

Gestützt wird diese Vermutung durch die Daten aus der zweiten Studie „Ausgaben für Ausstellungsmaterialien und Vitrinen“: Auf die Frage, mit welchen Vitrinenbauern die Museen in den letzten drei Jahren zusammengearbeitet haben, wurden insgesamt 92 verschiedene Firmen genannt. 84 der genannten Firmen waren nicht unter den befragten Vitrinenbauern.[224] Neben Firmen, die sich auf den Vitrinenbau spezialisiert haben, wurden von den Museen vor allem Schreiner, Glaser und Messebauer angegeben.

Die folgende Abbildung zeigt die Häufigkeitsverteilung der befragten Vitrinenbauer (A-J) im Vergleich zu allen in der Studie genannten Firmen. Dabei wurden 74 der Firmen, die nur von einem Museum angegeben wurden, zu einer Gruppe (Einfachnen-

[224] Ohne Nennung der befragten Museen waren KnaufKassel Ausstellungen und Messebau GmbH und mezzo Systems GmbH.

nung) zusammengefasst. Die übrigen 10 Firmen – mit mehr als einer Nennung – sind einzeln aufgeführt (I-X).

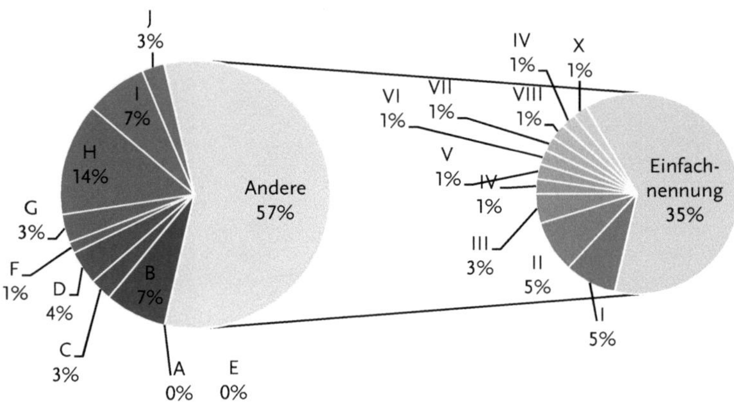

Abb. 31: Prozentuale Häufigkeitsverteilung der von Museen beschäftigten Vitrinenbauer der letzten drei Jahre (2007-2009)

Es zeigt sich somit ein äußerst heterogenes Anbieterbild, welches Vitrinen sehr unterschiedlicher Qualität anbietet.

Der niedrige Konzentrationsgrad der Branche lässt sich plausibilisieren, indem der Fokus auf den Produktionsprozess von Vitrinen gelegt wird. Nach Aussage der Vitrinenbauer ist die Produktion von Vitrinen noch stark handwerklich geprägt (vgl. Abb. 32), da Vitrinen zum einen individuelle Anfertigungen „nach Maß“ sind und es zum anderen – wie eingehend im Rahmen dieser Arbeit diskutiert – keine Produktionsstandards gibt (Richtlinien/Standards/Grenzwerte zur Emissions-begrenzung fehlen; vgl. Abschnitt 3.1.3 und 3.2.2) und somit eine Automatisierung der Produktion schwerfällt.

Größenvorteile, welche sich vor allem durch Standardisierung und Automatisierung ergeben und die Konsolidierung innerhalb einer Branche treiben, sind damit kaum realisierbar. Als Folge können kleine Unternehmen mit großen Unternehmen der Branche konkurrieren.

Hinzu kommt, dass die *Markteintrittsbarrieren* aufgrund fehlender Standards und der geringen Spezialisierung der Anbieter sehr gering sind. Die Bedrohung durch potenzielle Konkurrenten ist momentan sehr hoch, denn neben professionellen Museums-Vitrinenbauern entdecken immer wieder neue Anbieter wie beispielsweise Tischler, Glaser oder Messebauer den Markt für sich. Der Markteintritt weiterer Wettbewerber und damit eine Zunahme des Wettbewerbs sind somit wahrscheinlich.

Zementiert wird diese Situation durch die Abnehmer und *Lieferanten*: Letztere sind aufgrund ihrer Größe in einer starken Position gegenüber den doch recht kleinen Vitrinenbauern: Glas-, Stahl- und Lackproduzenten sind i.d.R. international operierende Konzerne, für welche der Vitrinenmarkt eine untergeordnete Rolle spielt, auch weil die Vitrinenbauer nur ein sehr kleines Auftragsvolumen auf sich vereinen. In der Folge gelingt es somit den Lieferanten, hohe Preise gegenüber den Vitrinenbauern durchzusetzen.

Und auch die *Abnehmer* – die Museen – können Ihre Interessen aufgrund Ihrer Größe und dem intensiven Wettbewerb leicht durchsetzen: Die durchschnittlichen Nettoausgaben für Vitrinen pro Jahr liegen bei den großen Museen, welche den Hauptmarkt für Vitrinen auf sich vereinen, bei ca. 200.000 Euro. Ein großer Auftrag kann somit für einen Vitrinenbauer leicht 10-50% des Jahresumsatzes für Vitrinen darstellen.

Positiv zu werten ist, dass die *Bedrohung durch Ersatzprodukte* momentan als sehr gering einzustufen ist, da aus aktueller Sicht keine weitere realistische Lösung existiert, die – vergleichbar mit Vitrinen – geeignet wären, Objekte zu präsentieren und zu schützen. Grundsätzlich wäre es zwar technisch realisierbar, wenn man eine Art emissionsarmen Reinraum schafften würde und dann nicht die Objekte in mehr oder weniger kleinen Vitrinen vom Besucher abschirmt, sondern den Schutz vor dem Besucher beispielsweise durch eine Art Glastunnel – wie es in großen Aquarien üblich ist – realisiert. Dies wäre jedoch nicht nur mit sehr großem technischem Aufwand verbunden, sondern würde vor allem auch die Erfahrbarkeit der präsentierten Objekte und Räume insbesondere bei historischen Gebäuden stark beeinträchtigt.

Eine Einschätzung des eigenen Marktes durch die Vitrinenbauer bestätigt einzelne der vorangegangenen Aussagen:

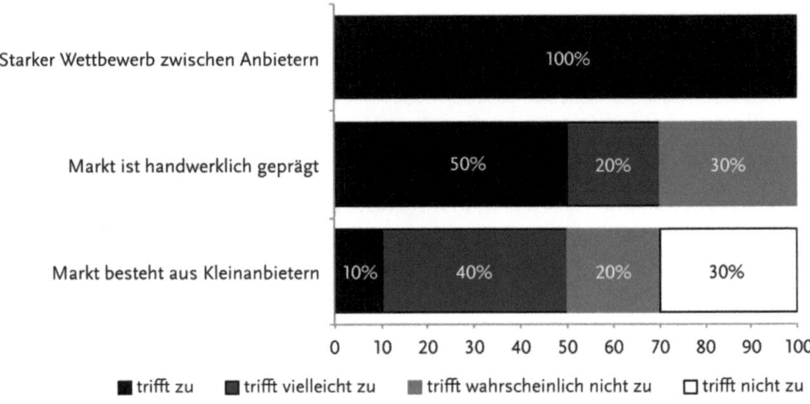

Abb. 32: Einschätzung des Vitrinenmarktes durch die befragten Vitrinenbauer

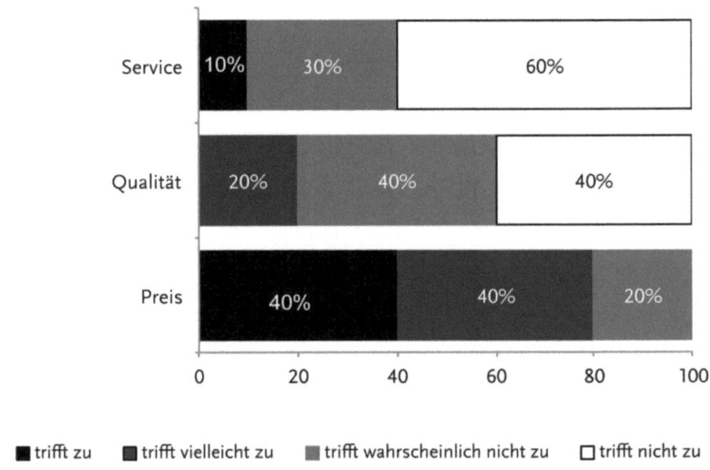

Abb. 33: Entscheidungskriterien der Museen beim Vitrinenkauf nach Einschätzung der befragten Vitrinenbauer

Zusammenfassend lässt sich somit festhalten, dass der deutsche Vitrinenmarkt folgendermaßen zu charakterisieren ist:

- Mit ca. 80 Mio. Marktgröße handelt es sich um einen vergleichsweise „kleinen" Markt.
- Der Markt ist fragmentiert und wird von kleinen, handwerklichen Anbietern dominiert. Der Marktführer hat einen Marktanteil < 3%.
- Aufgrund fehlender Standards, einem hohen Anteil handwerklicher Arbeit und wenigen Möglichkeiten zur Automatisierung können größere Anbieter keine/ kaum Größenvorteile realisieren. Folglich hat die Konsolidierung im Markt noch nicht eingesetzt.
- Der Rivalität unter den Wettbewerbern ist sehr hoch, konkurriert wird i.d.R. über den Preis. Die Wahrscheinlichkeit des Eintritts neuer Wettbewerber ist hoch, da die Markteintrittsbarrieren für Anbieter angrenzender Branchen (Tischler/Glasereien/Messebauer, etc.) sehr niedrig sind. Die Position der Vitrinenbauer gegenüber Lieferanten und Abnehmern ist schwach, da diese in der Regel deutlich größer sind und diese ihre Größe zur Durchsetzung eigener Interessen nutzen können. Positiv zu werten ist, dass keine Gefahr durch Ersatzprodukte zu erwarten ist, da Vitrinen als alternativlos gelten.

Fügt man die aufgeführten Faktoren zu einem Gesamtbild zusammen, so ist der Markt für Vitrinenbauer vergleichsweise unattraktiv.

Von Interesse ist, welche Strategien die Vitrinenbauer in diesem Umfeld verfolgen und ob die Einführung des GZs zu einer Verbesserung der Umstände und damit zur Akzeptanz führen würde.

2.3.2. Strategien der Vitrinenbauer

Eine vor dem Hintergrund der Marktanalyse naheliegende Strategie für Vitrinenbauer ist es, sich angrenzende, attraktivere Märkte als den deutschen Vitrinenmarkt zu suchen. Als Option ergibt sich somit die Diversifikation in andere deutsche Branchen oder die Internationalisierung des Geschäfts.

Die Analyse der Umsatzanteile Vitrinen am Gesamtumsatz der untersuchten Unternehmen deutet darauf hin, dass die Strategie der Diversifikation von vier Vitrinenbauern verfolgt wird. Die Vitrinenbauer A/B/E/F weisen einen Vitrinenumsatz von maximal 50% des Gesamtumsatzes aus:

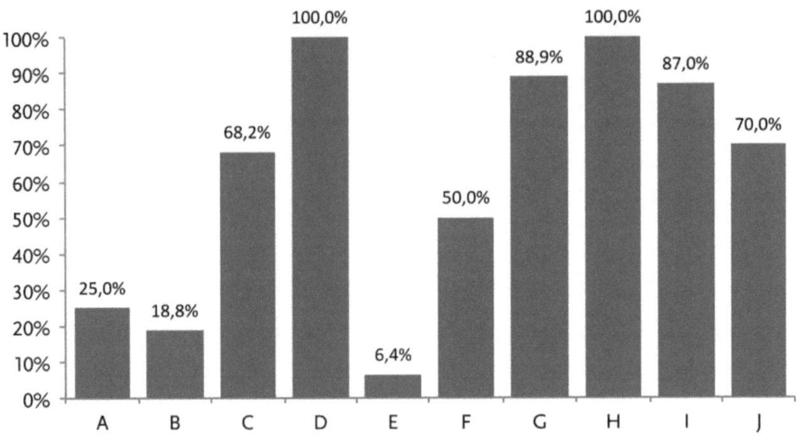

Abb. 34: Mit Vitrinen generierte Umsatzanteile der befragten Vitrinenbauer (A-J) im Vergleich zum jeweiligen Gesamtumsatz

Allerdings wird auf der anderen Seite deutlich, dass sich insbesondere die Marktführer D und H ausschließlich auf den Vitrinenmarkt konzentrieren. Und auch die Vitrinenbauer G und I haben mit annähernden 90 % einen extrem hohen Umsatzanteil im Vitrinenmarkt.

Gerade für professionelle/spezialisierte Vitrinenbauer dürfte somit eine Diversifikationsstrategie oder gar ein Marktaustritt schwierig sein, da für eine derartige Strategie die Kompetenzen fehlen.

Folglich überrascht es auch nicht, dass der Anteil des internationalen Geschäfts für die mittelständisch geprägte Branche sehr hoch ist: Die zehn befragten Unternehmen realisieren durchschnittlich nur ca. 25% ihrer Umsätze im deutschen Markt (vgl. Tab. 26). Insbesondere zwei der Unternehmen mit starkem Fokus auf den Vitrinenmarkt – G und I – verfolgen eine konsequente Internationalisierung: Der Anteil am heimischen deutschen Markt mit 5% bzw. 10% ist für ein deutsches mittelständisches Unternehmen mit einem Umsatz unter 5 Mio. Euro extrem niedrig.

Richtet man den Blick auf die von Porter postulierten Differenzierungsstrategien (vgl. hierzu Abschnitt 1.4.5.), so ist die Frage zu stellen, welche Wettbewerbsstrategien innerhalb des deutschen Marktes sinnvoll sind.

Wie bereits dargelegt, sehen sich die Vitrinenbauer einem Preiswettbewerb ausgesetzt. 40% der Vitrinenbauer geben an, dass dies zutrifft; weitere 40% sind immerhin der Meinung, dass dies vielleicht zutrifft (vgl. Abb. 33). Die empirischen Daten überraschen vor dem Hintergrund der theoretischen Analyse der Marktverhältnisse nicht – insbesondere deshalb nicht, da zudem die Güterart der Vitrinen im Sinne der ökonomischen Gütertheorie für einen Preiswettbewerb spricht (vgl. Abschnitt 1.3.4.).

Wie bereits erläutert, handelt es sich bei Vitrinen um Vertrauensgüter, deren Qualität erst nach mehreren Monaten oder Jahren bewertet werden kann. Emissionsarme Vitrinen lassen sich nicht augenscheinlich durch den Rezipienten bewerten, eine sachgemäße Beurteilung ist sehr komplex und erfordert kosten- und zeitintensive Emissionsanalysen (vgl. Abschnitt 1.2.4.). Eine Beurteilung der Schadstoffarmut ist ohne entsprechende Emissionsanalyse in Abhängigkeit von der Schadstoffkonzentration und dem Schädigungspotenzial für die ausgestellten Objekte u.U. erst nach Jahren möglich.

Typisch für derartige Märkte ist, dass billige Anbieter den Markt dominieren und gute, wie leistungsfähige Anbieter verdrängt werden. Begünstigt wird dies durch die Vergabepolitik der ausschreibenden Stellen. In Deutschland überwiegen öffentliche Ausschreibungen, bei denen häufig nur der preislich günstigste Anbieter den Zuschlag erhält[225] – die Qualität der Produkte ist nachrangig.

Folglich sehen 40% bzw. 60% der Vitrinenbauer auch keine Option darin, sich über eine bessere Qualität oder besseren Service zu differenzieren (vgl. Abb. 33).

---

225 Vgl. Kotler et al. 2011, S. 565.

2.3.3. Attraktivität eines Gütezeichens für Vitrinenbauer

In Kapitel 1.3.1 wurde erläutert, dass Gütezeichen mit ihrer Anbringung die als „erfüllt“ zu bezeichnenden Qualitätskriterien, Waren oder Leistungen kennzeichnen. Sie sollen dem Verbraucher auf diesem Weg eine möglichst neutrale und verlässliche Information für seine Marktorientierung bieten. In Bezug auf ein GZ für emissionsarme, museumstaugliche Materialien und Vitrinen würde dieses bedeuten, dass die zertifizierten Produkte dem Qualitätskriterium der Emissionsarmut nachkommen und sich für den speziellen Einsatz im Bereich Kunst- und Kulturgut eignen. Damit würde vor allem fachfremden, ästhetisch orientierten Personen – denen im Museum häufig die Entscheidungsgewalt beim Erwerb von Ausstellungsmaterialien und Vitrinen obliegt – eine bessere Vergleichbarkeit von Produkten ermöglicht.

Ein GZ würde demnach dem Marktversagen bei Erfahrungs- und Vertrauensgütern entgegenwirken, da nunmehr ex ante – d.h. in der Entscheidungssituation über den Kauf von Vitrinen – eine Abschätzung bzgl. der Tauglichkeit auch von fachfremden Entscheidern vorgenommen werden könnte.

Dieses bedeutet, dass sich Vitrinenbauern neben der Differenzierung über den Preis eine neue Differenzierungsoption – nämlich Qualität – eröffnet. In der Folge könnten professionelle/spezialisierte Vitrinenbauer eine qualitätsorientierte Strategie durch Einsatz des GZs verfolgen. Fraglich ist, ob die Museen das GZ als Qualitätsindikator akzeptieren würden.

Um die Akzeptanz eines GZs zur Begrenzung des Schadstoffeintrags im musealen Bereich beurteilen zu können, wurden die Museen im Rahmen der Umfrage „Emissionen im Museum“ gebeten anzugeben, ob sie zum einen ein GZ für emissionsarme Ausstellungsmaterialien und Vitrinen für notwendig halten und zum anderen, ob sie Produkte mit GZ bevorzugen würden.[226]

---

[226] Die zur Auswertung herangezogenen Daten beinhalten ausschließlich Einrichtungen, die von mehr als 100.000 Besuchern pro Jahr frequentiert werden (GK 8-10) (vgl. Abschnitt 1.1.2.). Museen der Größenklasse 1-7 konnten aus methodischen Gründen nicht berücksichtigt werden. Die folgenden Ergebnisse lassen sich damit nicht auf die Grundgesamtheit der Museen übertragen.

Die Auswertung der Häufigkeitsverteilung zeigt, dass 71,7% der befragten Museen die Notwendigkeit eines solchen GZ sehen und 22,6% der Einrichtungen sich noch keine endgültige Meinung zu diesem Thema gebildet haben. Nur 5,7% der Befragten geben an, dass sie ein solches GZ nicht für notwendig halten.

Darüber hinaus geben mehr als 90% der Museen an, dass sie Materialien mit einem GZ für schadstoffarme, museumstaugliche Materialien bevorzugt erwerben würden. Mit 7,5 % ist der Anteil der befragten Museen, die zertifizierten Produkten nicht den Vorzug geben würden, sehr gering.

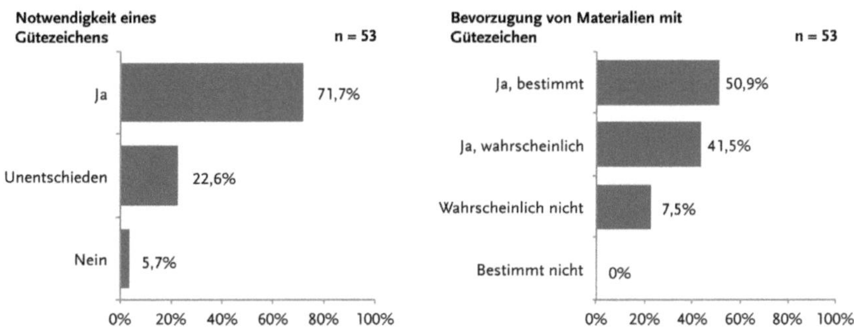

Abb. 35: Akzeptanzprognose für ein GZ für schadstoffarme, museumstaugliche Materialien

Festhalten lässt sich, dass eine hohe Akzeptanz eines GZs für schadstoffarme, museumstaugliche Produkte bei den befragten Museen gegeben wäre. Dieses Ergebnis überrascht vor dem Hintergrund der skizzierten Problematik und den täglich verursachten Schäden in Museen nicht sonderlich. Da mehr als die Hälfte der Entscheider Produkte mit einem GZ bevorzugen würden, ist davon auszugehen, dass ein GZ in Ausschreibungen zunehmend gefordert würde und sich somit als „Standard" in der Branche etablieren könnte.

Ein GZ als Standard für Vitrinen hätte weitreichende Konsequenzen für die Branchenstruktur: Da eine Zertifizierung für Vitrinenbauer mit Kosten verbunden wäre, würde sich das GZ auf der einen Seite als Markteintrittsbarriere etablieren und den Eintritt neuer Wettbewerber verringern; auf der anderen Seite könnten große Anbieter durch die Verteilung der Kosten auf eine hohe Ausbringungsmenge Größenvorteile realisieren – das Ergebnis könnte die Initiierung des Konsolidierungsprozesses im Sinne der Endgames-Kurve sein.

Langfristig würde dies zur Herausbildung großer Vitrinenbauer führen, wobei das Wachstum der Marktführer nicht durch die derzeitige Marktgröße beschränkt wäre: Wie die Analyse in Kap. 3.3.1 zeigt, unterteilt sich der Markt derzeit noch in Vitrinen und Ausstellungsmaterialien. Im Rahmen der vorliegenden Arbeit wurde die These entwickelt, dass ein Großteil der Museen, welche signifikant höhere Ausgaben für Ausstellungsmaterialien haben, Vitrinen in Eigenleistung bauen. Es ist anzunehmen, dass sich dieser Anteil zugunsten standardisierter/zertifizierter und damit sichererer Vitrinen verschieben und damit das Wachstum der Marktführer unterstützen würde.

Ob die dann zu erreichende Größe ausreichen würde, um die Verhandlungsposition gegenüber den Lieferanten zu verbessern, kann an dieser Stelle nicht eingeschätzt werden. Wahrscheinlich ist jedoch, dass sich die Verhandlungsposition der Marktführer gegenüber den Museen verbessern würde, da der „Standard" für Ausschreibungen obligatorisch werden könnte und die Museen daher aus weitaus weniger Anbietern wählen könnten. Aus einem fragmentierten Markt mit hohem Wettbewerb könnte sich im Sinne des Endgames-Modells ein Oligopol mit geringerem Wettbewerb entwickeln.

Dieser Argumentation folgend wäre es wahrscheinlich, dass professionelle Vitrinenbauer die Einführung eines GZs begrüßen würden. Die empirischen Ergebnisse stützen diese Annahme. Die Akzeptanzprognose der Vitrinenbauer basiert dabei auf den Interviewergebnissen der Studie III „Marktsituation und Umsätze ausgewählter Vitrinenbauer" (vgl. Abschnitt 1.1.3). Die ausgewählten Vitrinenbauer wurden auf der einen Seite gefragt, ob das GZ eine Chance/Gefahr für ihr Unternehmen darstellt und auf der anderen Seite, ob sie mindestens eines ihrer Produkte zertifizieren lassen würden.

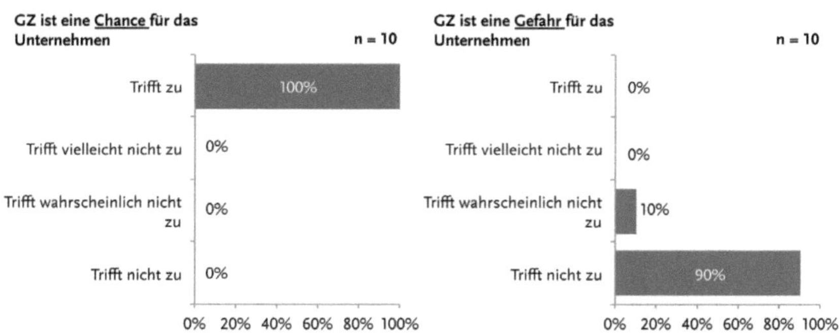

Abb. 36: Einschätzungen der Vitrinenbauer bezüglich eines GZs für schadstoffarme, museumstaugliche Vitrinen

Demnach sehen alle Befragten die Einführung eines GZs als eine Chance für ihr Unternehmen. Ebenso gaben 100% an, dass die Einführung eines GZs (wahrscheinlich) keine Gefahr für sie darstellt.

Ebenfalls gaben 100% der Vitrinenbauer an, dass sie eines ihrer Produkte zertifizieren lassen würden.

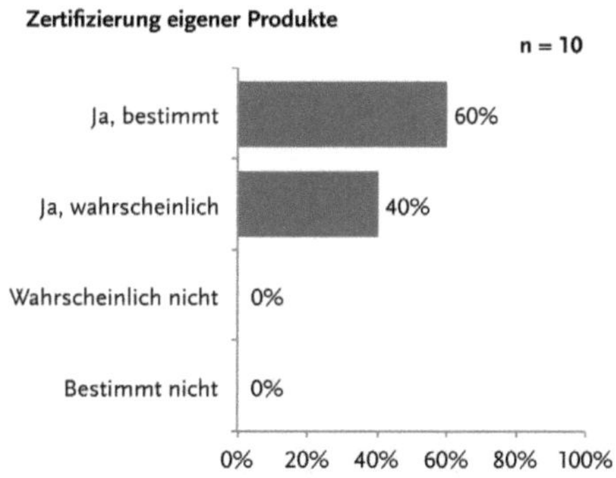

Abb. 37: Akzeptanzprognose der Vitrinenbauer für ein GZ für schadstoffarme, museumstaugliche Vitrinen

Darüber hinaus wurden die Vitrinenbauer gebeten anzugeben, was ein Gütezeichen für museumstaugliche Materialien/Vitrinen Ihrer Meinung nach maximal kosten darf. Dabei wurden externen und internen Initialisierungskosten für die Erstzertifizierung, sowie jährliche Erhaltungskosten abgefragt. Eine Übersicht der erhobenen Daten gibt die folgende Tabelle:

Tab. 30: Maximal tragbare Kosten für ein Gütezeichen für museumstaugliche Materialien/Vitrinen

Vitrinenbauer	Initialisierungskosten		Erhaltungskosten	
	extern	intern	extern	intern
A	3.000	1.000	1.000	300
B	10.000	10.000	5.000	5.000
C	100.000	100.000	20.000	50.000
D	25.000	20.000	2.500	0
E	17.500	60.000	10.000	10.000
F	4.000	4.000	1.000	2.000
G	5.000	5.000	2.500	2.500
H	15.000	15.000	7.500	5.000
I	50.000	20.000	5.000	5.000
J	5.000	0	200	0
Gesamt	234.500	235.000	54.700	79.800

Demnach wären die befragten Vitirnenbauer (A-J) bereit insgesamt ca. 580.000 Euro für die Initialisierung eines GZ zu investieren; wobei sich die externen und internen Initialisierungskosten die Waage halten. Die maximal vertretbare jährliche Belastung liegt bei insgesamt 135.000 Euro.

Darüber hinaus zeigen die Boxplots (Abb. 36) und die Datentabelle (Tab. 33), das die Spannweite[227] für die externen (97.000 Euro), sowie für die internen (100.000 Euro) Initialisierungskosten sehr breit ist. Eine weniger breite Spannweite zeigt sich bei den jährlichen externen (19.800 Euro) und internen (50.000 Euro) Erhaltungskosten. Ein zentrales Maß für die maximal akzeptablen Zertifizierungskosten der befragten Vitrinenbauer geben die Mediane mit je 12.500 Euro (externe/interne) für die Initialisie-

[227] Die Spannweite ist der Abstand zwischen dem größten (Maximum) und dem kleinsten (Minimum) numerischen Wert der erhobenen Daten (vgl. hierzu Tab. 33).

rungskosten und je 3.750 Euro (externe/interne) für die jährlich anfallenden Erhaltungskosten.

Die Interqaurtilsabstände der jeweiligen Werte (vgl. Abb. 36, Tab. 33) könnte für den zukünftigen Zeichenhalter (zertifizierende Stelle) als Anhaltspunkt für die Festlegung der Zertifizierungskosten dienen. Demnach sollten die externen Initialisierungskosten für ein GZ zwischen 5.000 und 23.000 Euro liegen und die jährlichen Kosten zum Erhalt des GZ sollten 1.400 bis 6.900 Euro nicht überschreiten.

Ob sich ein Gütezeichen für emissionsarme Materialien und Vitrinen zu diesen Kondition umsetzen ließe wurde im Rahmen dieser Arbeit nicht untersucht. Um dieser Frage nachzugehen müssen zunächst u.a. Prüfverfahren und Grenzwerte bestimmt werden.

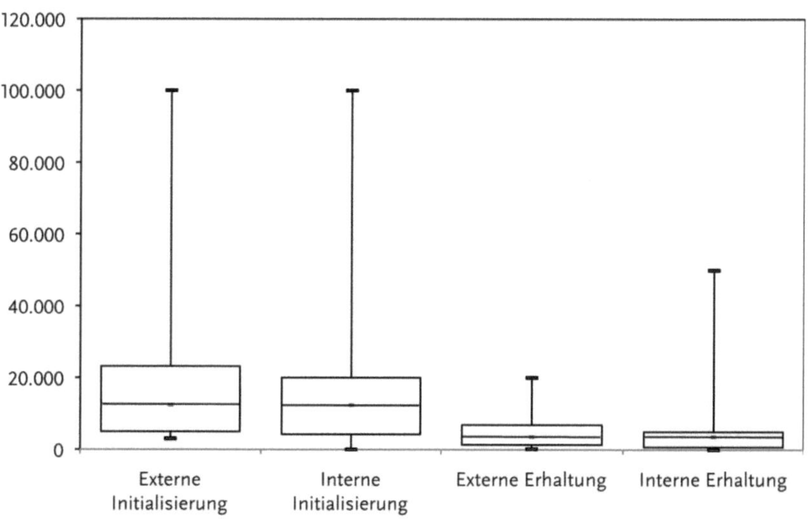

Abb. 38: Boxplot zum Vergleich maximal tragbarer Kosten für ein Gütezeichen für museumstaugliche Materialien/Vitrinen

Tab. 31: Datentabelle zum Boxplot Maximal tragbare Kosten für ein Gütezeichen für museumstaugliche Materialien/Vitrinen

		Initialisierungskosten		Erhaltungskosten	
		Extern	Intern	Extern	Intern
N	Gültig	28	28	24	29
	Fehlend	12	21	22	14
M	Arthm.	23.450	23.500	5.470	7.980
	Median	12.500	12.500	3.750	3.750
Min.		3.000	0	200	0
Max.		100.000	100.000	20.000	50.000
Perzentile	25	5.000	4.250	1.375	725
	75	23.125	20.000	6.875	5.000

2.3.4. Schlussfolgerungen aus Kapitel 2.3

Zur Beurteilung der Umsetzbarkeit eines Gütezeichens aus wirtschaftlicher Sicht wurde in Kapitel 2.3 eine Analyse der wirtschaftlichen Tragfähigkeit auf Basis der in Kapitel 1.3 vorgestellten Modelle der Wirtschaftswissenschaften vorgenommen.

Im Rahmen der Marktanalyse wurde zunächst die Marktgröße bestimmt: Für Ausstellungsmaterialien beträgt diese ca. 42 Mio. Euro, für Vitrinen ca. 82 Mio. Euro und als Gesamtausgaben zur Präsentation von Objekten wurden ca. 94 Mio. Euro errechnet. Die Differenz zwischen der Summe aus Ausstellungsmaterialien und Vitrinen sowie der errechneten Summe für die Gesamtausgaben wurde durch das Phänomen erklärt, dass sich im Hinblick auf den Vitrinenmarkt zwei Museumstypen unterscheiden lassen: Museen, die Vitrinen in Eigenleistung bauen und primär Ausstellungsmaterialien beziehen sowie Museen, die Vitrinen beziehen und daher geringere Aufwendungen für Ausstellungsmaterialien ausweisen. Festzuhalten bleibt, dass der deutsche Vitrinenmarkt mit ca. 82 Mio. Euro relativ klein ist.

Charakteristisch für diesen Markt ist, dass es sich um einen fragmentierten Markt handelt, der von kleinen, handwerklich Anbietern dominiert wird. Größere Anbieter können keine bzw. kaum Größenvorteile realisieren, da aufgrund fehlender Standards und einem hohen Anteil handwerklicher Arbeit wenige Möglichkeiten zur Automatisierung bestehen. Konsolidierungstendenzen können im Markt daher nicht beobachtet werden.

Die Wettbewerbsanalyse nach Porter zeigt auf, dass der Markt für Vitrinenbauer vergleichsweise unattraktiv ist:

Die Rivalität unter den Wettbewerbern ist sehr hoch, der Vitrinenmarkt ist momentan einem starken Preiswettbewerb ausgesetzt. Ein wesentlicher Grund für diesen Preiswettbewerb begründet sich durch das Produkt – emissionsarme Vitrinen – selbst. Im Sinne der ökonomischen Gütertheorie handelt es sich bei Vitrinen um Vertrauensgüter, deren Qualität sich nicht augenscheinlich durch den Rezipienten bewerten lässt. Dies führt im vorliegenden Fall zum Marktversagen, in der Folge dominieren eher billige Anbieter den Markt, wobei gute, leistungsfähige Anbieter verdrängt werden. Verstärkt wird dies durch die im Museumsumfeld vorherrschende Vergabepolitik, bei der häufig nur der preislich günstigste Anbieter den Zuschlag erhält. In der Folge haben die Vitrinenbauer in der aktuellen Situation keine Möglichkeit, sich über Qualität oder Service zu differenzieren.

Verstärkt werden die Wettbewerbsintensität und der Preiswettbewerb durch neue Wettbewerber. Die Bedrohung durch potenzielle Konkurrenten ist hoch, da die Markteintrittsbarrieren für Anbieter angrenzender Branchen (Tischler/Glasereien/Messebauer, etc.) sehr niedrig sind.

Die Marktmacht der Vitrinenbauer gegenüber den Lieferanten (u.a. Glas-, Metall, Lackindustrie) ist schwach, da diese i.d.R. größer sind und den Größenvorteil zur Durchsetzung eigener Interessen nutzen können.

Die gleiche Situation zeigt sich bei der Position gegenüber den Museen, da diese bedingt durch den intensiven Wettbewerb der Vitrinenbauer und ihre Größe (s.o.) die eigenen Interessen leicht durchsetzen können.

Aufbauend auf diesen Ergebnissen wurde in Abschnitt 2.3.2. untersucht, welche Strategien die Vitrinenbauer verfolgen. Vermutet wurde, dass die Vitrinenbauer versuchen, auch in angrenzenden (attraktiveren) Märkten aktiv zu werden, wobei diesbezüglich die Optionen der Diversifizierung wie auch der Internationalisierung untersucht wurden (vgl. Abschnitt 2.3.1.).

Festgestellt werden konnte, dass sich die Marktführer (Vitrinenbauer D/H) ausschließlich auf den Vitrinenmarkt konzentrieren und nicht diversifizieren. Auch weitere große Vitrinenbauer (G/I) wiesen mit annähernden 90 % einen extrem hohen Umsatzanteil im Vitrinenmarkt auf. Erklärt wurde diese Beobachtung mit dem Umstand, dass es sich bei den großen Vitrinenbauern um hochgradig spezialisierte Anbieter handelt, welche ihre Kompetenzen ausschließlich im Bau von Vitrinen sehen.

Der Anteil des internationalen Geschäfts ist dagegen für die mittelständisch geprägte Branche der Vitrinenbauer sehr hoch. Die befragten Vitrinenbauer (A-J) realisieren durchschnittlich nur ca. 25% ihrer Umsätze im deutschen Markt; bei zwei dieser Vitrinen beträgt der Anteil am heimischen Markt sogar nur 5% (G) bzw. 10% (I).

Damit konnte gezeigt werden, dass die Marktführer nicht diversifizieren, sondern eine Internationalisierung anstreben, um sich am Markt behaupten zu können.

Abschließend wurde in Abschnitt 2.3.3. untersucht, ob und inwieweit die Einführung eines GZs zur Verbesserung der aufgezeigten Umstände und damit zur Akzeptanz des GZs führen könnte. Es konnte gezeigt werden, dass ein GZ dem Marktversagen entgegenwirkt, da dieses als Qualitätsindikator auch fachfremden Entscheidern eine Beurteilung der Tauglichkeit während der Entscheidungssituation ermöglicht. Dies würde professionellen bzw. spezialisierten Vitrinenbauern eine qualitätsorientierte Differenzierungsstrategie ermöglichen.

Anzunehmen ist, dass ein GZ als Standard für Vitrinen weitreichende Konsequenzen für die Branchenstruktur hätte, da es zu einer Initiierung des Konsolidierungsprozesses im Sinne der Endgames-Kurve führen könnte: Die Bedrohung durch neue Wettbewerber würde gesenkt, da das GZ als Markteintrittsbarriere fungieren würde. Große Anbieter könnten durch die Verteilung der Zertifizierungskosten auf eine hohe Ausbringmenge Größenvorteile realisieren. Die Konsolidierung des Marktes würde damit auf lange Sicht zur Herausbildung großer Vitrinenbauer führen. Dieses würde voraussichtlich mit einer Verbesserung der Verhandlungsposition zertifizierter Marktführer gegenüber den Museen einhergehen. Nämlich dann, wenn das GZ für Ausschreibungen obligatorisch würde und Museen damit aus weniger Anbietern wählen könnten. Damit würde sich aus dem momentan fragmentierten Markt mit hohem Wettbewerb im

Sinne des Endgame-Modells ein oligopoler Markt mit geringerem Wettbewerb entwickeln.

Aus Sicht professioneller Vitrinenbauer müsste die Einführung eines GZs somit auf Akzeptanz stoßen. Diese Annahme wird durch die empirischen Daten gestützt: 100% der befragten Vitrinenbauer sehen im GZ eine Chance für ihr Unternehmen und würden mindestens eines ihrer Produkte zertifizieren lassen.

Da die Museen in erster Linie darauf abzielen, die Schadstoffproblematik zu reduzieren, ist auch hier mit einer hohen Akzeptanz zu rechnen. Auch diese Vermutung wurde empirisch gestützt: Mehr als 70% der Museen halten die Einführung eines GZs für notwendig und mehr als 90% der Museen würden zertifizierte Produkte bevorzugt erwerben.

Im Ergebnis lässt sich sagen, dass sich durch ein GZ insbesondere für die Anbieter von qualitativ hochwertigen Museumsvitrinen Wettbewerbsvorteile realisieren lassen würden. Die Einführung eines GZs hätte aus Sicht der Vitrinenbauer positive Veränderungen der derzeitigen Branchenstruktur zur Folge, demnach besteht ein großes Interesse an einem derartigen Unterfangen. Vor diesem Hintergrund lässt sich festhalten, dass die Umsetzbarkeit eines GZs wirtschaftlich tragfähig organisiert werden könnte und somit als gut möglich einzustufen ist.

3 FAZIT UND AUSBLICK

3.1 Ergebnisse der Arbeit

Der Eintrag von Schadstoffen in Museen und damit die Gefährdung und Schädigung von Kunst- und Kulturgut durch Bau- und Ausstellungsmaterialien – insbesondere bei Vitrinen – ist ein gravierendes Problem. Die vorliegende Arbeit beschäftigt sich mit der Frage, ob ein Gütezeichen für emissionsarme Ausstellungsmaterialien und Vitrinen ein geeignetes Instrument zur Schadstoffbegrenzung im Museum darstellt. Diese Grundlagenarbeit verfolgt dabei die drei nachstehenden Ziele:

(1) Die Analyse der **aktuellen Schadstoffsituation** im Museum zur Herstellung von Transparenz bezüglich der aufgezeigten Schadstoffproblematik;

(2) die Beurteilung der **Umsetzbarkeit eines GZs aus konservierungswissenschaftlicher Sicht** am Beispiel von Vitrinen;

(3) die Beurteilung der **Umsetzbarkeit eines GZs aus wirtschaftlicher Sicht**, d.h. die Abschätzung der wirtschaftlichen Tragfähigkeit des Vorhabens sowie die Erkundung der Akzeptanz seitens der Museen und Produzenten.

Die wichtigsten Ergebnisse der Auseinandersetzung lassen sich wie folgt zusammenfassen:

Mit Hilfe einer Primärerhebung (Studie I) konnte gezeigt werden, dass in deutschen Museen im Hinblick auf die **aktuelle Schadstoffsituation** bzw. den Umgang mit der Schadstoffproblematik dringender Handlungsbedarf besteht und die Entwicklung von Instrumenten zur Begrenzung des Schadstoffeintrags notwendig ist. Bislang hat sich keine einheitliche Vorgehensweise bei der Auswahl und Untersuchung von Ausstellungsmaterialien im Sinne einer präventiven Konservierung etablieren können. Deutlich wird, dass bisherige Maßnahmen (Materialprüfung, Routineuntersuchung etc.) an den befragten Museen nur einen sehr geringen Beitrag zur Reduzierung des Schadstoffeintrags leisten. So wird eine analytische Prüfung von Ausstellungsmaterialien vor ihrer Verwendung nur von der Hälfte der befragten Museen durchgeführt. Dabei sind die Ergebnisse der verwendeten Untersuchungsmethoden der verschiedenen Museen häufig nicht oder nur schwer vergleichbar und/oder ungeeignet im Hinblick auf eine Schadstoffbegrenzung: die Prüfbedingungen weichen voneinander ab (fehlende

(Museums)Standards), es werden qualitative oder quantitative Messverfahren durchgeführt. Des Weiteren werden zur Beurteilung des Emissionspotenzials in den befragten Museen unterschiedlichste Verbindungen und Substanzklassen analysiert.

Hinsichtlich der **Umsetzbarkeit eines GZs aus konservatorischer Sicht** konnte gezeigt werden, dass diese auf Basis des bestehenden Forschungsstands grundsätzlich möglich ist, auch wenn zur Spezifizierung der Grenzwerte weitere umfangreiche Studien erforderlich wären. Veranschaulicht wurde, dass die Einführung eines GZs für emissionsarme Ausstellungsmaterialien und Vitrinen zunächst eine Bestimmung von Prüfverfahren und Grenzwerten zur Beurteilung stofflicher Emissionen voraussetzt. Eine wesentliche Erkenntnis ist ferner, dass sich GZ aus dem Humanbereich nicht direkt auf den musealen Sektor übertragen lassen, da sie im Hinblick auf die Emissionsbeschränkung auf Grenzwerten basieren, die speziell für den menschlichen Organismus gelten. Es konnte jedoch gezeigt werden, dass bestehende Prüfkriterien aus dem Humanbereich als Grundlage für eine Zertifizierung im Bereich Kunst- und Kulturgut herangezogen werden können. Dieses konnte anhand einer Analyse relevante Materialgruppen (Dichtstoffe, Klebstoffe, Lacke/Farben, Holzwerkstoffe und Textilien) herausgestellt werden, die als Bau- und Ausstellungsmaterialien im Museum Verwendung finden. Korrespondierend dazu wurden entsprechende emissionsbegrenzende GZ im Hinblick auf ihre Prüfkriterien untersucht. Die Auswertung zeigte, dass die Prüfkriterien zur Emissionsmessung der untersuchten Materialgruppen auf den Europäischen Normen DIN EN ISO 16000-6, -9, -11[228] und DIN EN 717[229] basieren. Im Hinblick auf die im Fokus stehenden Hauptschädiger (vgl. Begriffsbestimmung (4) S. 20 f.) mit Emissionspotenzial konnten für die identifizierten Materialgruppen (s.o.) GZ mit Emissionsgrenzen für Formaldehyd und TVOC und – mit Ausnahme von Klebstoffen – auch für Acetaldehyd identifiziert werden. Ameisensäure und Essigsäure werden in den Prüfkriterien nicht berücksichtigt. Die Bestimmung der Emittenten erfolgt i.d.R. nach den Standardprüfbedingungen gemäß ISO 16000-9[230]. Dabei konnte herausgestellt

[228] ISO 16000-6:2004, ISO 16000-9:2006, ISO 16000-11:2006.
[229] DIN EN 717:2004.
[230] Vgl. ISO 16000-9:2010.

werden, dass die Klimaparameter Temperatur, Luftfeuchte, Luftaustauschrate sowie die Luftgeschwindigkeit in der Prüfkammer – unabhängig vom Prüfgut – als die wichtigsten Einflussgrößen in Bezug auf die Schadstoffkonzentration gelten.

Inwieweit sich die Prüfkriterien aus dem Humanbereich auf den Kulturgüterschutz übertragen lassen, wurde durch Gegenüberstellung der Klimaparameter der Standardprüfbedingungen mit den musealen Anforderungen analysiert. Dabei zeigte sich, dass die Produktprüfung unter Standardklimabedingungen (T 23 ± 1 °C, RH 50 ± 3 %, n 0,5/h ± 5 %, 0,1 - 0,3 m/s) nicht den Realbedingungen in Museen entspricht: die meisten Museen akzeptieren eine größere Bandbreite an Temperatur- (15-25 °C + 5 °C, -10 °C gleitend nach Jahreszeiten) und Feuchteschwankung (50 ± 10% gleitend nach Jahreszeiten) als sie während einer Materialprüfung zulässig ist. Strengere Vorgaben gelten im musealen Bereich hingegen für die Luftaustauschrate: sie ist mit 0,3-0,1/d um ein 10-12,5-faches geringer als in der Prüfkammer bei Standardprüfbedingungen. Um zu klären, ob und inwieweit sich die unter Standardprüfbedingungen gewonnenen Ergebnisse auf den musealen Bereich übertragen lassen, ist in der Zukunft eine Bestimmung des unter Realbedingungen zu erwartenden Emissionspotenzials durch die Anpassung der identifizierten Einflussparameter (s.o.) erforderlich. Sollte eine Vergleichbarkeit bzw. Korrelation der Ergebnisse nicht möglich sein, sind die Standardprüfbedingungen nach ISO 16000-9[231] in Anlehnung an die Realbedingungen im Museum anzupassen.

Im Hinblick auf die festzulegenden Grenzwerte eines GZs für emissionsarme Ausstellungsmaterialien und Vitrinen konnte verdeutlicht werden, das grundsätzlich weiterer Forschungsbedarf zur Spezifizierung besteht, da die im musealen Bereich bestehenden und diskutierten Beurteilungswerte (LOAED, CL) nicht – wie im Humanbereich üblich – auf allgemein verbindlichen toxikologisch oder statistisch abgeleiteten Daten (Richt- oder Referenzwerte) zum Schädigungspotenzial einzelner Substanzen basieren. Dennoch wurde argumentiert, dass die bestehenden Beurteilungswerte bis auf Widerruf zur Ableitung von Grenzwerten genutzt werden können, da sie aktuell in ihrer Gesamtheit die bestmögliche Datenbasis bilden.

---

[231] Vgl. ISO 16000-9:2010.

Bezüglich der **Umsetzbarkeit eines GZ aus wirtschaftlicher Sicht** konnte gezeigt werden, dass sich insbesondere für die Anbieter von qualitativ hochwertigen Museumsvitrinen Wettbewerbsvorteile durch ein GZ ergeben würden. Dementsprechend besteht von Seiten der Vitrinenbauer ein großes Interesse an einer derartigen Zertifizierung. Es wurde konstatiert, dass das GZ wirtschaftlich tragfähig realisiert werden könnte und somit die Umsetzbarkeit als gut möglich einzustufen ist.

Theoretischer Bezugsrahmen zur Beurteilung der Umsetzbarkeit eines GZ ist das gemeinhin anerkannte und weit verbreitete Modell der Branchenstrukturanalyse nach Porter sowie weitere Modelle der Wirtschaftswissenschaften (Endgames-Kurve nach Deans et al.[232], Economies of Scale, Differenzierungsstrategien nach Porter und die ökonomische Gütertheorie). Im Rahmen einer Marktanalyse des deutschen Ausstellungswesens wurde zunächst die Marktgröße für Ausstellungsmaterialien (ca. 42 Mio. Euro), Vitrinen (ca. 82 Mio. Euro), sowie die Gesamtausgaben zur Präsentation von Objekten (ca. 94 Mio. Euro) berechnet. Es wurde konstatiert, dass der deutsche Vitrinenmarkt mit ca. 82 Mio. Euro relativ klein ist. Dabei konnte gezeigt werden, dass es sich um einen fragmentierten Markt handelt, der von kleinen, handwerklich geprägten Anbietern dominiert wird. Aufgrund dieses hohen Anteils an handwerklicher Arbeit sowie infolge fehlender Standards bestehen wenige Möglichkeiten zur Automatisierung und größere Anbieter können damit keine bzw. kaum Größenvorteile erreichen.

Mit Hilfe der Branchenstrukturanalyse nach Porter konnte herausgestellt werden, dass der Markt für Vitrinenbauer momentan vergleichsweise unattraktiv ist: Dieses zeigte sich u.a an einem starken Preiswettbewerb, der in dem Produkt – emissionsarme Vitrinen – als Vertrauensgut im Sinne der Ökonomischen Gütertheorie begründet liegt. Im vorliegenden Fall führt dieses zu Marktversagen, mit der Konsequenz, dass billige Anbieter den Markt dominieren und gute leistungsfähige Anbieter verdrängt werden. Dieser Effekt wird durch die im Museumsumfeld vorherrschende, preisdominierte Vergabepolitik intensiviert. Es wurde geschlussfolgert, dass Vitrinenbauer in der

232 Deans et al. 2002.

aktuellen Situation keine Möglichkeit haben, sich über bessere Qualität oder besseren Service zu differenzieren. Darüber hinaus konnte veranschaulicht werden, dass die Position der Vitrinenbauer gegenüber Lieferanten und Museen schwach ist.

Basierend auf diesen Erkenntnissen wurden die strategischen Optionen der Vitrinenbauer untersucht. Die Analyse der Umsatzanteile von Vitrinenbauern zeigt, dass sich diese auf den Vitrinenmarkt konzentrieren, demnach also trotz intensivem Wettbewerb keine Diversifizierung anstreben. Als Alternative wird gemeinhin internationalisiert, um sich am Markt behaupten zu können. Zu bemerken ist in diesem Zusammenhang, dass der Anteil des internationalen Geschäfts bei den befragten Vitrinenbauern mit durchschnittlich 75% sehr hoch ist.

Hinsichtlich der strategischen Optionen im deutschen Vitrinenmarkt (Wettbewerbsstrategien) wurde untersucht, ob die Einführung eines GZ neue strategische Optionen (im Sinne der Differenzierung) zulässt. Es konnte gezeigt werden, dass die Einführung eines GZ dem konstatierten Marktversagen entgegenwirkt, da dieses als Qualitätsindikator auch fachfremden Entscheidungsträgern eine Beurteilung der Tauglichkeit während der Entscheidungssituation ermöglicht. Damit würde professionellen bzw. spezialisierten Vitrinenbauern eine qualitätsorientierte Differenzierungsstrategie ermöglicht.

Die Untersuchungen ergaben fernerhin, dass ein GZ als Standard für Vitrinen weitreichende Konsequenzen für die Branchenstruktur zur Folge haben könnte, da es zu einer Initiierung des Konsolidierungsprozesses im Sinne der Endgames-Kurve führen könnte. Der Argumentation folgend könnte sich aus dem derzeit fragmentierten Markt mit hohem Wettbewerb ein oligopoler Markt mit geringerem Wettbewerb entwickeln.

Es wurde demnach geschlussfolgert, dass die Einführung eines GZs aus Sicht professioneller Vitrinenbauer auf Akzeptanz stoßen müsste. Validiert wurde diese Annahme durch empirischen Daten, wonach 100% der befragten Vitrinenbauer im GZ eine Chance für ihr Unternehmen sehen und mindestens eines ihrer Produkte zertifizieren lassen würden. Diese Akzeptanz konnte auch seitens der Museen empirisch untermauert werden: Mehr als 70% der Museen halten die Einführung eines GZs für notwendig und mehr als 90% der Museen würden zertifizierte Produkte bevorzugt erwerben.

In der vorliegenden Arbeit konnte somit gezeigt werden, dass im musealen Umfeld grundsätzlich Handlungsbedarf in Bezug auf die hier im Fokus stehende Begrenzung des Schadstoffeintrags besteht und Instrumente zur Schadstoffreduktion notwendig sind. Aus konservierungswissenschaftlicher Sicht erscheint die Einführung eines GZs für emissionsarme Ausstellungsmaterialien und Vitrinen umsetzbar, auch wenn weitere umfangreiche Studien zur Spezifizierung der zu definierenden Grenzwerte nötig sind. Darüber hinaus konnte verdeutlicht werden, dass auch die wirtschaftliche Tragfähigkeit für ein GZ gegeben ist. Zusammenfassend lässt sich festhalten, dass ein GZ für emissionsarme Ausstellungsmaterialien und Vitrinen ein geeignetes Instrument zur Schadstoffbegrenzung im Museum darstellt.

3.2 Zukünftiger Forschungsbedarf

Ziel der vorliegenden Arbeit war es, zu analysieren, ob ein GZ für emissionsarme Ausstellungsmaterialien und Vitrinen ein geeignetes Instrument zur Begrenzung des Schadstoffeintrags ins Museum darstellt. Neben einem GZ sind jedoch weitere Instrumente denkbar, mittels derer sich ein Neueintrag von Schadstoffen durch Bau- und Ausstellungsmaterialien sowie Vitrinen reduzieren ließen. Eine mögliche und zu prüfende Alternative könnte beispielsweise – ähnlich wie bei einem GZ – die Verankerung von Grenzwerten und Prüfverfahren in den Vergaberichtlinien der Ausschreibungstexte sein. Von Vorteil wäre hierbei, dass im Gegensatz zum GZ keine Zertifizierungskosten für die Hersteller und/oder Produzenten anfallen würden (die i.d.R. mit einer Teuerungsrate der Produkte verbunden sind). Eine Begrenzung des Schadstoffeintrags wäre jedoch auch hier nur dann zielführend, wenn – vergleichbar mit den Vergaberichtlinien eines GZs für emissionsarme Ausstellungsmaterialien und Vitrinen – geeignete Verbindungen (Hauptschädiger), Grenzwerte und vor allem Prüfkriterien festgelegt würden. Dieses setzt nicht nur voraus, dass die Museen entsprechende Kriterien erarbeiten, sondern auch, dass sich diese in den jeweiligen Ausschreibungstexten zielführend verankern lassen. Fraglich ist, ob sich damit eine Reduzierung der Transaktionsunsicherheit gegeben würde, die fachfremden Entscheidungsträgern eine

Beurteilung der Tauglichkeit während der Entscheidungsfindung ermöglicht; wie es bei einem GZ eindeutig der Fall ist.

Als weiteres Instrument zur Emissionsbegrenzung wird seit langer Zeit eine Schwarz-Weiß-Liste für emissionsarme Bau- und Ausstellungsmaterialien diskutiert. So geben u.a. Padfield et al.[233] bereits Anfang der 1980er Jahre eine Liste „sicherer" wie auch „unsicherer" Materialien für die Verwendung im musealen Bereich an. Ein derartiges Vorgehen erscheint vor dem Hintergrund der bereits aufgeführten Veränderungen in der Wirtschaft wenig zielführend. Aufgrund der voranschreitenden Globalisierung und der damit einhergehenden Verlagerung von Produktionsteilen bzw. ganzer Produktionen ins Ausland sind die Wertschöpfungsketten unübersichtlich und letztendlich intransparent geworden (vgl. hierzu auch Abschnitt 0.3). Damit einhergehend ist ein schneller Wandel der Produktformulierungen zu beobachten, wobei die Produkte mit veränderter Formulierung i.d.R. ohne jeglichen Hinweis weiter unter der alten Produktbezeichnung vertrieben werden. Dieses Vorgehen erweist sich im Hinblick auf eine Schwarz-Weiß-Liste als problematisch, falls die neue Formulierung zu höheren bzw. neuen, für den Kulturgüterschutz kritisch zu bewertenden Emissionen führt. Der einzige Ausweg erscheint das Prüfen von Emissionen für jede einzelne Produktionscharge, wobei die Zuordnung der jeweiligen Ergebnisse zur entsprechenden Charge für den Verbraucher nachvollziehbar sein muss. Eine Senkung der Transaktionsunsicherheit erscheint somit fraglich.

[233] Padfield et al. 1982, S. 24-27.

Literaturverzeichnis

Ad-hoc-AG IRK/AGLMB: *Richtwerte für Innenraumluft: Basisschema.* In: *Bundesgesundheitsblatt - Gesundheitsforschung - Gesundheitsschutz* 39 (1996), S. 422-426.

AgBB (Hg.): *Vorgehensweise bei der gesundheitlichen Bewertung der Emissionen von flüchtigen organischen Verbindungen (VOC und SVOC) aus Bauprodukten. Umweltbundesamt.* (2005) URL: http://www.umweltbundesamt.de/bauprodukte/dokumente/AgBB-Bewertungsschema2005.pdf, [Stand: 09-07-2007].

Akerlof, G. A.: The Market for "Lemons": Quality Uncertainty and the Market Mechanism. In: Quarterly Journal of Economics. 89 (1970), S. 488-500.

ASHREA: *Museums, Galleries, Archives und Libraries.* Chapter 21. In: *Application Handbook of Heating, Ventilation and Air-Conditioning,* Atlanta: 2003.

Backhaus, Klaus/Erichson, Bernd/Plinke, Wulf/Weiber, Rolf: *Multivariate Analysemethoden, Eine anwendungsorientierte Einführung,* 9. Aufl., Berlin et al.: Springer, 2000.

Blackshaw, Susan M./Daniels, Vincent D.: *Selecting safe materials for use in the display and storage of antiquities.* Preprints of the 5th Triennial Meeting of the ICOM Committee for Conservation, Zagreb, 1-8 October 1978, Paris: International Council of Museums, 1978a, S. 1-9.

Blackshaw, Susan M./Daniels, Vincent D.: *Materials. Storage and display.* Conservation news 6 (1978b), S. 8-9.

Blackshaw, Susan M./Daniels, Vincent D.: *The testing of materials for use in storage and display in museums.* In: *The Conservator 3* (1979), S. 16-19.

BMAS: *TRGS 430. Isocyanate – Exposition und Überwachung.* In: *Bundesarbeitsblatt* (2002), Nr. 3, S. 45-52.

BMAS: *TRGS 900. Grenzwerte in der Luft am Arbeitsplatz „Luftgrenzwerte".* In: *Bundesarbeitsblatt* (2006), Nr. 12, S. 149.

BMAS: *TRGS 200. Einstufung und Kennzeichnung von Stoffen, Zubereitungen und Erzeugnissen.* In: *Bundesarbeitsblatt* (2002), Nr. 3, S. 53-64.

Brimblecombe, Peter: *Review article. The composition of museum atmospheres.* In: *Atmospheric Environment - Part B Urban Atmosphere* 24 (1990), Nr. 1, S. 1-8.

Brinkmann, Gerhard: *Analytische Wissenschaftstheorie: Einführung sowie Anwendung auf einige Stücke der Volkswirtschaftslehre.* 2. Aufl., München/Wien: Oldenbourg, 1991.

Byne, Loftus St. George: *The corrosion of shells in cabinets.* In: *Journal of Conchology* (1899), Nr. 9, S. 172-178; S. 253-254.

Camuffo, Dario/Sturaro, Giovanni/Valentino, Antonio: *Showcases: a really effective mean for protecting artworks?* In: *Thermochimica acta* (2000), Nr. 365, S. 65-77.

Caplan, George: *Principles of Preventive Psychiatry. London/New York* 1964.

Cassar, M./Martin, G.: *The environmental Performance of Museum Display Cases.* In: Roy, A./Smith, P. (Hg.): *Preventive Conservation: Practice, Theory and Research.* International Institute for Conservation of Historic and Artistic Works, London 1994.

Deans, Graeme K./Kröger, Fritz/Zeisel, Stefan: *Merger Endgames – Strategien für die Konsolidierungswelle.* Wiesbaden: Gabler, 2002.

Deutscher Museumsbund:*Standards für Museen.* Kassel/Berlin 2006.

DIN EN ISO 14024: Umweltkennzeichnungen und -deklaration. Umweltkennzeichnung Typ I, Grundsätze und Verfahren, Berlin: Beuth 2000.

E DIN EN 15757: Erhaltung des kulturellen Erbes – Vorgaben für Temperatur und relative Feuchte zur Reduzierung von klimabedingter mechanischer Beschädigung in organischen hygroskopischen Materialien, Berlin: Beuth 2008.

E DIN EN ISO15999: Erhaltung des kulturellen Erbes. Leitlinien für die Handhabung von Umweltbedingungen-Empfehlungen für Schauvitrinen, die zur Ausstellung und Erhaltung des kulturellen Erbes verwendet werden, Berlin: Beuth, 2009.

DIN ISO 16000-6: Innenraumluftverunreinigungen - Teil 6: Bestimmung von VOC in der Innenraumluft und in Prüfkammern, Probenahme auf Tenax TA®, thermische Desorption und Gaschromatographie mit MS/FID, Berlin: Beuth, 2004.

DIN EN ISO 16000-7, Innenraumluftverunreinigungen - Teil 7: Probenahmestrategie für die Bestimmung luftgetragener Asbestfaserkonzentrationen, Berlin: Beuth, 2007.

DIN ISO 16000-8, Innenraumluftverunreinigungen - Teil 8: Bestimmung des lokalen Alters der Luft in einem Gebäude zur Charakterisierung der Lüftungsbedingungen, Berlin: Beuth, 2005.

DIN EN ISO 16000-9: Innenraumluftverunreinigungen - Teil 9: Bestimmung der Emission von flüchtigen organischen Verbindungen aus Bauprodukten und Einrichtungsgegenständen — Emissionsprüfkammer-Verfahren, Berlin: Beuth, 2006.

DIN EN ISO 16000-10: Innenraumluftverunreinigungen - Teil 10: Bestimmung der Emission von flüchtigen organischen Verbindungen aus Bauprodukten und Einrichtungsgegenständen — Emissionsprüfzellen-Verfahren, Berlin: Beuth, 2006.

DIN EN ISO 16000-11: Innenraumluftverunreinigungen - Teil 11: Bestimmung der Emission von flüchtigen organischen Verbindungen aus Bauprodukten und Einrichtungsgegenständen — Probenahme, Lagerung der Proben und Vorbereitung der Prüfstücke. Berlin: Beuth, 2006.

DIN EN 17025: Allgemeine Anforderungen an die Kompetenz von Prüf- und Kalibrierlaboratorien, Berlin: Beuth, 2005.

DIN EN 45011: Allgemeine Anforderungen an Stellen, die Produktzertifizierung betreiben, Berlin: Beuth, 1998.

DIN EN 717: Holzwerkstoffe - Bestimmung der Formaldehydabgabe - Teil 1: Formaldehydabgabe nach der Prüfkammer-Methode, Berlin: Beuth, 2004

Dietl, H.: Institutionen und Zeit. Tübingen 1993, S. 145-152 .

Drewello, Rainer: *Erfolg und Misserfolg – Das heikle Thema Prävention: Beitrag zur Tagung Schadstoffvermeidung im Museum.* URL: http://193.175.110.9/hornemann/german/epubl_tagungen5.php [Stand 17-03-2008].

Drewello, Rainer/Ulmann, Arnulf von/Drewello, Ursula: *Schadstoffe im Museum.* In: *Museum Aktuell* (2002), Nr. 87, S. 3711–3715.

ECA: *Indoor air quality and its impact on man. Total volatile organic compounds (TVOC)* in indoor air quality investigations, Luxemburg: Office for Official Publications of the European Communities (1997), Report 19.

E.C.C.O.: Definition of the Conservator-Restorer. E.C.C.O. Professional Guidelines, Promoted by the European Confederation of Conservator-Restorers' Organizations and adopted by its General Assembly, Brussels 1 March 2002. URL: http://www.ecco-eu.org/about-e.c.c.o./professional-guidelines.html [Stand: 01-10- 2008].

Fahrmeir, Ludwig/Künstler, Rita/Pigeot, Iris/Tutz, Gerhard: *Statistik: Der Weg zur Datenanalyse.* 6. Aufl. Berlin: Springer, 2007.

Geiger, Walter/Kotte Willi: *Handbuch Qualität. Grundlagen und Elemente des Qualitätsmanagements: Systeme-Perspektiven,* 4. vollständig überarbeitete Aufl., Wiesbaden: Vieweg, 2005.

Goldberg, V.P.: *Relational Exchanges. Economics and Complax Contracts.* In: American Behavioral Scientist. 23 (1980)

Gräber-Seißling, Ute/van der Hout, Robin/Jahn, Gabriele/Müller-Foell, Christoph/Peuker Robert: *Prävention.* In: Duden Recht A-Z. Fachlexikon für Studium, Ausbildung und Beruf, 1. Aufl., Mannheim et al.: Dudenverlag, 2007; S. 358.

Green, Laura R./Thickett, David: *Testing materials for use in the storage and display of antiquities: A revised methodology.* In: *Studies in Conservation* 40 (1995), Nr. 3, S. 145–152.

Grosche, Elise: *Dünnschichtchromatographischer Nachweis von Organochlor-Bioziden und synthetischen Pyrethroiden in Holz.* In: *VDR-Beiträge zur Erhaltung von Kunst- und Kulturgut* (2007), Nr. 1, S. 113-120.

Grzywacz, Cecily M.: *Monitoring for Gaseous Pollutants in Museum Environments.* Los Angeles, Calif.: Getty Trust Publications, 2006.

Grzywacz, Cecily M./Tennent, Norman H.: *Pollutant monitoring in storage and display cabinets: Carbonyl pollutant levels in relation to artifact deterioration.* In: Ashok Roy/Perry Smith (Hg.): *Preventive conservation: Practice, theory and research. Preprints of the contributions to the Ottawa Congress, 12 - 16 September 1994,* London: International Institute for Conservation of Historic and Artistic Works (IIC), 1994, S. 164-175.

Haas, Sibylle: *Laxe Kontrollen. Verbraucherschützer fordern mehr unabhängige Produktprüfungen – doch es gibt zu wenig Personal.* In: *Süddeutsche Zeitung* (2007), Nr. 199, S. 28-29

Hack, Ute: *Über die Realisierung präventiver Konzepte – Ein Erfahrungsbericht: Beitrag zur Tagung Schadstoffvermeidung im Museum.* URL: http://193.175.110.9/hornemann/german/epubl_tagungen5.php, [Stand: 17-03-2008].

Hatchfield, Pamela B.: *Pollutants in the museum environment: Practical strategies for problem solving in design, exhibition and storage,* 1. Aufl., London: Archetype-Publications Ltd., 2002.

Hilbert, Günter S.: *Sammlungsgut in Sicherheit.* Beleuchtung und Lichtschutz, Klimatisierung, Sicherheitstechnik, Brandschutz,. 3. vollst. überarb. und erw. Aufl., Berlin: Gebr. Mann, 2002.

Hungenberg, Harald: *Strategisches Management in Unternehmen – Ziele, Prozesse, Verfahren.* 6. Aulf., Wiesbaden: Gabler, 2011.

Hutzinger, Otto: *Was ist ein Schadstoff?.* In: *Umweltwissenschaften und Schadstoff-Forschung* (1991) Nr. 5, S. 259.

IfM (Institut für Museumsforschung): *Statistische Gesamterhebung an den Museen der Bundesrepublik Deutschland für das Jahr 2006.*,Berlin, 2007 (Materialien aus dem Institut für Museumskunde, Nr. 61).

IfM (Institut für Museumsforschung): *Statistische Gesamterhebung an den Museen der Bundesrepublik Deutschland für das Jahr 2007,* Berlin, 2008 (Materialien aus dem Institut für Museumskunde Nr. 62).

Janssen, Jürgen: *Statistische Datenanalyse mit SPSS für Windows,* 6. neu bearbeitete und erweiterte Aufl., Berlin/Heidelberg: Springer, 2007.

Jensen, M.C./Meckling W.H.: *Theory of the Firm: Managerial Behavior, Agency Costs and Ownership Structure.* In: Journal of Financial Economics, 3 (1976), S. 305-360.

Juramagazin: *Straftheorien.* URL: http://www.juramagazin.de/straftheorien [Stand: 27-08-2010] 2009.

Koller, Manfred: *Learning from the history of preventive conservation,* in: *Preventive Conservation, Practice, Theory and Research, Preprints of the Contributions to the Ottawa Congress, 12-16 September 1994.* London: International Institute for Conservation of Historic and Artistic Works (IIC), 1994.

Kotler, Philip/Armstrong, Gary/Wong, Veronica/Saunders, John: *Grundlagen des Marketing.* 5. Aufl., München: Pearson Studium 2011.

Krause C., Chutsch M., Henke M., Huber M., Kliem C., Leiske M., Mailahn M., Schulz C., Schwarz E., Seifert B.: Umwelt-Survey, Band III c, Wohn-Innenraum: Raumluft. *Deskription flüchtiger organischer Verbindungen in der Raumluft der Bundesrepublik Deutschland 1985/86.* Berlin: Reimer Verlag 1991.

Krooß, Jürgen: *Biozide Wirkstoffe in Museumsmagazinen.* In: *Restauro* (1993), Nr. 3, S. 149.

Krooß, Jürgen/Weis, Norbert/Stolz, Peter: *Restaurieren – Altlastenproblematik und Arbeit mit Gefahrenstoffen. Pyrethroide, Isocyanate, Lösemittel.* In: Besch, Ulrike (Hg.): *Restauratoren-Taschenbuch,* München: Callwey, 1996, S. 165–181.

Lindemann, Heinrich: *Liebeskunst.* Zweisprachige Ausgabe Deutsch – Latein. Leipzig: Verlag von Wilhelm Engelmann, 1861.

Meffert, Heribert.: *Marketing,* 9. Aufl., Wiesbaden 2000.

Michalski, Stefan: A *systematic approach to preservation: description and integration with other museum activities.* In: *Preventive conservation: practice, theory and research. Preprints of the contributions to the Ottawa Congress, 12–16 September 1994.* International Institute for Conservation of Historic and Artistic Works (IIC), 1994, S. 8-11.

Miles, Catherine E.: *Wood coatings for display and storage cases.* In: *Studies in conservation, 31 (1986),* Nr. 3, S. 114-124.

Morwind, Klaus: *Marke als strategischer Erfolgsfaktor in der Konsumgüterindustrie,* in: Hungenberg, Harald/Meffert, Jürgen (Hg.): *Handbuch strategisches Management,* 2. Aufl., Wiesbaden: 2005, S. 853 ff.

Nockert, Margareat./Wadsten, Tommy: *Storage of archaeological textile finds in sealed boxes.* In: *Studies in conservation, 23 (1978),* Nr. 1, S. 38-41.

Oddy, Andrew W.: *An unsuspected danger in display.* In: *Museums Journal,* 73 (1973), S. 27–28.

Oddy, Andrew W.: *The corrosion of metals on display.* In: *Conservation in archaeology and the applied arts. Preprints of the contributions to the Stockholm Congress, 2-6 June 1975,* London: International Institute for Conservation of Historic and Artistic Works (IIC), 1975, S. 235-237.

Padfield, Tim: *The design of museum showcases.* In: Thomson, Garry (Hg.), *Contributions to the London Conference on Museum Climatology, 18-23 September 1967.* London: International Institute for Conservation of Historic and Artistic Works (IIC), 1968, S. 119-126.

Padfield,Tim/Erhardt, David/Hopwood, Walter R.: *Trouble in Store.* In: Brommelle, Norman/Thomson, Garry (Hg.): *Science and Technology in the Service of Conservation. Preprints of the Contributions to the Washington Congress, 3-9 September 1982.* London: International Institute for Conservation of Historic and Artistic Works (IIC), 1982, S. 24-27.

Porter, Michael E.: *Wettbewerbsvorteile: Spitzenleistungen erreichen und behaupten,* 6. Aufl., Frankfurt a.M., 2000.

Pratt, J.W., Zeckhauser, R. J.: *Principals and Agents: The Structure of Business.* Boston: Haverd Business School Press 1985.

Rat der Europäischen Gemeinschaften: *Richtlinie des Rates vom 27. Juni 1967 zur Angleichung der Rechts- und Verwaltungsvorschriften für die Einstufung, Verpackung und Kennzeichnung gefährlicher Stoffe (67/548/EWG).* In: *Amtsblatt der EG,* (27.06.1967), S. 12–26.

Raffael, Edmone: *Volatile organic compounds and formaldehyde in nature, wood and wood based panels.* In: *Holz als Roh- und Werkstoff,* 64 (2006), Nr. 2, S. 144-149.

Raphael, Toby/Davis, Nancy/Brookes, Kevin: *Exhibit Conservation Guidelines. Incorporating Conservation into Exhibit Planning, Design and Fabrication.* CD-ROM, U.S. National Park Service, 1999.

Reitzle, Wolfgang: *Marke als strategischer Erfolgsfaktor im Investitionsgütergeschäft,* in: Hungenberg, Harald/Meffert, Jürgen (Hg.): *Handbuch strategisches Management,* 2. Aufl., Wiesbaden: 2005, S. 877 ff.

Falbe, Jürgen, Regitz, Manfred (Hg.): CD Römpp Chemie Lexikon. Stuttgart, New York: Georg Thieme Verlag, 1995.

Ryhl-Svendsen, Morten : *A review of methods for testing construction materials, housing materials, etc. before use near museum or archival objects.* URL: http://iaq.dk/papers/tests.htm, [Stand: 2008-01-10].

Seifert, B.: *Richtwerte für die Innenraumluft.* In: *Bundesgesundheitsblatt - Gesundheitsforschung – Gesundheitsschutz,* 42 (1999), Nr. 3, S. 270–278.

Schädler-Saub, Ursula: *Weltkulturerbe Deutschland – Präventive Konservierung und erhaltungsperspektiven, Eine Einführung,* In: Schädler-Saub (Hg.): *Weltkulturerbe Deutschland, Präventive Konservierung und Erhaltungsperspektiven,* Regensburg: Schnell & Steiner, 2008.

Scherer, Frederic: *Industrial Market Structure and Economic Performance.* 2. Aufl., Chicago: 1980.

Schieweck, Alexandra/Salthammer, Tunga: *Schadstoffe in Museen, Bibliotheken und Archiven: Raumluft – Baustoffe – Exponate,* 1. Aufl. Braunschweig: Fraunhofer Wilhelm-Klauditz-Inst., 2006.

Schieweck, Alexandra: *Airborne pollution in museum showcases – material emission, influences, impact on artwork,* Diss., Hochschule für Bildende Künste Dresden, 2009.

Schulze, Peter M.: *Beschreibende Statistik,* München: Oldenbourg, 1990.

Spiegel, Elise: *Emissionen im Museum – Eine empirische Studie zur aktuellen Situation und zum Umgang mit Schadstoffen in deutschen Sammlungen.* In: Drewello, Rainer (Hg.): *Restaurierungswissenschaften – Beiträge zur Erhaltung von Kunst- und Kulturgut,* Vol. 1., University of Bamberg Press (UBP), Bamberg, 2009. URL: http://www.opus-bayern.de/uni-bamberg/ volltexte/2009/195/, [Stand: 18.03. 2010].

Spiegel, Elise, Drewello, Rainer: *Ein "Blauer Engel" für Museen? Über die Notwendigkeit eines Museumssiegels.* Das Grüne Museum. Roadshow: 12-14 Oktober 2010. URL: http://www.das-gruene-museum.de/, [Stand: 01-03-2011].

Spremann, K.: Repuation, Garantie, Information. In: Zeitschrift für Betriebswirtschaft, 58 (1988), S. 613-629.

Spremann, K.: Asymetische Informationen. In: Zeitschrift für Betriebswirtschaft. 60 (1990), S. 561-586.

Statistisches Bundesamt: Kulturfinanzbericht 2010, Wiesbaden, Dezember 2010. URL: https://www-ec.destatis.de/csp/shop/sfg/bpm.html.cms.cBroker. cls?cmspath=struktur,vollanzeige.csp&ID=1026567, [Stand: 01-02-2011].

Streffer, Christan/Bücker, Josef/Cansier, Adrienne: *Umweltstandards. Kombinierte Exposition und ihre Auswirkung auf den Menschen und seine Umwelt,* Berlin: Springer et al., 2000.

Tétreault, Jean: *Display Materials: The Good, The Bad, And The Ugly.* In: Sage, J. (Hg.): *Proceedings of the Conference of the Scottish Society for Conservation and Restoration (SSCR): Exhibitions and Conservation, Edinburgh, England, 22. April 1994,* Edinburgh: SSCR, 1994, S. 79-87.

Tétreault, Jean: *Airborne pollutants in museums, galleries, and archives: Risk assessment, control strategies, and preservation management,* Ottawa: Canadian Conservation Institute (CCI), 2003a.

Tétreault, Jean: *Guidelines for pollution concentrations in museums,* 2003b, URL: http://www.cci-icc.gc.ca/publications/cidb/view-document_e.aspx?Document_ID=363 [Stand: 2005-22-02].

Thomson, Gerry: *Air pollution. A review for Conservation Chemists.* In: *Studies in Conservation* (1985) Nr. 10, S. 147-167.

Thomson, Gerry: *The museum environment.* Butterworths series in conservation and museology, 1. Aufl., London 1977, 2. Aufl., Oxford: Butterworth-Heinemann, 1986.

Ulmann, Arnulf von: *Anti-Ageing für die Kunst. Restaurieren - Umgang mit den Spuren der Zeit;* ein Lesebuch anlässlich der Ausstellung vom 1. April - 1. August 2004 im Germanischen Nationalmuseum. Nürnberg (GNM): Verl. GNM, 2004.

UBA (Hg.): *Krebserzeugende Wirkung von Formaldehyd-Änderung des Richtwertes für die Innenraumluft von 0,1 ppm nicht erforderlich.* In: *Bundesgesundheitsblatt, Gesundheitsforschung, Gesundheitsschutz,* 49 (2006) Nr.11, S. 1169

UBA (Hg.): *Beurteilung von Innenraumluftkontamination mittels Referenz- und Richtwerten. Handreichung der Ad-hoc-Arbeitsgruppe der Innenraumlufthygiene-Kommission des Umweltbundesamtes und der Obersten Landesgesundheitsbehörde.* In: *Bundesgesundheitsblatt - Gesundheitsforschung – Gesundheitsschutz,* 50 (2007a) S. 990–1005.

Umweltbundesamt (UBA): *Gesundheit und Umwelthygiene - Kommission Innenraumlufthygiene (IRK).* 2007b, URL: http://www.umweltbundesamt.de/gesundheit/innenraumhygiene/irk.htm, [Stand: 17-03-2008].

VDA 270: *Bestimmung des Geruchsverhaltens von Werkstoffen der Kraftfahrzeug-Innenausstattung,* 1992.

VDR: Fachgruppe Präventive Konservierung. URL:http://www.restauratoren.de/index.php?id=237 [Stand: 17-03-2009] 2006.

Welfens, Paul: *Grundlagen der Wirtschaftspolitik. Institutionen-Makroökonomie-Politikkonzepte.* Berlin: Springer 2007.

ANHANG

Anhang A: Fragebogen der Studie I

„Emissonen im Museum"

Allgemeine Angaben zur Institution

Name des Museums:

Adresse:

Kontaktperson:

Bundesland: BITTE AUSWÄHLEN

1. ANGABEN ZU IHRER SAMMLUNG

1.1 **Welche Art von Objekten beinhaltet Ihre Sammlung?**

Mehrfachnennungen möglich!

☐ Gemälde

☐ Skulpturen

☐ Möbel/Holzobjekte

☐ Textilien

☐ Papier

☐ Leder

☐ Foto/Film/Datenträger

☐ Kunststoffe

☐ Metall

☐ Porzellan/Keramik

☐ Glas/Glasmalerei

☐ Stein

☐ Sonstiges, und zwar________________________________

1.2 **Wie viele Mitarbeiter gibt es in Ihrem Museum bzw. Institut?**
Bitte geben Sie die Gesamtarbeitsleistung aller Voll- und Teilzeitkräfte in FTE (Full Time Equivalent) an.
Beispielsweise ergeben zwei
Vollzeitarbeitskräfte und eine Halbtagskraft die Gesamtarbeitsleistung von 2,5 FTE (1+1+0,5).

FTE aller Mitarbeiter: __________

1.3 **Wie groß ist die Gesamtarbeitsleistung der Restauratoren in FTE?**

FTE aller Restauratoren:________

1.4 **Welche Personen beschäftigen sich in Ihrem Haus mit der präventiven Konservierung?**
Mehrfachnennungen möglich!

☐ keiner

☐ Restaurator/-en

☐ Haustechniker

☐ Ingenieur/-e

☐ Sonstige, und zwar:________________

1.5 Wie viele Restauratoren/Haustechniker/Ingenieure/Sonstige beschäftigen sich in Ihrem Haus mit der präventiven Konservierung?
Bitte Arbeitsleistung der jeweiligen Personen in FTE (Full Time Equivalent) angeben.

- ☐ Restaurator/-en:_______________
- ☐ Haustechniker: _______________
- ☐ Ingenieur/-e _______________
- ☐ Sonstige, und zwar: _______________

1.6 Um welche Problemstellung kümmert sich dieses Personal überwiegend?
Mehrfachnennungen möglich!

- ☐ Klima und Licht (Verarbeitung und Wartung von Datenloggern, Luftbefeuchtern etc.)
- ☐ Risikomanagement (Bewertung/Messung von Risiken, Notfallplanung, etc.)
- ☐ Schulungen der Mitarbeiter (Museumspersonal wie Aufseher, Reinigungshilfen, Handwerker)
- ☐ Bauliche Belange (z.B. Planung neuer Ausstellungsräume, Umbau alter Ausstellungsräume etc.)
- ☐ Temporäre Ausstellung
- ☐ Ständige Ausstellung
- ☐ Sonstiges, und zwar

1.7 Welche Beachtung findet die präventive Konservierung in Ihrer Sammlung?

- ☐ sehr hohe
- ☐ hohe
- ☐ mittelmäßige
- ☐ geringe
- ☐ sehr geringe

1.8 Welche Maßnahmen zur Beseitigung von Schäden/Kontaminationen haben in Ihrem Hause bereits stattgefunden?
Mehrfachnennungen möglich!

- ☐ keine Maßnahmen
- ☐ Beseitigung von Baustoffaltlasten (z.B. Asbest)
- ☐ Beseitigung von schadstoffemittiernenden Ausstellungsmaterialien (z.B. Spanplatten, mit Biozid behandelte Hölzer, Textilien etc.)
- ☐ Mikrobielle Dekontamination
- ☐ Sonstiges, und zwar

2 AUFBEWAHRUNG UND LAGERUNG VON OBJEKTEN

2.1. Welche Ausstellungsmaterialien finden bei den jeweiligen Expositionsmedien hauptsächlich Verwendung?
Mehrfachnennungen möglich!

	Offener Ausstellungsraum	Vitrine	Depot
Holz/Holzwerkstoffe	☐	☐	☐
Metalle	☐	☐	☐
Kunststoffe	☐	☐	☐
Glas	☐	☐	☐
Lacke	☐	☐	☐
Textilbeläge	☐	☐	☐
Textilien	☐	☐	☐
Karton/Papier	☐	☐	☐
andere Beschichtungsmaterialien !	☐	☐	☐
Dichtungsmaterialien	☐	☐	☐

2.2 Wie häufig werden bzw. wird #Objektname# in folgenden Expositionsmedien ausgestellt?

	nie	selten	teils/teils	überwiegend	ausschließlich
Offener Ausstellungsraum	☐	☐	☐	☐	☐
Vitrine	☐	☐	☐	☐	☐
Depot	☐	☐	☐	☐	☐
Sonstiges, und zwar_________	☐	☐	☐	☐	☐

2.3 Wurden in den letzen fünf Jahren neue Expositionsmedien angeschafft?

☐ Ja
☐ Nein

Filter: Alter Expositionsmedien

2.3.1 Welches Expositionmedium wurde neu geschaffen?

☐ Offener Ausstellungsraum
☐ Vitrinen
☐ Depot
☐ Sonstiges, und zwar

3 AUFTRETEN VON SCHADENSBILDERN IN EXPOSITIONSMEDIEN

3.1. Wie häufig treten folgende Schadensbilder bei den verschiedenen Expositionsarten in Ihrem Haus auf?

Offener Ausstellungsraum	nie	selten	teils/teils	überwiegend	ausschließlich
Ausblühungen auf Objektoberflächen	☐	☐	☐	☐	☐
Farbveränderungen von Materialien	☐	☐	☐	☐	☐
Zerfall von Materialien	☐	☐	☐	☐	☐
Festigkeitsverlust	☐	☐	☐	☐	☐

Vitrine	nie	selten	teils/teils	überwiegend	ausschließlich
Ausblühungen auf Objektoberflächen	☐	☐	☐	☐	☐
Farbveränderungen von Materialien	☐	☐	☐	☐	☐
Zerfall von Materialien	☐	☐	☐	☐	☐
Festigkeitsverlust	☐	☐	☐	☐	☐

Depot	nie	selten	teils/teils	überwiegend	ausschließlich
Ausblühungen auf Objektoberflächen	☐	☐	☐	☐	☐
Farbveränderungen von Materialien	☐	☐	☐	☐	☐
Zerfall von Materialien	☐	☐	☐	☐	☐
Festigkeitsverlust	☐	☐	☐	☐	☐

4 KLIMA- UND LICHTMESSUNGEN

4.1 Werden in Ihrem Hause Klima und Lichtmessungen vorgenommen?

	Ja	Nein
Klimamessungen	☐	☐
Lichtmessungen	☐	☐

Filter: Klimamessung

4.1.1. In welchen Expositionsmedien werden Luftfeuchtigkeit und/oder Temperatur gemessen?
Mehrfachnennungen möglich!

	Offener Ausstellungsraum	Vitrine	Depot
Luftfeuchtigkeit	☐	☐	☐
Temperatur	☐	☐	☐

4.1.2. Und welche Messmethoden werden dabei angewendet?
Mehrfachnennungen möglich!

☐ Thermohygrograph
☐ Psychrometer
☐ Handmessgeräte
☐ Klimalogger
☐ Sonstiges, und zwar

Filter: Lichtmessung

4.2.1 In welchen Expositionsmedien wird die Lichtstärke gemessen?
Mehrfachnennungen möglich!

☐ Offener Ausstellungsraum
☐ Vitrine
☐ Depot

4.2.2 Und welche Messmethoden werden dabei angewendet?
Mehrfachnennungen möglich!

☐ Luxmeter
☐ LightCheck (Licht-Dosimeterstreifen)
☐ Agfa-Indikatorfolie
☐ Sonstige, und zwar_______________

5 SCHADSTOFFSMESSUNG

5.1 Wurden in an Ihrem Haus bislang Schadstoffmessungen durchgeführt?

☐ Ja
☐ Nein

Filter: Schadstoffmessung

5.1.1 Welche Schadstoffmessungen wurden in Ihrem Haus durchgeführt?
Mehrfachnennungen möglich!

☐ Schadstoffmessung in der Luft
☐ Schadstoffmessung in Ausstellungsmaterialien
☐ Schadstoffmessungen in Objekten
☐ Sonstige Schadstoffmessungen, und zwar_______________

Filter: Schadstoffmessungen in der Luft

5.1.1.1. Welche Luftschadstoffe wurden bei den jeweiligen Expositionsmedien gefunden?
Mehrfachnennungen möglich!

	Offener Ausstellungsraum	Vitrine	Depot
Acetaldehyd	☐	☐	☐
Ameisensäure	☐	☐	☐
Essigsäure	☐	☐	☐
Formaldehyd	☐	☐	☐
Salpetersäure	☐	☐	☐
Salpetrige Säure	☐	☐	☐
Schwefeldioxid	☐	☐	☐
Phtalate	☐	☐	☐
Siloxane	☐	☐	☐
Biozide z.B. DDT, PCP, Lindan (im Staub)	☐	☐	☐
TVOC	☐	☐	☐
Sonstige, und zwar______________	☐	☐	☐

5.1.1.2. Welche Konsequenzen folgten aus den Messungen?
Mehrfachnennungen möglich!

☐ Keine
☐ Klimatische Änderungen
☐ Bauliche Änderungen
☐ Sonstige, und zwar______________

Filter: Schadstoffmessungen in Objekten

5.1.1.3. Welche Schadstoffe wurden in Gemälde/Skulpturen/Möbel, Holzobjekte/Textilien/Papier/Leder/Foto, Film, Datenträger/Kunststoffe/Metall/Porzellan, Keramik/Glas, Glasmalerei/Stein/Sonstiges gefunden?

☐ Acetaldehyd
☐ Ameisensäure
☐ Essigsäure
☐ Formaldehyd
☐ Salpetersäure
☐ Salpetrige Säure
☐ Schwefeldioxid
☐ Phtalate
☐ Siloxane
☐ Biozide z.B. DDT, PCP, Lindan (im Staub)
☐ TVOC
☐ Sonstige, und zwar______________

5.1.1.4. Welche Konsequenzen folgten aus den Messungen?
Mehrfachnennungen möglich!

☐ Keine
☐ Klimatische Änderungen
☐ Bauliche Änderungen
☐ Sonstige, und zwar_____________

Filter: Schadstoffmessungen Ausstellungsmaterialien

5.1.1.5. Welche Luftschadstoffe wurden bei den jeweiligen Ausstellungsmaterialien gefunden?
Mehrfachnennungen möglich!

	Holzwerk-stoffe	Textilien	Klebemittel	Dichtuns-materialien	Lacke	Wandanstri che
Acetaldehyd	☐	☐	☐	☐	☐	☐
Ameisensäure	☐	☐	☐	☐	☐	☐
Essigsäure	☐	☐	☐	☐	☐	☐
Formaldehyd	☐	☐	☐	☐	☐	☐
Salpetersäure	☐	☐	☐	☐	☐	☐
Salpetrige Säure	☐	☐	☐	☐	☐	☐
Schwefeldioxid	☐	☐	☐	☐	☐	☐
Phtalate	☐	☐	☐	☐	☐	☐
Siloxane	☐	☐	☐	☐	☐	☐
Biozide z.B. DDT, PCP, Lindan (im Staub)	☐	☐	☐	☐	☐	☐
TVOC	☐	☐	☐	☐	☐	☐
Sonstige, und zwar________	☐	☐	☐	☐	☐	☐

5.1.1.6. Welche Konsequenzen folgten aus den Messungen?
Mehrfachnennungen möglich!

☐ Keine
☐ Klimatische Änderungen
☐ Bauliche Änderungen
☐ Sonstige, und zwar_____________

5.1.2. Wären Sie bereit, Untersuchungsergebnisse zur Schadstoffbelastung (anonymisiert) für eine statistische Auswertung zur Verfügung zustellen?

☐ Ja
☐ Nein

6.1 Welche Systeme finden zur präventiven Konservierung in Ihrem Haus Verwendung?
Mehrfachnennungen möglich!

- ☐ Schadstoffadsorber
- ☐ Sauerstoffarme Lagerung
- ☐ UV-Schutz
- ☐ Luft-Filtersysteme
- ☐ Sonstige, und zwar__________

Filter: Filter Absorber

6.1.1. Welche Schadstoffabsorber finden Verwendung?
Mehrfachnennungen möglich!
- ☐ Aktivkohle
- ☐ Aktivtonerde
- ☐ Purafil
- ☐ Silica Gel
- ☐ Zeolithe
- ☐ Sonstige, und zwar__________

6.1.2. In welcher Form wird der Schadstoffabsorber angewandt?
Mehrfachnennungen möglich!
- ☐ Granulat
- ☐ Vliese
- ☐ Papiere
- ☐ Emulsionen
- ☐ Sonstige, und zwar

Filter: Lagerung

6.1.2. Welche Art von sauerstoffarmer Lagerung wird angewandt?
Mehrfachnennungen möglich!
- ☐ Ageless
- ☐ ATCO
- ☐ RP-K
- ☐ RP-A
- ☐ Sonstige, und zwar__________

7 AUSSTELLUNGSMATERIALIEN IM MUSEUM

7.1. Die Wahl der Ausstellungsmaterialien erfolgt im Haus durch den/die jeweilige/n...
Mehrfachnennungen möglich!

- ☐ Architekten/Innenarchitekten/Ausstellungsdesigner
- ☐ Baufirma
- ☐ Kurator
- ☐ Museumsdirektor
- ☐ Restaurator
- ☐ „Preventive Conservator"
- ☐ Sonstige, und zwar__________

7.2. Werden Ausstellungsmaterialien vor dem Gebrauch auf ihre „Museumstauglichkeit" getestet/untersucht?

- ☐ Ja
- ☐ Nein

Filter: Lagerung

7.2.1. Welche Methoden werden dabei angewendet?
Mehrfachnennungen möglich!

- ☐ Standardisierte Methoden des beauftragten Labors
- ☐ Oddy-Test
- ☐ Bio-Check
- ☐ PH-Meter
- ☐ Recherche des technischen Merkblattes
- ☐ Sonstige, und zwar

7.2.2. Und welche Verbindungen werden dabei untersucht?
Mehrfachnennungen möglich!

- ☐ Acetaldehyd
- ☐ Ameisensäure
- ☐ Essigsäure
- ☐ Formaldehyd
- ☐ Salpetersäure
- ☐ Salpetrige Säure
- ☐ Schwefeldioxid
- ☐ Phtalate
- ☐ Siloxane
- ☐ Biozide z.B. DDT, PCP, Lindan
- ☐ TVOC
- ☐ Sonstige, und zwar______________

7.3 Gibt es in Ihrem Haus eingeführte Standard- bzw. Routineuntersuchungen zur Erfassung von Schadstoffen in Ausstellungsmaterialien?

- ☐ Ja
- ☐ Nein

Filter: Standard-/Routineuntersuchungen Ausstellungsmaterialien

7.3.1. Was umfassen diese Standards und welche Richtlinien legen Sie zugrunde?

Filter: Potenzielle Standard-/Routineuntersuchungen

7.3.2. Sollte es Ihrer Meinung nach Standard bzw. Routineuntersuchungen zur Erfassung von Schadstoffen in Ausstellungsmaterialien geben?

- ☐ Ja
- ☐ Nein

7.3.3. Welche Standards und Richtlinien würden Sie diesen zugrunde legen?

Filter: Standard-/Routineuntersuchungen Ausstellungsmaterialien

7.4 Gibt es in Ihrem Haus eingeführte Standard- bzw. Routineuntersuchungen zur Erfassung von Luftschadstoffen?

☐ Ja
☐ Nein

7.4.1. Was umfassen diese Standards und welche Richtlinien legen Sie zugrunde?

7.4.2 Sollte es Ihrer Meinung nach Standard bzw. Routineuntersuchungen zur Erfassung von Luftschadstoffen geben?

☐ Ja
☐ Nein

7.4.3. Welche Standards und Richtlinien würden Sie diesen zugrunde legen?

7.5 Werden in Ausschreibungen an Ihrem Haus schadstoffarme Ausstellungsmaterialien gefordert?

☐ Ja
☐ Nein

Filter: Ausschreibungen

7.5.1. Welche Standards und Richtlinien legen Sie diesen zugrunde?

8 MUSEUMSSIEGEL

8.1. Halten Sie die Einführung eines Gütezeichens „Schadstoffgeprüfte Materialien“ (Holzverbundwerkstoffe, Textilien, Klebemittel/Dichtungsmaterialien, Lacke, Wandanstriche) für notwendig?

☐ Ja
☐ Nein
☐ Unentschieden

8.2. Welche Vorteile versprechen Sie sich von der Einführung eines Gütezeichens?

8.3. Würden Sie mit einem Gütezeichen versehene Materialien bevorzugt erwerben?

☐ Ja, bestimmt
☐ Ja, wahrscheinlich
☐ Wahrscheinlich nicht
☐ Bestimmt nicht

Anhang B: Fragebogen der Studie II

„Marktvolumen für Vitrinen und Ausstellungsmaterialien“

Allgemeine Angaben zur Institution

Name des Museums:

Adresse:

Kontaktperson:

Bundesland: BITTE AUSWÄHLEN

1. Vitrinen

1.1. Von wem wurden (innerhalb der letzen 3 Jahre) Vitrinen für die Präsentation von Objekten in Ihrem Haus

a) geplant?

☐ Vitrinenbauer
☐ Innenarchitekt/Ausstellungsdesigner
☐ Museumshandwerker
☐ Sonstige, und zwar

b) gebaut?

☐ Vitrinenbauer
☐ Museumshandwerker
☐ Sonstige, und zwar

c) umgestaltet oder nachgerüstet?

☐ Vitrinenbauer
☐ Museumshandwerker
☐ Restaurator
☐ Sonstige, und zwar

1.2. Welche Vitrinenbauer haben (innerhalb der letzen 3 Jahre) für Ihr Haus gearbeitet?

(Bitte geben Sie Namen und Kontaktdaten der Firmen an.)

Nr.	Firma/Kontaktdaten (Straße, Hausnummer, PLZ, Ort, Land)
1	
2	
3	
4	
5	
...	

1.3. Wie hoch sind die durchschnittlichen jährlichen Netto-Ausgaben (bezogen auf die letzten 3 Jahre) für Planung, Bau und Anschaffung neuer Vitrinen durch Vitrinenbauer an Ihrem Haus?

(Bitte geben Sie hier nur die Ausgaben für unter Frage 1.2 aufgeführte Vitrinenbaufirmen an und nicht für selbstgebaute Vitrinen von Museumshandwerker etc.!)

∅ jährliche Netto-Ausgaben für neuer Vitrinen durch Vitrinenbauer: **€ (netto)**

2. Bau- und Ausstellungsmaterialien

2.1. Welche Materialien bzw. Materialgruppen kommen zur Lagerung, Präsentation und Transport von Objekten in Ihrem Haus zum Einsatz?

- ☐ Holz/Holzwerkstoffe
- ☐ Karton/Papier
- ☐ Kunststoffe
- ☐ Dichtungsmaterialien/Klebstoffe
- ☐ Lacke/Farben
- ☐ Textilien/Textilbeläge
- ☐ Glas
- ☐ Metall
- ☐ Sonstige, und zwar
- ☐ Sonstige, und zwar

2.2. Bei welchen Produzenten oder Zulieferern beziehen Sie die jeweiligen Materialgruppen?

(Bitte geben Sie für die jeweiligen Materialgruppen Namen und Kontaktdaten der Firmen an und kreuzen Sie an, ob es sich um einen Händler oder Produzenten handelt!)

Materialgruppe	Firma/Kontaktdaten (Straße, Hausnummer, PLZ, Ort, Land)	Händler	Produzent
Holz/Holzwerkstoffe			
		☐	☐
		☐	☐
		☐	☐
Karton/Papier			
		☐	☐
		☐	☐
		☐	☐
Kunststoffe			
		☐	☐
		☐	☐
		☐	☐
Dichtungsmaterialien/Klebstoffe			
		☐	☐
		☐	☐
		☐	☐

Materialgruppe	Firma/Kontaktdaten (Straße, Hausnummer, PLZ, Ort, Land)	Händler	Produzent
Lacke/Farben			
		☐	☐
		☐	☐
		☐	☐
Textilien/Textilbeläge			
		☐	☐
		☐	☐
		☐	☐
Glas			
		☐	☐
		☐	☐
		☐	☐
Metall			
		☐	☐
		☐	☐
		☐	☐
Sonstige i (s.o.)			
		☐	☐
		☐	☐
		☐	☐
Sonstige ii (s.o.)			
		☐	☐
		☐	☐
		☐	☐

2.3. Wie hoch sind die durchschnittlichen jährlichen Netto-Ausgaben (bezogen auf die letzen 3 Jahre) für die verwendeten Materialgruppen?

(Bitte geben Sie die Ausgaben jeweils für die verschiedenen Materialgruppen an.)

	Materialgruppe	Ø jährliche Ausgaben (netto)
a)	Holz/Holzwerkstoffe	€
b)	Karton/Papier	€
c)	Kunststoffe	€
d)	Dichtungsmaterialien/Klebstoffe	€
e)	Lacke/Farben	€
f)	Textilien/Textilbeläge	€
g)	Glas	€
h)	Metall	€
i)	Sonstige i (s.o.)	€
ii)	Sonstige ii (s.o.)	€

Angaben zum Datenschutz:

Die durchführenden Institute tragen die volle datenschutzrechtliche Verantwortung. Alle Ihre Angaben werden **streng vertraulich** behandelt und entsprechen den gesetzlichen Bestimmungen zum Datenschutz. Alle erhobenen Daten werden nur **anonymisiert veröffentlicht** und zusammengefasst mit den Angaben der anderen Museen bzw. Institute ausgewertet. Rückschlüsse auf Ihr Institut werden nicht möglich sein. Datenschutz ist voll und ganz gewährleistet.

Anhang C: Fragebogen der Studie III

„Marktsituation und Umsätze ausgewählter Vitrinenbauer“

ALLGEMEINES INFORMATIONEN

1. Name des Unternehmens:______________________________
2. Gesprächspartner:______________________________
3. Kontaktdaten für Rückfragen:______________________________
4. Datum des Gesprächs:______________________________

Allg. Information: Alle Fragen beziehen sich auf den dt. Markt der Branche „Vitrinen für Museen“

1. SCHADSTOFFPRÜFUNG

1.1 Werden Materialien und/oder Vitrinen Standard- bzw. Routineuntersuchungen zur Schadstoffreduzierung unterzogen?

1.2 **WENN JA: Werden diese in Eigenleistung erbracht oder werden externe Labore beauftragt?**

a) Materialien

☐ ja ☐ Eigenleistung

☐ nein ☐ externe Labore

b) Vitrinen

☐ ja ☐ Eigenleistung

☐ nein ☐ externe Labore

1.3 **Welche Methoden werden hierbei verwendet?**

☐ Oddy-Test

☐ GC-MS

☐ Microchamber/Thermodesorption

☐ sonstige, und zwar______________________________

1.4. Welche Verbindungen bzw. Verbindungsklassen werden untersucht?

☐ Ameisensäure ☐ Flammschutzmittel

☐ Acetaldehyd ☐ Schwefel

☐ Biozide ☐ Weichmacher

☐ Essigsäure ☐ TVOC

☐ Formaldehyd ☐ Sonstige, und zwar______________

2 WETTBEWERB (BRANCHE VITRINEN MUSEEN)

2.1. **Welches Marktvolumen hat der Markt für Museumsvitrinen in Deutschland?**

2.2. Bitte Charakterisieren Sie die Anbieterstruktur

a) „Der Markt besteht aus vielen kleinen Anbietern – Unternehmen mit marktbeherrschender Stellung gibt es keine“

- ☐ trifft zu
- ☐ trifft vielleicht zu
- ☐ trifft wahrscheinlich nicht zu
- ☐ trifft nicht zu

b) „Die meisten Anbieter im Markt sind handwerklich geprägt, industriell arbeitende Unternehmen sind die Ausnahme“

- ☐ trifft zu
- ☐ trifft vielleicht zu
- ☐ trifft wahrscheinlich nicht zu
- ☐ trifft nicht zu

2.3. Welches sind die Top 3 Marktführer?

a)Umsatz:	b) Qualität:
Nr. 1: ____________	Nr. 1: ____________
Nr. 2: ____________	Nr. 2: ____________
Nr. 3: ____________	Nr. 3: ____________

2.4. Welchen Marktanteil haben die Top 3 Marktführer (Umsatz)?

Nr. 1: ____________

Nr. 2: ____________

Nr. 3: ____________

2.5. Bitte charakterisieren Sie die Wettbewerbsstruktur

a) „Es herrscht ein starker Wettbewerb zwischen den Anbietern.“

- ☐ trifft zu
- ☐ trifft vielleicht zu
- ☐ trifft wahrscheinlich nicht zu
- ☐ trifft nicht zu

b) „Der Anbieter mit dem geringsten Preis erhält den Auftrag."

- ☐ trifft zu
- ☐ trifft vielleicht zu
- ☐ trifft wahrscheinlich nicht zu
- ☐ trifft nicht zu

c) „Der Anbieter mit der besten Qualität erhält den Auftrag."

- ☐ trifft zu
- ☐ trifft vielleicht zu
- ☐ trifft wahrscheinlich nicht zu
- ☐ trifft nicht zu

d) „Der Anbieter mit dem besten Service bzw. der individuellsten Leistung erhält den Auftrag."

- ☐ trifft zu
- ☐ trifft vielleicht zu
- ☐ trifft wahrscheinlich nicht zu
- ☐ trifft nicht zu

3 DIFFERENZIERUNG

3.1. Was zeichnet Ihr Unternehmen im Markt aus? Welches Alleinstellungsmerkmal hat Ihr Unternehmen?

3.2. Können Zertifizierungen Ihrer Meinung nach dazu beitragen, sich am Markt von den Wettbewerbern abzuheben?

- ☐ ja, bestimmt
- ☐ ja, wahrscheinlich
- ☐ wahrscheinlich nicht
- ☐ bestimmt nicht

3.3 Sind oder waren Ihre Firma oder Produkte zertifiziert?

- ☐ Firma ist zertifiziert
- ☐ Firma war zertifiziert
- ☐ Mind. ein Produkt ist zertifiziert
- ☐ Mind. ein Produkt war zertifiziert
- ☐ Firma oder Produkte sind/waren nicht zertifiziert

3.4. WENN JA: Welche Firma/welches Produkt ist oder war zertifiziert...

a. Bezeichnung der Zertifikate
b. Zeitraum der Zertifizierung
c. Gründe für Zertifizierung
d. Externe Initialisierungskosten für Zertifizierung
e. Interne Initialisierungskosten für Zertifizierung
f. Externe Erhaltungskosten für Zertifizierung
g. Interne Erhaltungskosten für Zertifizierung

3.5. Sind Ihre Erwartungen bzgl. der Zertifizierung erfüllt worden?

☐ ja
☐ eher ja
☐ eher nicht
☐ nein

3.6. Welche Erwartungen verbinden sie mit einem Gütezeichen für „Museumstaugliche Materialien/Vitrinen"

3.7. Bitte charakterisieren Sie mögliche Effekte eines Gütezeichens

a) „Eine Zertifizierung unseres Unternehmens oder unserer Produkte mit einem GZ für museumstaugliche Materialien/Vitrinen ermöglicht es uns, höhere Preise als unsere Wettbewerber am Markt durchzusetzen"

☐ trifft zu
☐ trifft vielleicht zu
☐ trifft wahrscheinlich nicht zu
☐ trifft nicht zu

WENN JA: Bitte schätzen Sie die prozentuale Teuerungsmöglichkeit ein: ______%

b) „Eine Zertifizierung unseres Unternehmens oder unserer Produkte mit einem GZ für museumstaugliche Materialien/Vitrinen ermöglicht es uns, unseren Marktanteil auszubauen"

☐ trifft zu
☐ trifft vielleicht zu
☐ trifft wahrscheinlich nicht zu
☐ trifft nicht zu

WENN JA: Bitte schätzen Sie die prozentuale Steigerung Ihres Marktanteiles ein: ______%

c) „Eine Zertifizierung unseres Unternehmens oder unserer Produkte mit einem GZ für museumstaugliche Materialien/Vitrinen führt zu einem Umsatzwachstum"

- ☐ trifft zu
- ☐ trifft vielleicht zu
- ☐ trifft wahrscheinlich nicht zu
- ☐ trifft nicht zu

WENN JA: Bitte schätzen Sie die prozentuale Steigerung Ihres Umsatzes ein: ______%

d) „Die Einführung eines GZ für museumstaugliche Materialien/Vitrinen stellt eine Gefahr für unser Unternehmen dar"

- ☐ trifft zu
- ☐ trifft vielleicht zu
- ☐ trifft wahrscheinlich nicht zu
- ☐ trifft nicht zu

e) „Die Einführung eines GZ für museumstaugliche Materialien/Vitrinen stellt eine Chance für unser Unternehmen dar"

- ☐ trifft zu
- ☐ trifft vielleicht zu
- ☐ trifft wahrscheinlich nicht zu
- ☐ trifft nicht zu

4 GÜTZEZEICHEN

4.1 Was darf ein GZ für museumstaugliche Materialien/Vitrinen Ihrer Meinung nach maximal kosten?

a. Externe Initialisierungskosten für Zertifizierung: __________€

b. Interne Initialisierungskosten für Zertifizierung: __________€

c. Externe Erhaltungskosten für Zertifizierung: __________€

d. Interne Erhaltungskosten für Zertifizierung: __________€

4.2 Würden Sie mindestens eines Ihrer Produkte zertifizieren lassen?

- ☐ ja, bestimmt
- ☐ ja, wahrscheinlich
- ☐ wahrscheinlich nicht
- ☐ bestimmt nicht

4.3. **Welche Produkte kämen hierfür Ihrer Meinung nach in Frage?**

4.4. **Was sind Ihrer Meinung nach die wichtigsten Kriterien für ein GZ für museumstaugliche Materialien/Vitrinen?**

5. ALLGEMEINE UNTERNEHMENSINFORMATIONEN

a) Gesamtumsatz des Unternehmens: ________________€

b) Umsatz mit Vitrinen: ________________€

c) Umsatz mit Vitrinen in Deutschland: ________________€

d) Stückzahl Vitrinen in Deutschland: ________________Stk.

5.1 Welche Abnehmergruppen beziehen von Ihnen Vitrinen? Welchen Umsatzanteil haben diese?

☐ Museen ______%

☐ Galerien ______%

☐ Private Sammler ______%

☐ Messen ______%

☐ Einzelhandel ______%

☐ Sonstige:________________ ______%

Anhang D: Interviewpartner für Experteninterviews

Nr.	Interview-datum	Firma	Interviewpartner	Adresse
1	8.03.2010	Glasbau Hahn	Frau Isabel Hahn Herr Matthias Farke	Hanauer Landstraße 211 60314 Frankfurt
2	17.05.2010	mezzo systems	Herr Olaf Krobitzsch	Gewerbepark 7 82281 Egenhofen
3	18.05.2010	MüllerKälber	Herr Marco Müller	Daimlerstraße 2 71546 Asbach
4	18.05.2010	Böhm	Herr Roland Böhm	Liststraße 7 71336 Waiblingen
5	7.06.2010	Glas und Spiegel Schulz GSK	Herr Axel Schulz	GSK Seekoppelweg 24 24113 Kiel
6	21.06.2010	KnaufKassel	Herr Manfred Frammelsberger	Albert-Einstein-Straße 6 34277 Fuldabrück/Kassel
7	28.06.2010	Rothstein	Herr Wlodzimierz Stopa Herr Siebel Herr Martin Treibel	Industriestraße 11 51709 Marienheide
8	13.08.2010	Sehner	Herr Jürgen Sehner	Dieselstraße 7 75392 Deckenpfronn
9	4.10.2010	Vitrinen- und Glasbau REIER	Herr Klaus Förster	Joh.-Seb.-Bach-Str. 10b 02991 Lauta
10	4.06.2010	Museumstechnik Berlin	Frau Anne Lobsien Herr Martin Jönsson	Kärntener Straße 23 10827 Berlin

EINZELSCHRIFTEN

Harald F. O. von Kortzfleisch (Hrsg.)
Norbert Szyperski – Laudationes zum 80. Geburtstag
Lohmar – Köln 2012 • 96 S. • € 25,- (D) • ISBN 978-3-8441-0141-6

Caspar G. Schauseil
Strategische Geschäftsfelderweiterung deutscher Zeitschriftenverlage – Eine empirische Untersuchung mithilfe der Anwendung von Scoring-Modellen
Lohmar – Köln 2012 • 264 S. • € 57,- (D) • ISBN 978-3-8441-0145-4

Christian Neßler und Felix Tellhelm
Corporate Social Responsibility – Eine signalingtheoretische Analyse
Lohmar – Köln 2012 • 80 S. • € 37,- (D) • ISBN 978-3-8441-0170-6

Matthias Johnen
Verhaltenstheoretische und gesellschaftsrechtliche Ausgestaltungsparameter von Aktienoptionsprogrammen bei der Bilanzierung nach IFRS 2 unter Berücksichtigung bewertungsrelevanter Aspekte
Lohmar – Köln 2012 • 260 S. • € 57,- (D) • ISBN 978-3-8441-0177-5

Marcus Sydon
Die Prüfung der Standardsoftware SAP® R/3® unter den revisionsspezifischen Gesichtspunkten einer Wirtschaftsprüfungsgesellschaft
Lohmar – Köln 2012 • 388 S. • € 65,- (D) • ISBN 978-3-8441-0190-4

Elise Spiegel
Emissionen im Museum – Ein Gütezeichen für emissionsarme Ausstellungsmaterialien und Vitrinen als mögliches Instrument zur Schadstoffbegrenzung
Lohmar – Köln 2012 • 220 S. • € 55,- (D) • ISBN 978-3-8441-0194-2